日本列島再生論

桜井充 著

三恵社

はじめに

現在、我が国は非常に厳しい状況に置かれている。

少子高齢化によって、生産活動の中心である15歳から64歳の生産年齢人口が減少し、経済の停滞を招いているうえに、急激な円安が重なった。この円安は、新型コロナウイルスのパンデミックに端を発する経済環境の変化や、日米の金利差など、様々な要因に基づくものだが、世界的な物価高の影響も加わって、輸入物価の高騰という形で国民生活を直撃している。特に、食料品の値上がりが家計に与える負担は大きい。もちろん、物価高の影響は、各家庭での話にはとどまらない。あらゆる産業が大きな影響を受けている。

一方、円安にはメリットもある。円安局面では、日本から見れば、海外の物が割高になっているのだが、海外から見れば、日本の商品が割安になっているのである。そのため、輸出関連産業は恩恵を受けるし、海外からの旅行客も増加する。

このように、為替は経済に様々な影響を及ぼすが、その影響力の大きさが明らかであるにもかかわらず、日本にとってどの程度の為替レートが適正なのかについての議論はほとんど行われていない。なぜかというと、為替レートの適正・不適正を判断するための指標を誰も持ち合わせていないからである。

そこで、本書ではまず日本の産業構造を分析し、特に経常収支に着目して、日本における適正な為替レートのありかたについて考えていきたい。さらに、経済指標の読み解き方についても解説する。日本の経済指標は、基本的に自国通貨である「円」で示されており、これは、国内の状況を把握するには役立つが、世界経済における日本の立ち位置を分析するためには不十分である。

為替がこれほど大きな影響を及ぼしているのだから、円だけではなく、基軸通貨であるドルで経済指標を見ていく必要がある。そこで、円で見た社会とドルで見た社会がどの程度かけ離れているのかを改めて整理してお示しする。

また、経済だけではなく、教育に関しても述べていきたいと思う。少子化が進む中で、これからの社会を担う子どもたちをいかに支え、育てていくのかということは非常に重要なテーマである。しかし、今の状況を見てみると、「不登校」や「引きこもり」

といった、いわゆる社会不適合の子どもたちが増えてきている。こうした問題は、家庭環境に起因する場合もあるが、学校現場における課題もある。心療内科医としての視点を織り交ぜながら、文科省が示している教育方針にも触れつつ、課題解決への道筋を探りたい。

現状分析も大切だが、やはり将来に向けてのビジョンを語ることも重要である。将来への展望がなかなか見通せない中で、我が国の産業をどう盛り立てていくのか、そのためになすべきことはなにか、我が国が得意とする分野をいかに伸ばしていくのかといった、夢のある話をしたいと思う。

その観点から、ベンチャー企業の活躍にも目を向けてみたい。私は5年以上前から、ベンチャー企業の経営者を集めた勉強会を開催している。これまで述べ600社以上の企業に参加していただいたが、高い志を持った若い社長たちが奮闘している姿を見ていると、日本もまだまだ成長していけると感じさせられる。巻末に専用のコーナーを設け、勉強会への参加企業を中心に、企業紹介を掲載している。様々なアイディアをもって活動されている企業があることを知っていただき、ぜひ応援していただければと願っている。

最後に、私は国会議員として、我が国の課題を解決し、国益を追求していくことが当然の責務であると考えている。そのためには、社会の実態を正確に捉え、適切な対策を行わなければならない。これは、医療の現場でも同じである。医師は患者さんの状態をしっかりと把握し、データに基づいた治療を行っている。しかし、政治の世界においては、物事を感覚的に捉えて政策が作られているのではないかと思われる場面に遭遇することが多々ある。これでは、問題解決にならないどころか、社会を余計に混乱させてしまうことになりかねない。

本書では、多くのデータを扱いながら、なるべく分かりやすく、我が国が置かれている状況を分析し、論点を整理していく。この本が、現代社会の処方箋となることを願っている。

目次◉日本列島再生論

第一章 日本経済の現在地

(1) 失われた30年

1990年のバブル崩壊以降の日本経済の低迷は、「失われた30年」と呼ばれている。遡れば、今から10年前には「失われた20年」、20年前には「失われた10年」と盛んにいわれていたことを記憶しているが、我が国の「失われた」期間は着々と延び続けており、このままでは「失われた40年」になりかねないという、逼迫した状況にある。

この間、日本経済が高度経済成長期のような飛躍的な成長をしてこなかったのは事実だが、かといって全く成長していなかったというわけでもない。まずはその状況を正確に把握したい。

日本の経済成長はバブル崩壊をきっかけに止まったように思われているが、実はバブル崩壊後の数年間は成長を続けている。**図表1**は日本のGDPの推移を示している。1973年頃までは、経済成長率が年間10%程と特に大きかった。この時代が高度経済成長期である。その後も1990年頃までは4%程度の成長を続けている。そして、バブルが崩壊した1990年から1996年までの期間も、上昇率は鈍化するものの、GDPは伸びていることが良く分かる。実は、日本の経済成長が止まったのは、1997年のことなのである。

では、日本にとって、１９９６年はどのような年だったのだろうか。それを考えるために、我が国の人口の推移を示した、**図表2**をご覧いただきたい。人口を、14歳以下の若年人口、15歳から64歳までの生産年齢人口、65歳以上の老年人口に分けて積み上げたものである。このうち、経済成長という観点からみて最も重要になるのが、生産活動・消費活動の中心を担っている生産年齢人口である。このグラフから分かる通り、生産年齢人口のピークは１９９５年であった。日本の人口は２０１０年まで増え続けているが、これは医療の高度化に伴って長寿化が進んだことなどがあり、高齢者人口が

図表１　名目ＧＤＰの需要項目別内訳の推移

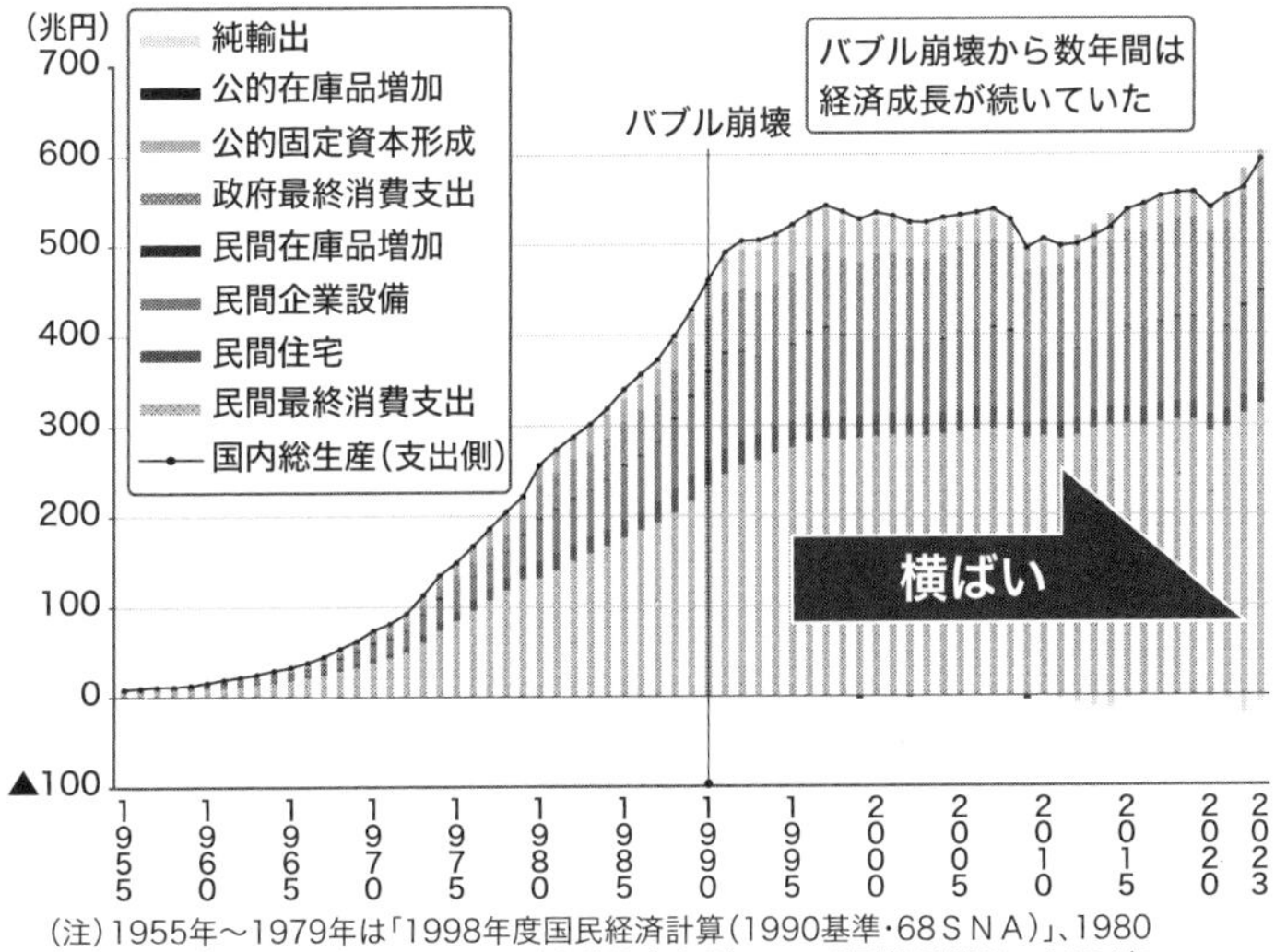

(注)1955年～1979年は「1998年度国民経済計算(1990基準・68ＳＮＡ)」、1980～1993年は「2015年(平成27年)基準支出側ＧＤＰ系列簡易遡及」、1994年以降は「2015年基準・2008ＳＮＡ」に基づく数値。

(出所)内閣府「国民経済計算」より作成

増加したことが背景にある。

　改めて、**図表1**を見ていただきたい。日本のGDPは1996年を境に成長が止まってしまっているが、その最大の要因は、GDPの60%を占める内需、つまり日本国内の個人消費が横ばいであることだ。GDPの過半数以上を占めているというだけでも、日本経済にとって内需がいかに重要であるかがお分かりいただけると思うが、その内需を支えているのが生産年齢人口なのである。バブルの崩壊は、確かに経済に大きな影響を及ぼしたが、生産年齢人口の減少は、もしかするとそれ以上に深刻な影響をもたらしているかもしれない。人口と経済の関係に

図表2　日本の人口の推移

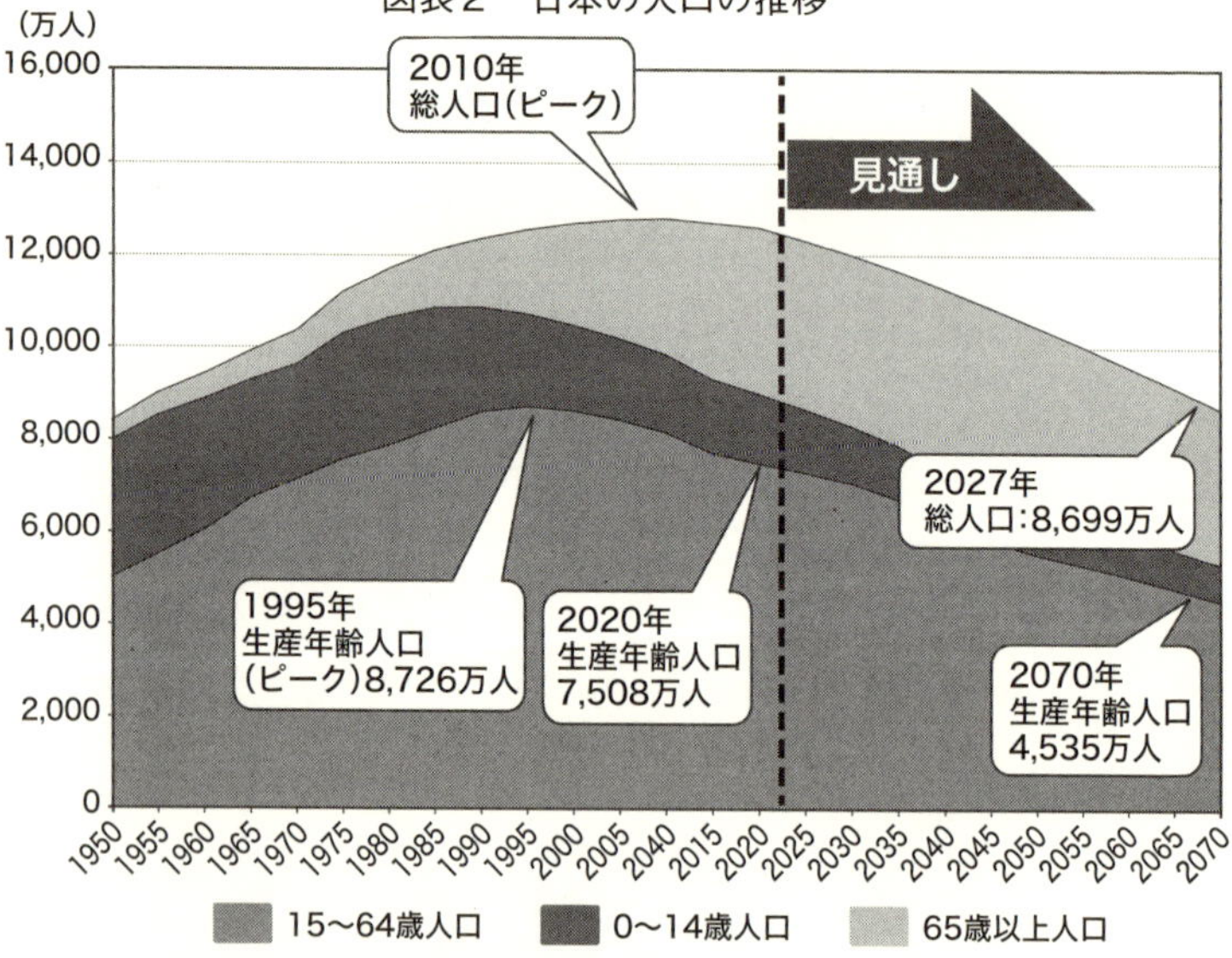

(出所) 2020年までの人口は総務省「国勢調査」、
2025年以降は国立社会保障・人口問題研究所「日本の将来推計人口(令和５年推計)」(出生中位(死亡中位)推計)

ついては、後の項目でまた詳しく述べていきたい。

さて、図表3は、バブルが崩壊した1990年と2018年の代表的な経済指標を単純比較したものである。「失われた30年」はちょうど平成と重なるが、その平成の約30年間で、経済がどのように変わったのかを検証したい。

名目GDPは1990年には449兆円、一人当たりの名目GDPは364万円であった。2018年にはそれぞれ548兆円と433万円になっているので、伸び幅としては大きくはないものの、経済は成長しているということがいえる。ただし、これは自国通貨の「円」を基準にした値であり、ドルで見たときは全く異なる数字が示される。この点に関しては後に詳しく述べていきたい。

消費者物価指数は、2018年時点でわずかながら

図表3　30年で何が変わったのか

	1990年（平成2年）	2018年（平成30年）	2023年（令和5年）
名目GDP(兆円)	449.4	548.4	593.4
1人当たり名目GDP(千円)	3,640.0	4,337.0	4,772
消費者物価指数	91.7	101.7	105.6
消費者物価指数前年比(%)	3.1	1.2	3.2
完全失業率(%)	2.0	2.6	2.6
平均年収(万円)	425.2	440.7	457.6
人口(百万人)	123.4	126.4	124.4
生産年齢人口(百万人)	86.0	75.5	74.0
生産年齢人口の割合(%)	69.7	59.7	59.5
国・地方の長期債務残高(兆円)	266	1,122	1,285
国・地方の長期債務残高対GDP比(%)	59	198	215

（出典）各種資料より桜井充事務所作成

増加しているが、前年比の数字が小さくなっていることから、物価上昇率は低いことが分かる。完全失業率はほとんど変わらず、平均年収もわずか15万円程度の増加にとどまっている。人口においては、総人口のピークであった2010年をはさんで同水準となっているが、生産年齢人口の割合は大幅に低下している。先ほど示した通り、高齢化が進んできたということである。

最後に、国と地方の長期債務残高は、266兆円から1122兆円、対GDP比で56%から198%と、飛躍的に上昇している。

これらのことからこの30年間の変化をまとめると、経済はさほど成長しない中、若い人が減り、国と地方の借金が大幅に増えたということになる。これが、失われた30年といわれる所以である。

また、**図表3**には、参考まで、2023年の数字も載せている。コロナ禍やロシアの軍事侵攻を経験し、物価の高騰に背中を押される形で名目GDPや消費者物価指数は増加しているが、平均年収はやはり低く、コロナ禍で国債を大量発行したために、国と地方の債務残高は増えている。平成から続く、日本全体の傾向を掴んでいただければと思う。

（2）円で見る世界とドルで見る世界

日本経済を分析しようとするとき、私たちがまず真っ先に目にするものは、「円」を基準にした経済指標である。冒頭でも述べた通り、国内の状況を把握するうえで、円を指標としたデータが必要なことは言うまでもない。しかし、グローバル化が進展している現代社会においては、「世界から見た日本の姿」を明らかにすることが非常に重要であり、円を基準としたデータだけを見ていては、それを知ることはできない。

ではどうすれば良いのかというと、経済指標を基軸通貨である「米ドル」に換算して見ていくのである。円で見たときとドルで見たときの違いを知ることで、国内から見た日本の姿と、世界から見た日本の姿の違いを明らかにすることができる。

先ほどは、バブル崩壊時と30年後の経済の状況を比較したが、ここからは、為替が大きく変動した第二時安倍政権発足時（2012年末）を基準に、その30年間を前半・後半に分けて、自国通貨とドル建てでの経済指標を比較してみたい。前半は、バブル崩壊からの20年間であり、後半は、アベノミクスという政策が行われるようになってからの10年間である。

図表4を見ていただきたい。これは、先進7カ国における1990年と2011年の

図表４　一人あたり名目ＧＤＰ 1990・2011 年の比較（現地通貨ベース）

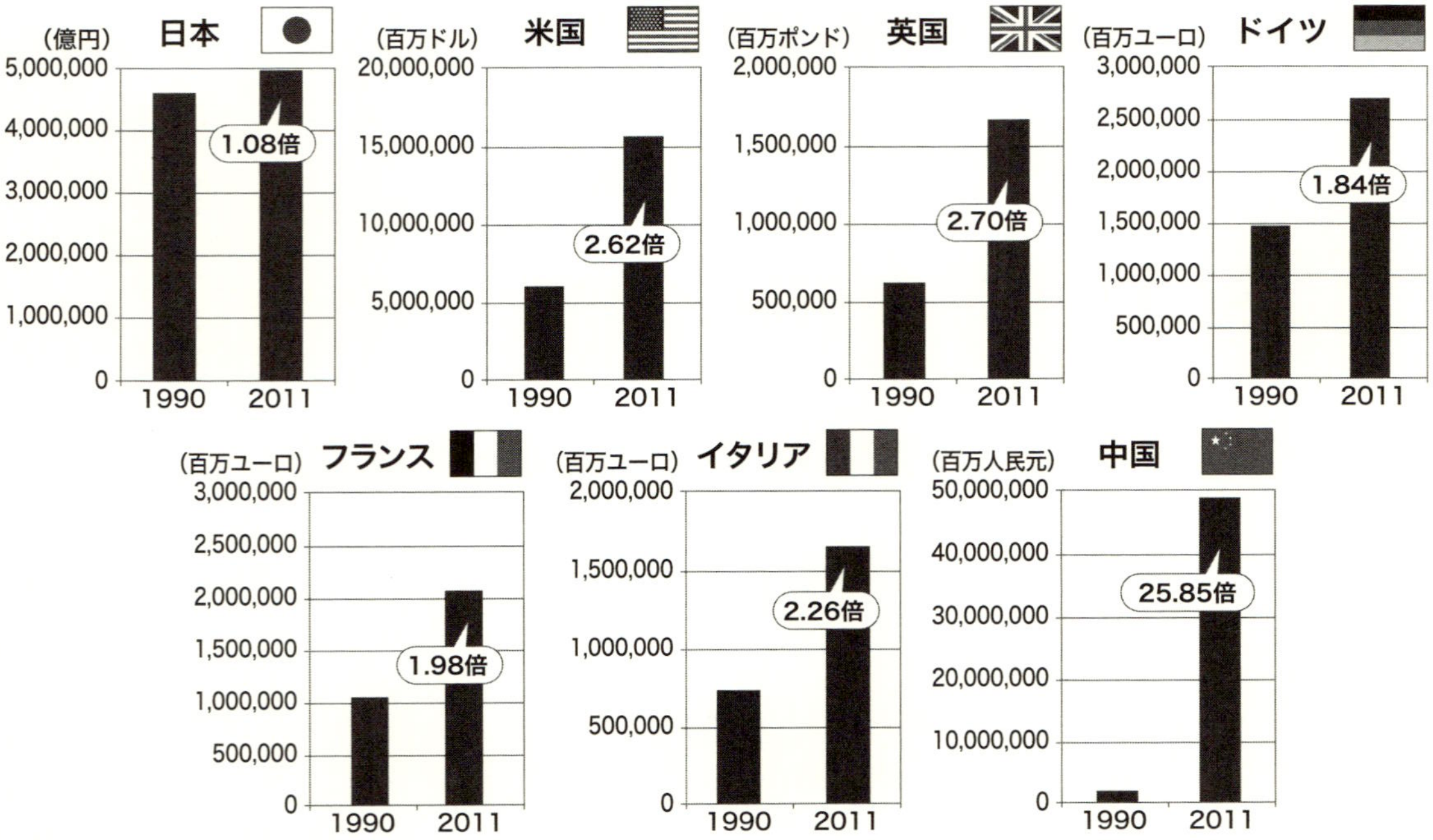

（出所）OECD Data Explorer

一人当たり名目ＧＤＰを、自国通貨で比較したものである。この期間の日本の経済成長率はわずか１・08倍でしかなく、ほとんど経済成長できていない。一方、日本を除いた先進国は、アメリカが２・62倍、イギリスが２・70倍、ドイツは１・84倍、フランスは１・98倍、イタリアは２・26倍と、軒並み二倍前後の成長を遂げている。中国に至っては、この時、高度成長の真っ最中であり、もともとの経済規模が小さかったこともあって、実に25・85倍という飛躍的な成長を遂げている。当時は世界経済が中国の成長に牽引されていた面もあって、多くの国々が恩恵を受けていた。

世界の国々が成長を続けているにもかかわらず、我が国は全く成長できていない。しかし、これはあくまで自国通貨における場合である。ここで、同じ国々、同じ期間のＧＤＰを、基軸通貨の米ドルで統一したものを見てみたい（図表５）。

米ドルに換算してみると、日本の経済成長率は20年間で１・96倍であり、円で見たときとは大きく異なっている。他の先進国はというと、アメリカはもともとドルなので当然変わらないが、イギリスが２・44倍、ドイツが２・12倍、フランスは２・28倍、そしてイタリア１・94倍となる。ドルで比較した場合には、日本も他の国々とほぼ同様の成長を遂げているのである。

続けて、第二時安倍政権が発足した２０１２年から２０２２年までのＧＤＰについても、同様の方法で比較する。**図表６**は、自国通貨における比較である。５年ごとの数字を示しているが、日本は２０２１年から２０１７年までで１・11倍、２０１７年から２０２２年までで１・02倍。２０１２年から２０２２年までの10年間を通してみると、１・13倍の経済成長を遂げている。他の先進国について、２０１２年と２０２２年を比較すると、アメリカは１・48倍、イギリスは１・37倍、ドイツは１・36倍、フランスは１・22倍、イタリアは１・20倍となっており、日本の成長率は若干低めではあるが、他の先進国と比べてそこまでかけ離れているわけではない。

ところが、これを米ドルに換算すると、全く

図表５　一人あたり名目ＧＤＰの比較
（1990年/2011年）

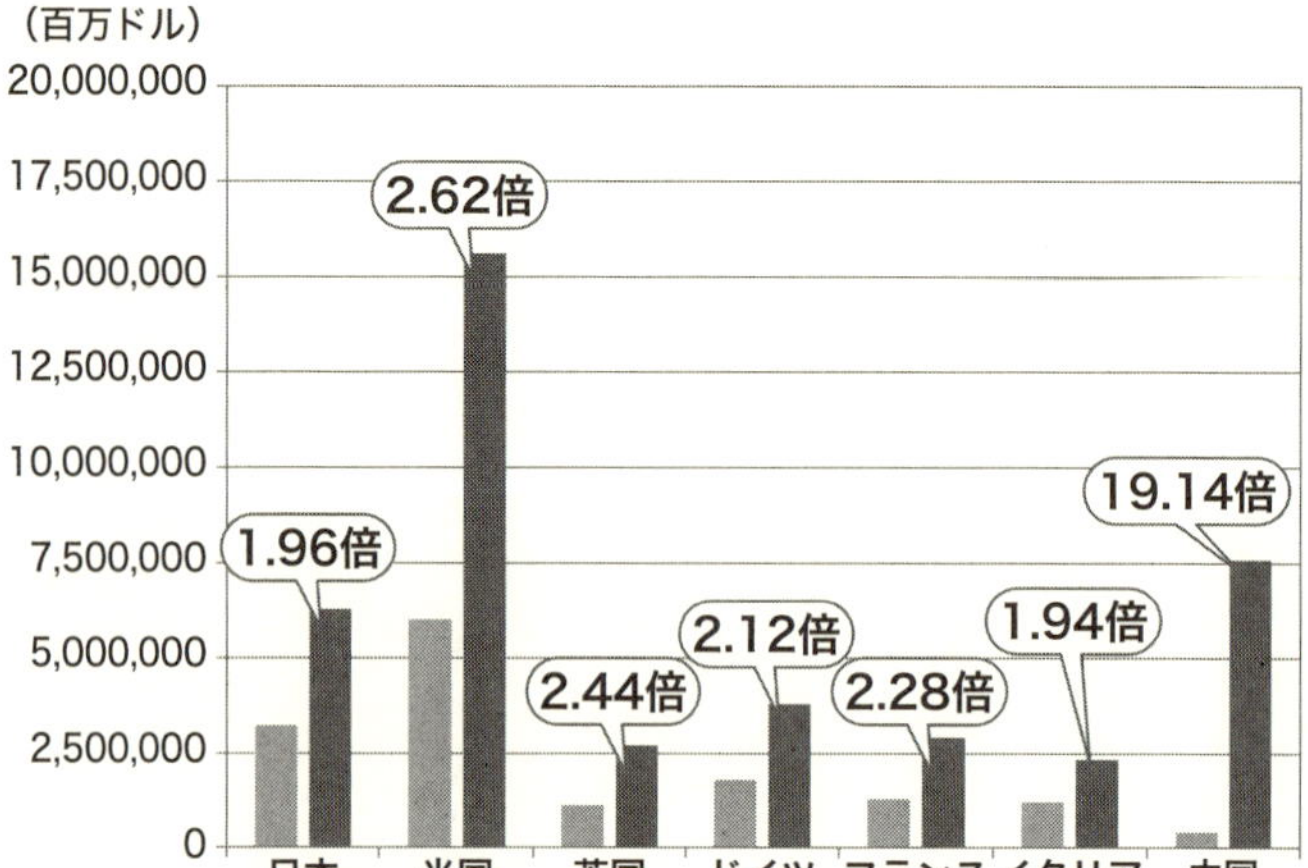

（出所）OECD Data Explorer

図表６　一人あたり名目 ＧＤＰ 2012・2017・2022 年の比較（現地通貨ベース）

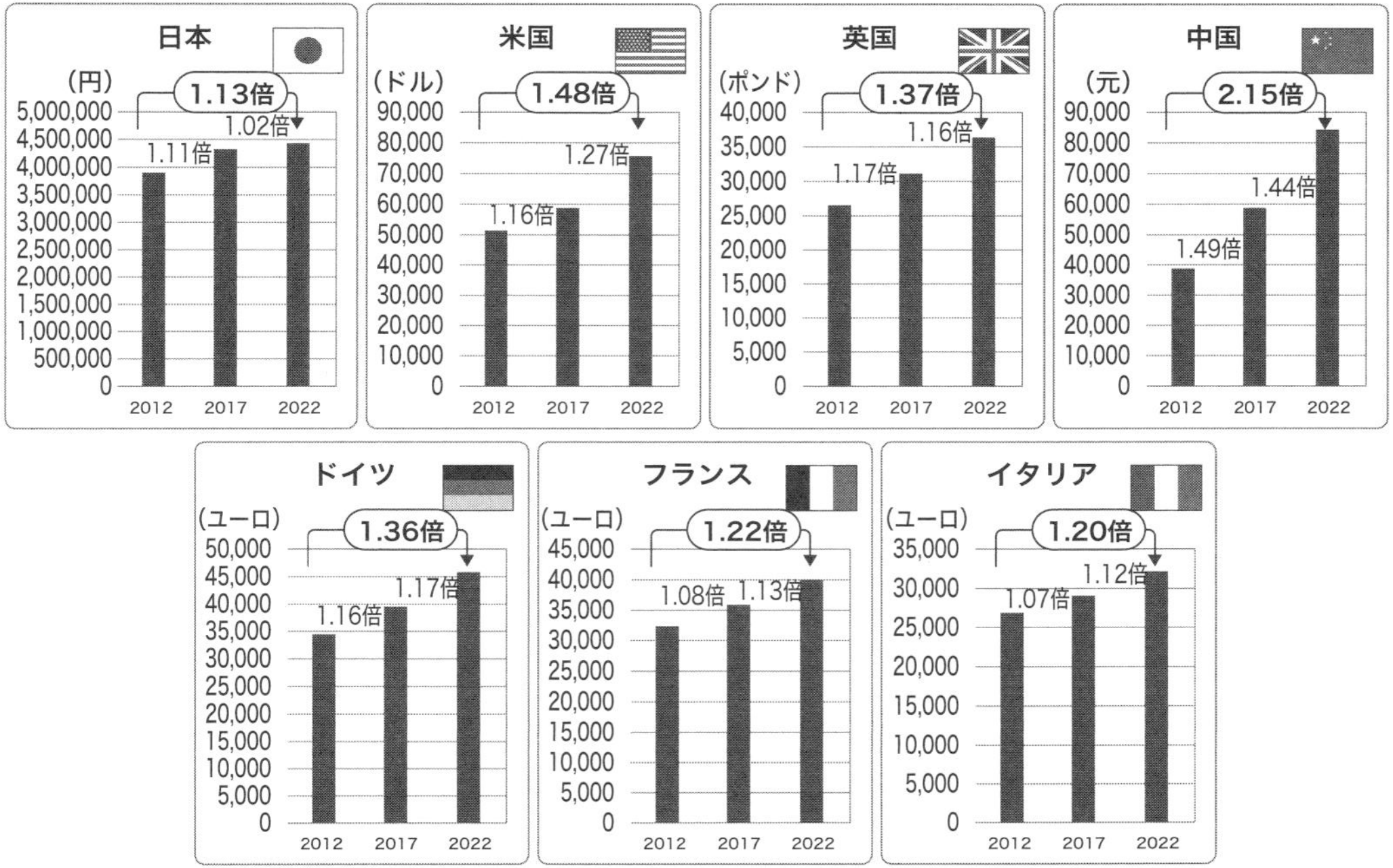

（注）英国の2022年は推計値。

（出所）ＩＭＦ「World Economic Outlook Database, October 2023」より作成

違っている。**図表7**は、2012年から2022年の10年間の成長率を米ドルに換算して比較したグラフである。日本の成長率は、2012年と2017年を比較すると0・79倍、2017年と2022年を比較すると0・87倍であり、2012年と2022年の約10年間を比較すると、なんと0・69倍と、著しく低下しているのである。自国通貨の円で見ればわずかではあるが経済成長していた。しかし、ドルに換算してみると、経済は明らかに低迷している。繰り返しになるが、1990年から2011年にかけての20年間は、円で見たときには経済成長をしておらず、ドルで見てみると経済成長を

図表7　一人あたり名目ＧＤＰの比較
(2012年/2017年、2012年/2022年及び2017年/2022年、ＵＳドルベース)

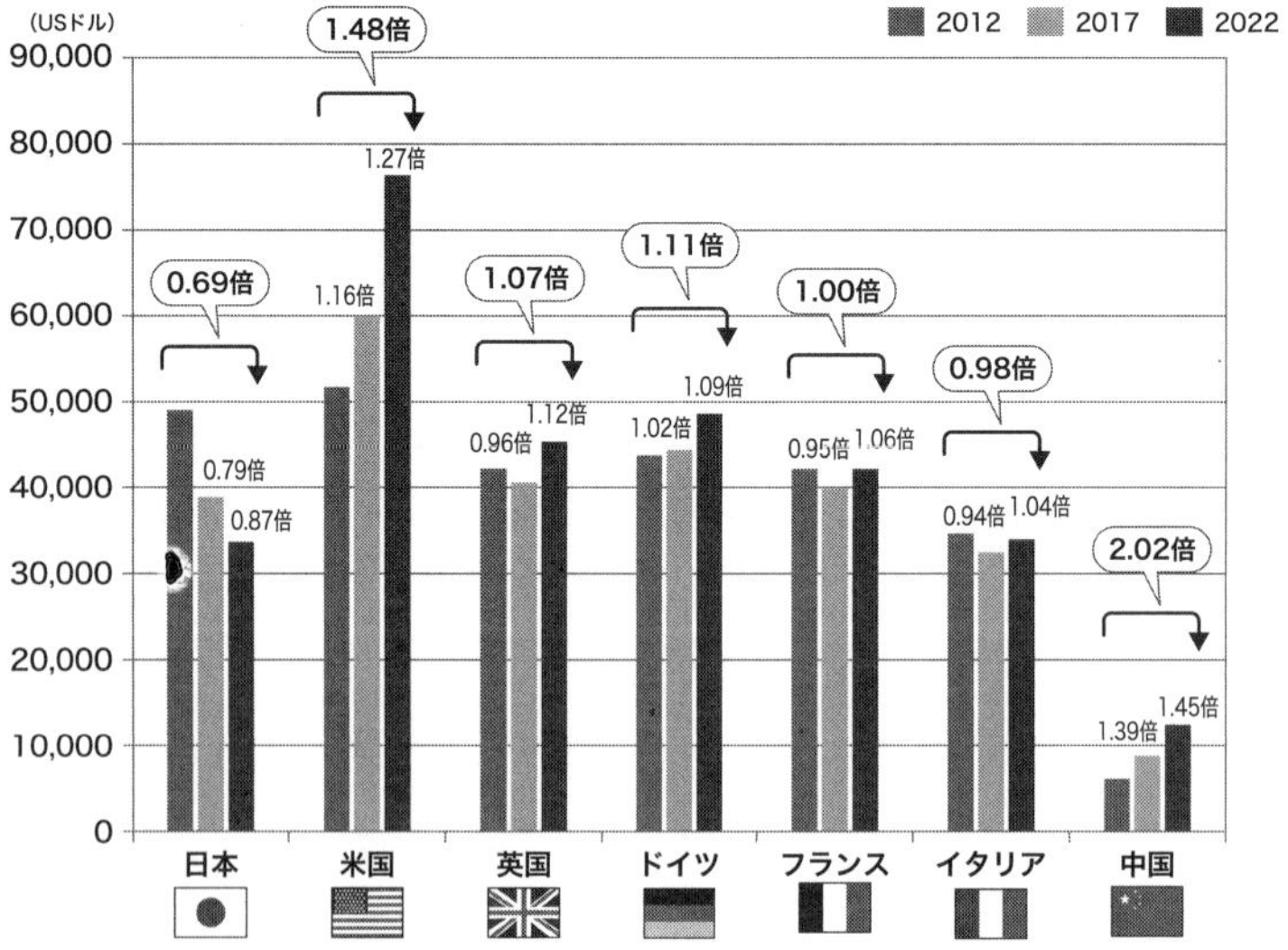

(注)英国の2022年は推計値。
(出所)ＩＭＦ「World Economic Outlook Database, October 2023」より作成

遂げていた期間であった。一方、２０１２年から２０２２年までの約10年間はそれとは対照的で、円で見た場合には1・13倍の成長率であったのだが、ドルで見た場合には０・69倍となり、日本経済の低迷が顕著に表れている。

このように、自国通貨における経済成長率と、基軸通貨であるドルにおけるそれとでは、見えてくるものが全く違うということを、私たちは認識しなければならない。なぜならば、世界の国々が日本という国を知ろうとしたときには、経済成長率や株価といった数字を、円ではなく、ドルベースで見ているからである。具体例を挙げると、日本への投資を行おうとした場合である。いかに低迷しているとはいえ、我が国はＧＤＰ世界4位の巨大なマーケットである。その点で、これまでは投資の対象になってきたが、果たしてこれから先はどうであろうか。日本経済の今後の見通し、成長可能性を諸外国が評価しようとするときには、当然のことながら、円でなく、ドルで考えるはずである。そのような中で、日本人が自国の経済指標を円でしか見ていなければ、世界の人々との認識に大きなずれが生じてしまう。

こうしたことを踏まえると、我が国の経済を論じる時に、ドルに換算して経済指標を見ていく習慣をつける必要があると思う。例えば、日本銀行が行っている全国企業短期経済観測調査（短観）や内閣府の景気動向指数について、円だけでなく、ドルで見た場合にどうなのかということにも触れるべきなのではないだろうか。

改めて、**図表7**に戻って頂きたい。米ドルに換算した他の先進国の一人あたり名目ＧＤＰ成長率を見ていくと、２０１２年から２０２２年までで、イギリスは１・07倍、ドイツは１・11倍、フランスは１・00倍、イタリアは若干マイナス成長で０・98倍となっている。

日本を除いた国々は、ドルで見た場合にも、この10年は横ばい、もしくはゆるやかに成長している。日本だけが大きく減速しているのである。

（3）為替の変化

ところで、同じ経済指標でも、自国通貨と基軸通貨で見た場合にこれだけの差が出るのはなぜだろうか。その答えは簡単で、為替が影響しているからである。**図表8**は為替の推移を示したものだが、バブル崩壊後からの20年間は、大幅な円高に振れていた時代であり、外国から見た場合の我が国の資産価値も、その分だけ上昇していた。一方、２０１２年からの10年間は円安に振れており、資産価値も大きく下がっている。

最も円高だったのは、２００９年に発足し、「悪夢のような」といわれた民主党政権の時代である。１ドル75円という極端な円高の値をつけ、「これほどの円高では輸出産業への悪影響が甚大である」として、なんとかこの円高を解消するべきであるという議論がなされた時代でもあった。

２０１２年末に政権交代が起こり、第二次安倍政権が成立すると、政府はこの苦境を乗り越えようと金融緩和政策を打ち出した。その結果、１ドル１２０円程度まで円安が進行し、輸出関連産業の業績が上がり、日本の経済に変化が起こるのではないかという期待感が醸成されて、株価の上昇に繋がった。このときの株価上昇の原因はそれだけではなく、円安が進んだこ

図表８　ドル円レートの推移
１９９０年1月～２０２４年7月

（出典）日本銀行資料より桜井充事務所作成
※東京市場ドル・円スポット17時時点/月末

とで日本の資産価値が相対的に低下し、海外の投資家が割安感のある日本株に手を出したという側面もあった。

その後は、おおむね1ドル110円前後の円安傾向で比較的ゆるやかに推移していたが、2022年に入ると急激に円安が進んでいく。この原因の一つは、同年2月に始まったロシアによるウクライナへの軍事侵攻である。侵攻をきっかけに「有事のドル買い」が行われてドルの価値が上がり、相対的に円の価値が下がることになった。

もう一つの理由は、アメリカの利上げである。アメリカはコロナ禍でゼロ金利政策を実施していたが、2022年3月16日、それを解除し、政策金利を0・25％引き上げることを発表した。同時期、ロシアがウクライナに侵攻したことをきっかけに、物価高からの景気の過熱が予測されたため、多くの国々が利上げに踏み切ったが、日本は利上げを行わなかった。その結果、日米の金利差が拡大し、金利の高いアメリカに資金が流れて、円安が加速したのである。

2022年7月には、円の価値は1ドル150円まで下落した。日銀は過度な円安を是正しようと為替介入を行い、一時は1ドル130円程度まで押し戻したが、日米の金利差という根本的な要因が解消されているわけではないので、ふたたび徐々に円安が進行し、2024年3月には1ドル151円の値をつけている。その後も円安傾向は止まらず、日銀は再度の為替介入を行っている。

たびたびの介入もむなしく、この原稿を執筆している2024年7月時点で、為替は1ドル160円を突破した。ひと昔前ならば、為替介入には大きな効果があったのだが、現在の効果は限定的だといえるだろう。その理由は、経済の規模が拡大しており、一日当たりのお金の流通量が桁違いに増えているからである。大量のお金の中に数兆円のお金を投入したとしても、太平洋に石を投げているようなもので、少々の波紋は起こせても、波の動きを変えることはできないのである。

(4) 日経平均株価

現在の円安は、エネルギー価格や食料品の価格の高騰を引き起こし、家計や企業活動を圧迫している。しかし、前述の通り、2012年末からの第二次安倍政権下では意識的に円安への誘導を行っていた。誘導というと語弊があるのかもしれないが、アベノミクスの第一の矢として行われた金融緩和政策は、日本の金利を下げることで日米の金利差を生じさせ、投資家に金利の高いドルを買う動きを促すことになり、結果として円安を招くものであった。直前までの時期、円高に苦しんでいた輸出企業にとって、この円安の動きは歓迎され、業績を伸ばす大きな助けとなった。

そのような状況において日経平均株価はどう変化したのだろうか。その変化を、やはり円とドルの両面から見ていきたい。

図表９は、日経平均株価の推移について、円で見たものと、米ドル換算したものの値を表したグラフである。２０１２年12月26日、安倍政権発足時を１００として、その時点と比較してどの程度変化したのかを示している。

まず、円の動きを追いかけてみよう。日経平均株価を円で見たとき、株価は急激に上昇している。２０１３年４月26日には約１・５倍になり、２０１５年６月には2倍を超えて、そこで1度目の

図表9　日経平均株価（円建てとドル建て）の推移
（第二次安倍政権発足時を100とした場合の比較）

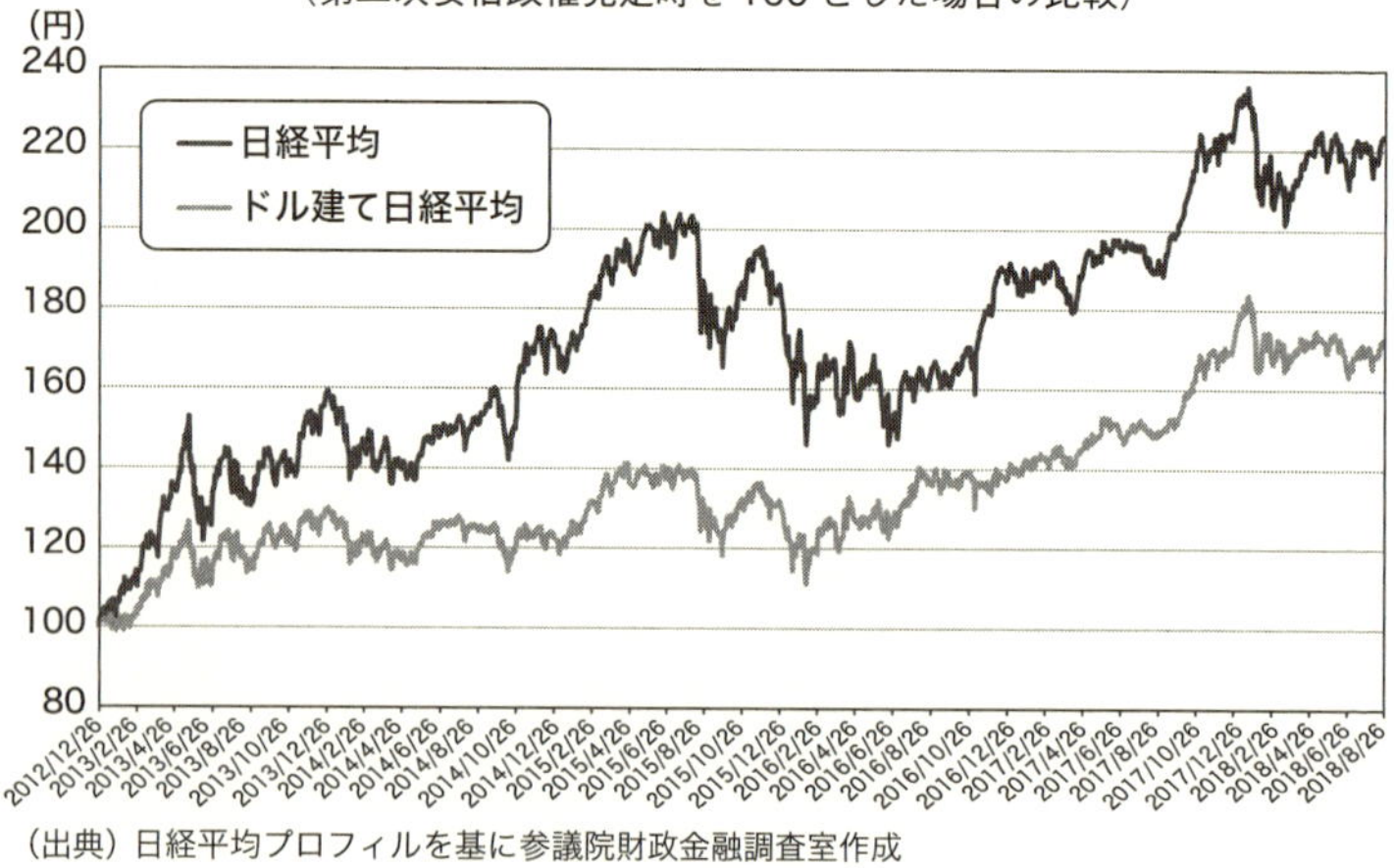

（出典）日経平均プロフィルを基に参議院財政金融調査室作成

ピークを迎えている。ところが、ドル建ての日経平均株価ではそこまで急激な上昇は見られず、２０１４年の年末にかけて、１・２倍から１・３倍程度の上昇となっている。２０１５年６月時点でも１・４倍程度と、円で見たときと比べて小幅な上昇にとどまっている。株価の上昇傾向は２０１５年以降も続き、２０１８年８月の段階では、円ベースで2・2倍にまで上昇している。一方ドル換算でも上昇してはいるものの、上昇率は１・7倍程度でしかない。

繰り返しになるが、この時期、国内ではマイナス金利政策が行われ、「今後、日本経済が良くなっていくのではないか」という期待感が醸成され、輸出産業も業績を上げていた。これらのことが株価を押し上げる要因となった。また、海外から見れば、円安によって日本の資産価値が相対的に低下して割安感が生じたため、外国人投資家による日本株の購入が活発化し、株価の上昇を後押しした側面もあった。

図表10は、日本の株式が誰に・どの程度保有されているのかの推移を表したものである。この中の、「外国法人等」という線グラフが、外国の投資家が保有している日本株の割合を示している。金融緩和政策が行われ、円安が進んだ２０１２年以降、外国人投資家の持ち株比率が上昇していることが分かる。しかし、その後の外国人の株式保有率

は30%程度で推移している。これは、相対的に見て日本株の魅力がなくなったためかもしれない。その最大の理由は、前述した通り、米ドルで日本経済をみた際に、経済が失速しているからなのだと思われる。

国内では国内の投資家の期待感のふくらみと、外国人投資家の潤沢な資金に支えられ、日本の株価は上昇していった。一方、円とドルとで上昇率は大きく異なっていて、ドルベースでの株価の成長率が円ベースで見たときのそれに及んでいない。これもまた、為替の影響によるものであり、物価上昇の一因である円安

図表10　投資部門別株式保有比率の推移

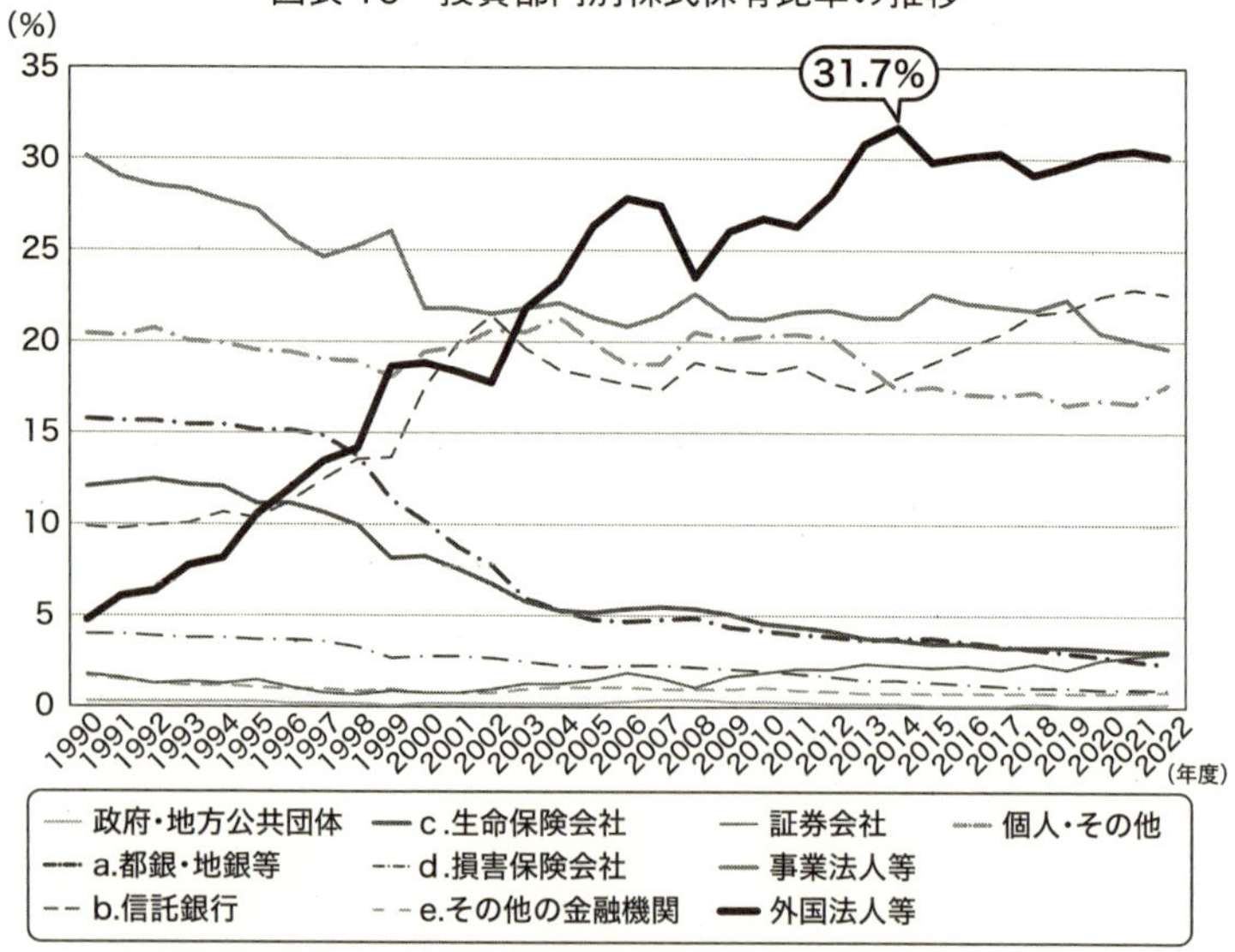

（出所）株式会社東京証券取引所、株式会社名古屋証券取引所、証券会員制法人福岡証券取引所、証券会員制法人札幌証券取引所「2022年度株式分布状況調査」より作成
（注）2004年度～2021年度まではJASDAQ上場銘柄を含む。2022年度以降は、その時点の上場銘柄を対象。

が足かせとなっているのである。

同じ経済指標であっても、円で見るのか、ドルで見るのかによって、全く異なる様相を呈するということが、ここからもお分かりいただけると思う。

(5) 世界における日本の立ち位置

ここで、世界各国のGDPの比較から、世界における日本の立ち位置を確認しておきたい。

図表11は、ドルベースで見たときの世界の国々のGDPである。日本は2000年までは世界で2番目の経済大国だったが、2010年には中国に抜かれて第3位となった。表には示されていないが、2023年にはドイツに抜かれ、第4位に転落してしまっている。この転落の背景にも、急激な円安の影響がある。円安局面において、ドルに換算したと

図表11　GDPのランキング(10億米ドル)

順位	1990年		2000年		2010年		2020年	
1	United States	5,963.1	United States	10,251.0	United States	15,049.0	United States	21,060.5
2	Japan	3,196.6	Japan	4,968.4	China	6,033.8	China	14,862.6
3	Germany	1,598.6	Germany	1,948.8	Japan	5,759.1	Japan	5,050.7
4	France	1,272.4	United Kingdom	1,669.3	Germany	3,402.4	Germany	3,884.6
5	United Kingdom	1,198.2	France	1,366.2	France	2,647.3	United Kingdom	2,706.5
6	Italy	1,162.3	China	1,205.5	United Kingdom	2,493.8	India	2,671.6
7	Canada	596.1	Italy	1,147.2	Brazil	2,208.7	France	2,645.3
8	Islamic Republic of Iran	581.0	Canada	744.6	Italy	2,137.8	Italy	1,895.7
9	Spain	535.7	Mexico	742.1	India	1,708.5	Canada	1,647.6
10	Brazil	455.3	Brazil	655.5	Russia	1,633.1	Korea	1,644.7

(出所)IMF「World Economic Outlook Database」より作成

きの日本の資産価値が小さくなってしまうというのはすでに述べた通りであるが、こうしたランキングにおいてもその影響は顕著である。

ただし、ドイツにGDPを抜かれた理由は円安のせいだけではない。物価上昇率が大きく影響しているのだが、それは後程解説したいと思う。

さて、次に、一人当たりGDPのランキングである（図表12）。一人当たりGDPは、国全体のGDPを人口で割って算出するため、国民一人ひとりの豊かさを測る指標として用いられている。日本は、1990年には第8位に、そして、2000年には第2位にまで順位を上げている。しかし、その後は大きく順位を落とし、2010年には第18位、2020年には第24位となってしまった。もちろん、この順位も為替の影響を受けており、円高に振れていた時期には順位が上がり、円安に振れていくと順位が下がる傾向にある。しかし、2010年は第二時安倍政権発足前の、1ドル75円を記録した超円高局面にあった時期であり、それにもかかわらずこれほどまでに順位を落としているということは、為替だけではない、別の要因を考えなければいけない。

その要因とは、人口構成の変化である。ここで、改めて図表2（12頁）を思い出していただきたいのだが、我が国の生産年齢人口は1995年にピークを迎え、その後減少

図表12　一人当たりGDPのランキング（米ドル）

順位	1990年		2000年		2010年		2020年	
1	Switzerland	39,842.8	Luxembourg	48,984.2	Luxembourg	112,049.2	Luxembourg	117,616.2
2	Luxembourg	33,066.9	Japan	39,173.0	Norway	87,823.8	Switzerland	86,109.5
3	Sweden	30,253.9	Switzerland	38,976.0	Switzerland	76,822.1	Ireland	85,786.7
4	Finland	28,489.6	Norway	38,094.6	Qatar	69,796.1	Norway	68,275.3
5	Norway	28,187.3	United States	36,312.8	San Marino	60,426.2	United States	63,577.3
6	United Arab Emirates	27,484.6	United Arab Emirates	34,386.2	Denmark	58,177.2	Singapore	61,274.0
7	Denmark	26,920.6	Iceland	32,344.4	Australia	56,577.9	Denmark	60,926.9
8	Japan	25,896.0	Denmark	30,798.7	Sweden	52,658.8	Iceland	59,224.8
9	Iceland	25,629.4	Qatar	30,461.3	Netherlands	51,165.8	Australia	53,094.5
10	United States	23,848.0	Sweden	29,589.1	Macao SAR	51,135.2	Sweden	52,706.3
11	France	22,490.3	United Kingdom	28,347.7	Andorra	49,030.2	Netherlands	52,222.4
12	Austria	21,827.4	The Bahamas	26,601.4	Ireland	48,620.6	Qatar	50,962.5
13	Netherlands	21,581.6	Netherlands	26,327.9	United States	48,586.3	Finland	49,168.2
14	Canada	21,572.1	Ireland	26,184.7	Canada	47,627.3	Austria	48,857.1
15	United Kingdom	20,933.1	Hong Kong SAR	25,574.5	Singapore	47,236.7	Germany	46,712.0
16	Italy	20,500.7	Austria	24,636.5	Austria	46,955.2	Hong Kong SAR	46,446.1
17	The Bahamas	20,460.3	Finland	24,379.8	Finland	46,647.0	San Marino	45,641.0
18	Germany	20,249.1	Canada	24,296.7	Japan	45,135.8	Belgium	45,545.2
19	Belgium	20,119.9	Germany	23,924.9	Belgium	44,448.2	Israel	44,320.7
20	Brunei Darussalam	19,428.8	Singapore	23,852.8	Iceland	43,293.0	Canada	43,383.7
21	Australia	18,875.2	France	23,212.5	Germany	42,379.7	New Zealand	41,307.2
22	Spain	13,693.6	Belgium	23,136.5	France	42,178.6	France	40,529.1
23	Ireland	13,644.0	Israel	21,641.3	United Kingdom	39,736.2	United Kingdom	40,347.4
24	New Zealand	13,440.1	Australia	20,895.4	United Arab Emirates	36,324.6	Japan	40,133.0
25	Hong Kong SAR	13,374.3	Aruba	20,681.1	Italy	35,815.6	United Arab Emirates	37,649.0
26	Qatar	13,150.2	Brunei Darussalam	20,473.3	Brunei Darussalam	35,437.3	Macao SAR	37,270.8
27	Israel	13,035.7	Italy	20,153.1	New Zealand	33,393.5	Andorra	36,973.8
28	Singapore	12,763.3	Kuwait	17,009.5	Hong Kong SAR	32,421.4	Puerto Rico	32,608.0
29	Islamic Republic of Iran	10,661.5	Puerto Rico	16,192.1	Kuwait	32,216.4	Italy	31,784.8
30	Cyprus	10,360.0	Taiwan Province of China	14,844.2	Cyprus	31,521.9	Korea	31,728.3

（出所）IMF「World Economic Outlook Database」より作成

している。一方、総人口がピークを迎えるのは、２０１０年のことである。この15年間、生産年齢人口は減少し続けたが、65歳以上の老年人口は増加し、総人口の上昇に寄与したのである。

つまり、１９９０年から２０００年、２０１０年、２０２０年へと移行するにつれて、我が国の生産年齢人口は減少し、代わりに高齢化率が上昇したのである。一人当りＧＤＰは、年齢や性別、病気の有無などで区分することなく、総人口でＧＤＰを割っている。そのため、人口に占める高齢者の割合が増加している場合、高齢者の生産活動は低いため、当然数字は小さくなっていくのである。

さて、ここまで、経済指標を見るうえでは、円とドル、それぞれの数字を扱っていく必要があるということを述べてきた。そのうえで、為替の影響だけでは説明できない経済の動きがあり、その動きと大きく関係しているのが、生産年齢人口の減少と高齢化であることがお分かりいただけたと思う。我が国の最大の課題は、やはり少子高齢化なのである。

（6）上がらない物価

ここまでは、ＧＤＰと株価という大枠について、自国通貨と基軸通貨の米ドルで見たときの違いを述べてきた。どちらで見るかによって数字には大きな違いが出てくるが、どちらにしても、現在の我が国の経済が成長しているとは言いがたいことは事実である。前述の通り、少子高齢化が原因の一つだが、もう一つ重要なことは、長い間、物価の上昇が抑えられてきたことである。ＧＤＰが伸びる要因は、成長要因（実質ＧＤＰの変化）、物価要因（ＧＤＰ価格指数の変化）、為替要因（現地通貨の対ドルレートの変化）の三つに整理することができる。この点から考えれば、物価が上昇すれば、経済規模が大きくなるのだから、それに従ってＧＤＰの値も大きくなっていくことになる。

先ほども少し触れたが、それが良く表れているのがドイツである。ドイツは、ロシアによるウクライナ侵攻が始まる前までは、ロシア産の安価な天然ガスを大量に輸入していた。２０２０年時点で天然ガスの総供給量の62・4％がロシア産であり、依存度が非常に高かった。そのため、ロシアによる侵攻後には、ロシア産ガスの供給削減の影響を最も強く受けることとなった。

ドイツはロシアからの天然ガスの代わりに、液化天然ガス（ＬＮＧ）の調達を強化したのだが、ＬＮＧのコストはロシア産ガスを大きく上回る。それがドイツの物価を押し上げる最大の要因となった。この影響はすさまじく、ドイツの物価上昇率は、一時期10％を超える歴史的な高水準を記録した（**図表13**）。

日本もロシアからのエネルギー資源を輸入しており、ウクライナ侵攻が行われる直前の２０２２年1月には、ロシア産ＬＮＧの世界一の輸入国であった（**図表14**）。ロシアからの輸入を止め、第三国からの輸入を試みようという大きな流れの中で、世界全体のエネルギー価格が急騰し、日本においては、そこに円安が重なって、エネルギー価格の高騰を招いた。

しかし、日本ではドイツほどの物価上昇率は見られなかった。もともと物価上昇の勢いがドイツと比較すると低かったことも理由だが、激変緩和措置として、

図表13　ドイツの物価上昇率推移（前年同月比）

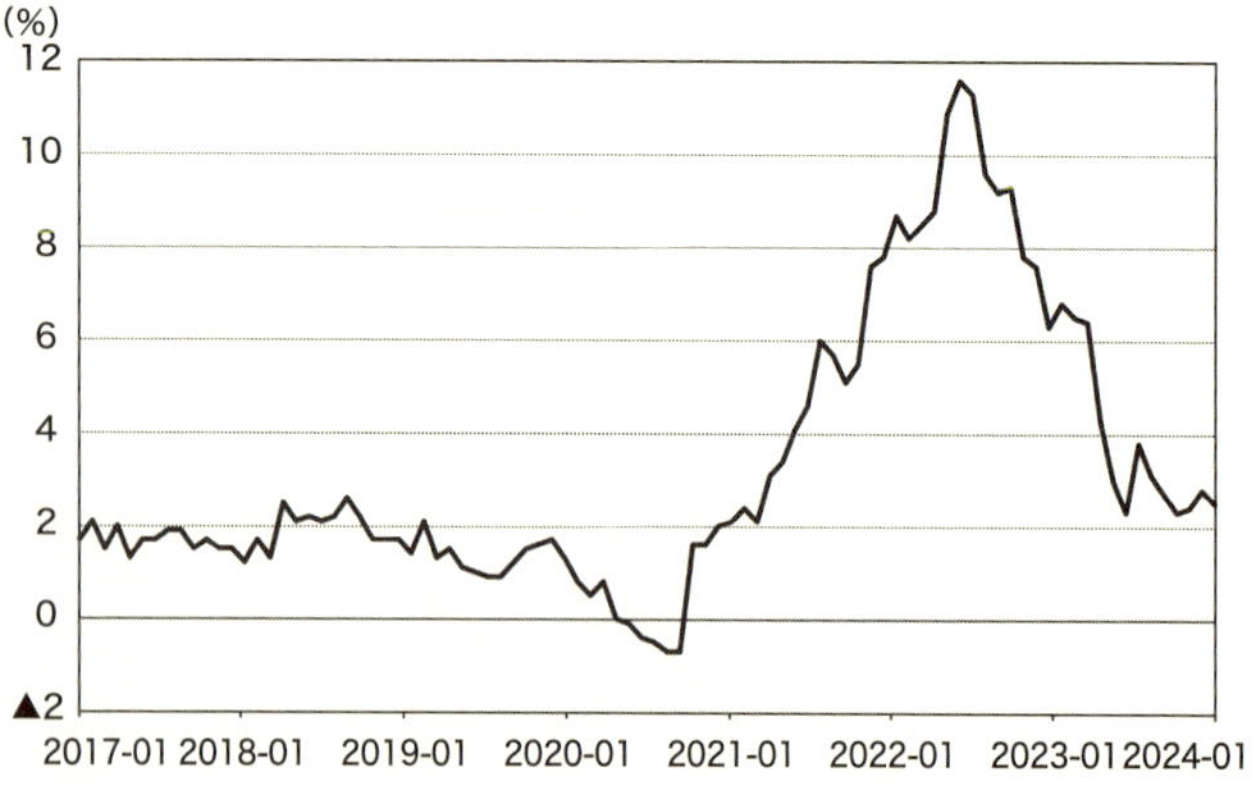

（出所）Eurostat「HICP -monthly data (annual rate of change)」より作成

図表14　ロシア産液化天然ガス（LNG）輸出先シェア

仕向け地（含積替え）	2021年1月 159万t	2022年1月 287万t
欧州	**101万t**	**66万t**
フランス	49万t	22万t
ベルギー	23万t	22万t
オランダ	14万t	15万t
スペイン	14万t	7万t
アジア	**59万t**	**221万t**
日本	―	76万t
中国	37万t	73万t
韓国	7万t	52万t
台湾	15万t	13万t

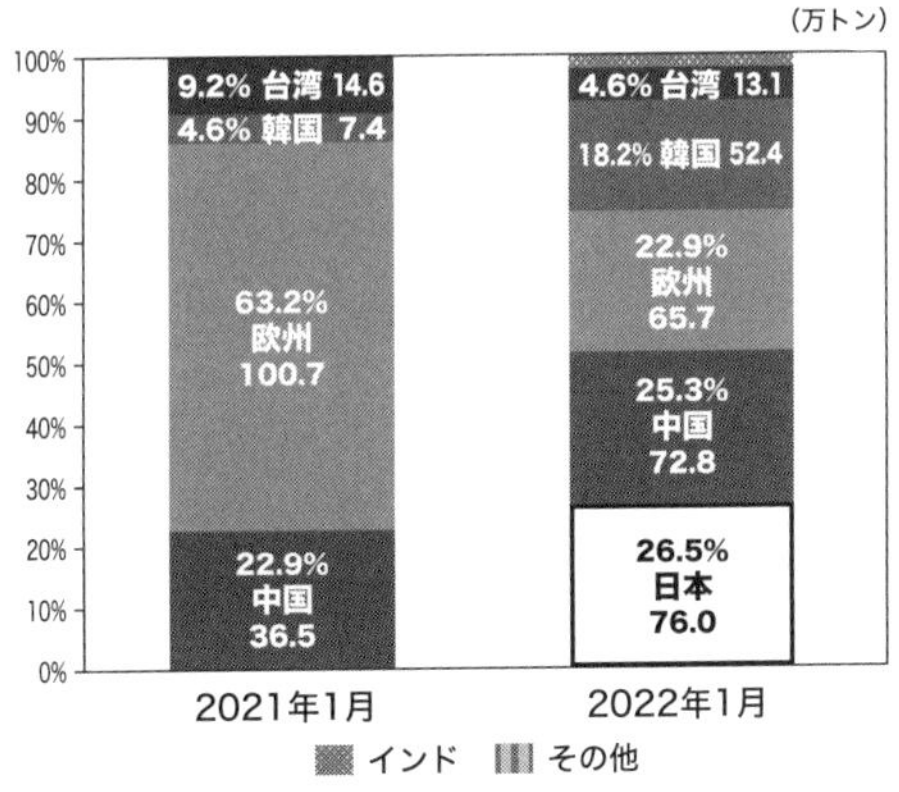

LNG輸出先シェア（前年同月比較）

（出所）独立行政法人エネルギー・金属鉱物資源機構ロシア情勢（2022年8月モスクワ事務所）
https://oilgas-info.jogmec.go.jp/info_reports/1009226/1009471.html

エネルギー価格の上昇を抑えるための政策が実施されたことも大きい。ドイツでも物価上昇を抑える政策が取られなかったわけではないが、その効果が出始めたのは２０２３年半ば以降のことである。

物価が高騰したドイツと、高騰を抑えた日本では、当然のことながら経済活動の数字は異なってくる。それが、ドイツがＧＤＰを大きく伸ばす理由となったのである。

日本の物価の低さを把握するために役立つのが、ビッグマック指数である。経済指標としては一風変わっているが、ビッグマックは全世界で売られているうえに、規格が統一されている。そのため、各国でのビッグマックの価格を比較することによって、物価の国際比較が可能なのである。

図表15は、ビッグマック指数を２０００年と２０２４年で比較したものである。２０００年4月時点では、日本のビッグマックの価格は世界で5番目に高かった。しかし、２０２４年1月には45番目にまで順位を落としている。日本の後ろにいる国・地域は、ベトナムや香港、ウクライナ、フィリピン、マレーシアなどで、かつては、日本よりはるかに物価が安いといわれた国々である。この指数は米ドル換算したものであるため、円安の影響も大きいのだが、日本の物価はこれほど低い水準にまで下がってしまっ

図表15　ビッグマック指数の比較

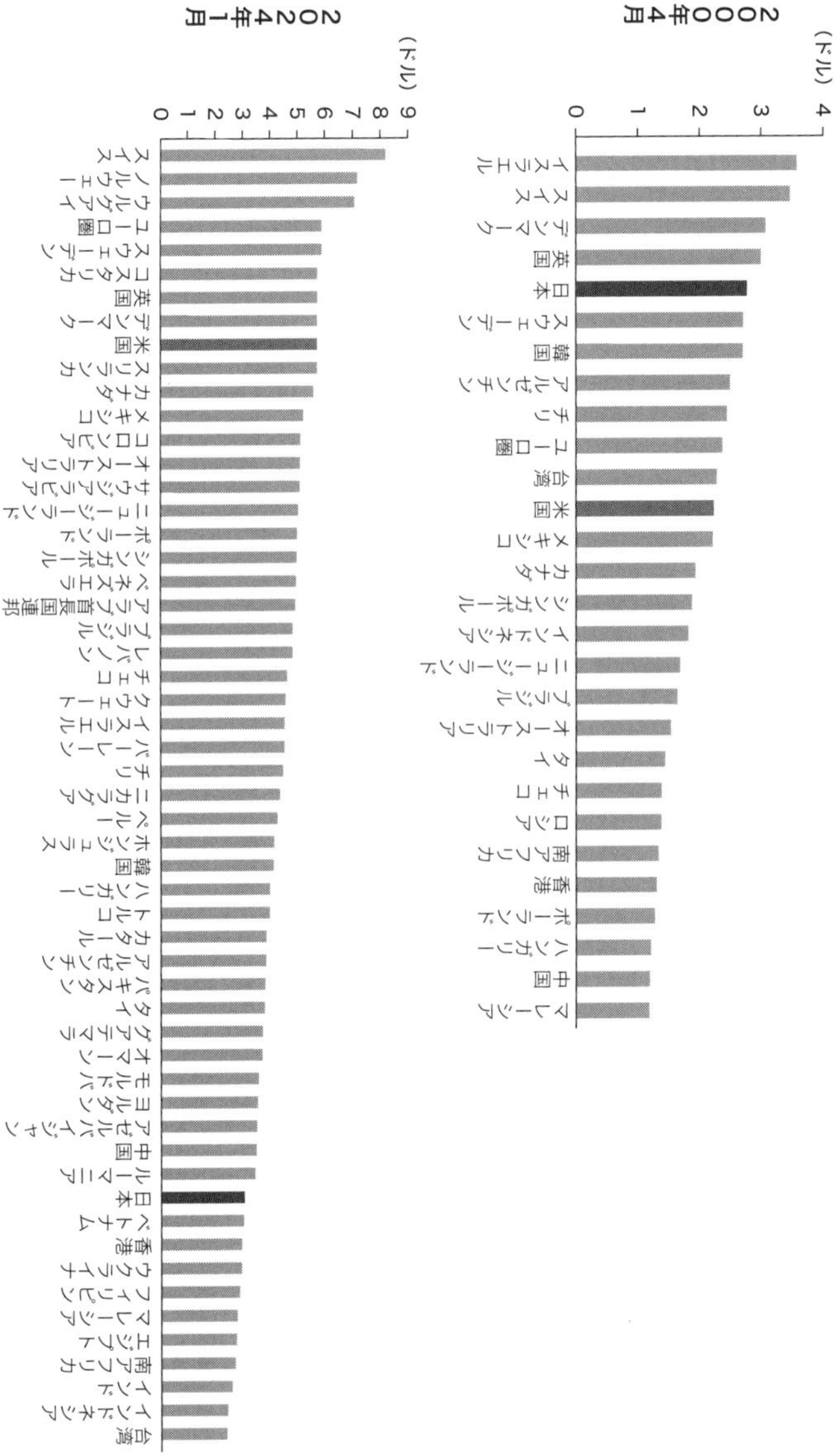

（出典）The Economist「big-mac-data」より作成

た。

バブル崩壊以降、日本社会は低い物価水準のまま推移してきた。社会全体が、物価を上げない方向に舵を切っていたと言っても良いかもしれない。バブル崩壊直後の10年間は、そもそも企業が借金の返済に追われ、賃上げを行える余裕もなかった。借金の返済とは何かというと、バブル崩壊によって、それまで企業が所有していた土地や不動産、債権の価値が大きく下落し、バランスシートの資産が劣化したために、負債である金融機関からの借り入れを返済しなければならなかったのである。この10年間は、バランスシート不況と呼ばれることもある。

賃金が上がらなければ、消費者の財布の紐は当然固くなり、より安いものを求めるようになる。このまま景気が良くならないのではないかという消費者心理の冷え込みも影響し、安価な商品を求める需要は高まる一方であった。そんな消費者の要望に応えるために、企業はより安い商品を提供しようと努力する。その努力の方法は、結局のところ、原材料価格の見直しや人員削減によるコストカットであり、それを突き詰めていった先に、製造拠点の海外移転があった。このため国内では製造業の労働者を中心にリストラが進められた。「産業の空洞化」と言われたのもこの時代である。

今と違い、当時は国内よりも海外で製造したほうが人件費は安かったので、多くの企業が工場を海外に移し、商品の値段をいかに抑えるのかという点に腐心した。100円ショップのようなお店ができたのも、こうした時代背景によるものだと思われる。

しかし、次第に物価の低さを問題視する声が高まっていった。物価が上がらなければ、世界からどんどん取り残されてしまうという考えのもと、第二時安倍政権になって、2%の物価目標を定め、物価を引き上げるための政策が取られた。いわゆるアベノミクスである。

実際に、当時は金融緩和政策の結果円安に振れたこともあいまって、輸入品を中心として物価が上昇した。しかし、原油価格が引き下げられたために、想定していたほどには物価が上がらなかった。また、経済再生への期待感があったことなど、社会を取り巻く環境は今とは少し異なっているが、それでも日本はそもそも物価上昇に慣れていない国なので、当時は国民生活への影響が懸念されたことを記憶している。

(7) 物価上昇のタイプ

ところで、物価上昇には二つのタイプがあることをご存じだろうか。一つは、ディマンドプル型と呼ばれる良い物価上昇、もう一つは、コストプッシュ型といわれる悪い物価上昇である。

そもそも物価は、需要と供給の関係によって決まる。供給が需要を上回っていれば、商品が余っているということなので物価は下がる。よく豊作貧乏などといわれるが、野菜が豊作であれば供給量が増えるので、価格は下がるのである。一方で、需要が供給を上回れば価格が上がる。新型コロナの感染拡大初期にマスク不足に陥ったことは記憶に新しいが、当時はマスクの価格が大幅に上がった。

ディマンドプル型の物価上昇では、コロナ禍におけるマスクのように、需要が増えることによって物価が上昇する。需要が増えるということは、多くの消費者がその商品を購入しようとすることであり、本当に欲しい商品であれば、多少価格が上がっても購買意欲が衰えることはない。そのような状況であれば、企業は商品の価格を上げることができる。さらに、その商品の増産のために設備投資を行い、より多くの商品が購入されれば企業の収益が上がり、従業員の賃金も引き上げられる。結果として、社会全体の購買力が増すため、経済活動がより活性化していくのである（図表16）。

一方で、コストプッシュ型の物価上昇では、需要には変化がないにもかかわらず、物価が先に上がっていく。今のような円安局面が典型的な例である。円安においては日本円の貨幣価値が下がり、海外の商品を買うときにより多く円を支払わなければならない。つまり、輸入物価が上昇する。そのとき、企業が取れる行動は大きく分けて二つある。

一つは、物価上昇分を価格転嫁することである。商品の価格は上がるが、企業の利益はきちんと確保できるため、従業員の賃金も上げることができる。物価上昇分の賃上げを行えば、働く方々の生活は苦しくはならない。もう一つは、物価上昇分を十分に価格転嫁できない場合である。この場合、企業の利益率は低下し、十分に賃上げを行えないことになる。

これまでの説明で分かる通り、最大のポイントは、物価上昇分を価格転嫁できるのかどうか、そして物価上昇分に見合う賃上げを行えるかどうかである。それができなければ、実質賃金は下がることになり、国民の皆さんの生活は厳しくなる。この

図表16　ディマンドプル型の物価上昇

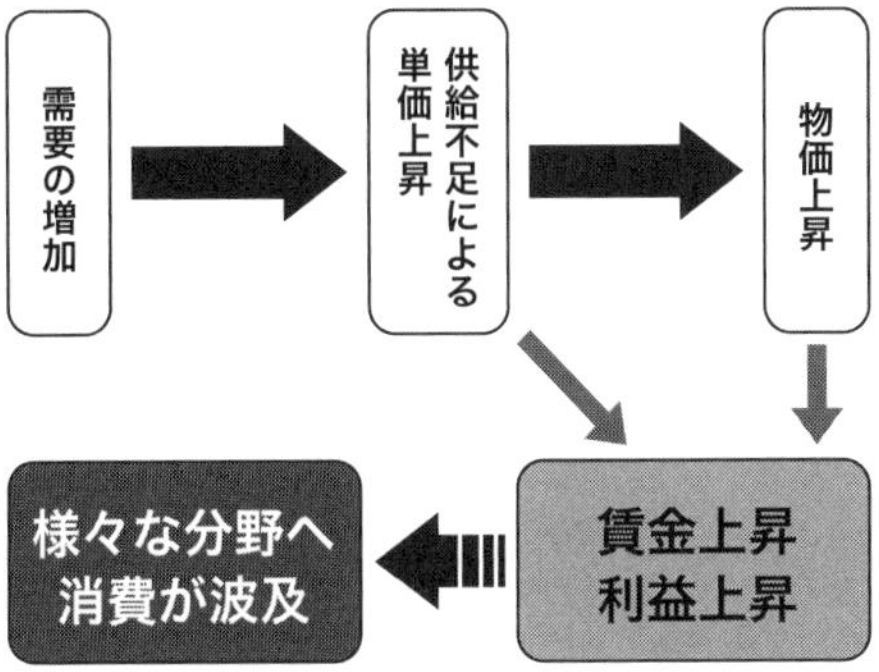

負の連鎖が起きてしまう恐れがあるのが、コストプッシュ型の物価上昇なのである（図表17）。

　コストプッシュ型の物価上昇局面では、労働者だけではなく、年金生活者の方々の暮らしも厳しくなる。なぜならば、年金は物価と賃金の上昇率の低い方に合わせて給付額を決定する仕組みになっているからである。賃金の上昇率が物価と比べて高ければ、より上昇率の低い物価に合わせて決定されるのだが、物価の上昇率が高ければ、賃金に合わせられるのである。後者の場合、物価が上がっているにもかかわらず年金の額は上がらないため、生活は苦しくなっていく。

　今、日本は急激な円安に見舞われている。１ドル75円程度だった時代と、１ドル１５０円程度になった現在とを比較すると、単純にいえば、昔に比べて今は円の価値が半分になったということでもあり、輸入品の価格が倍になったということでもある。原油や食品、資材を含む輸入品の価格が軒並み高騰し、

図表17　コストプッシュ型の物価上昇

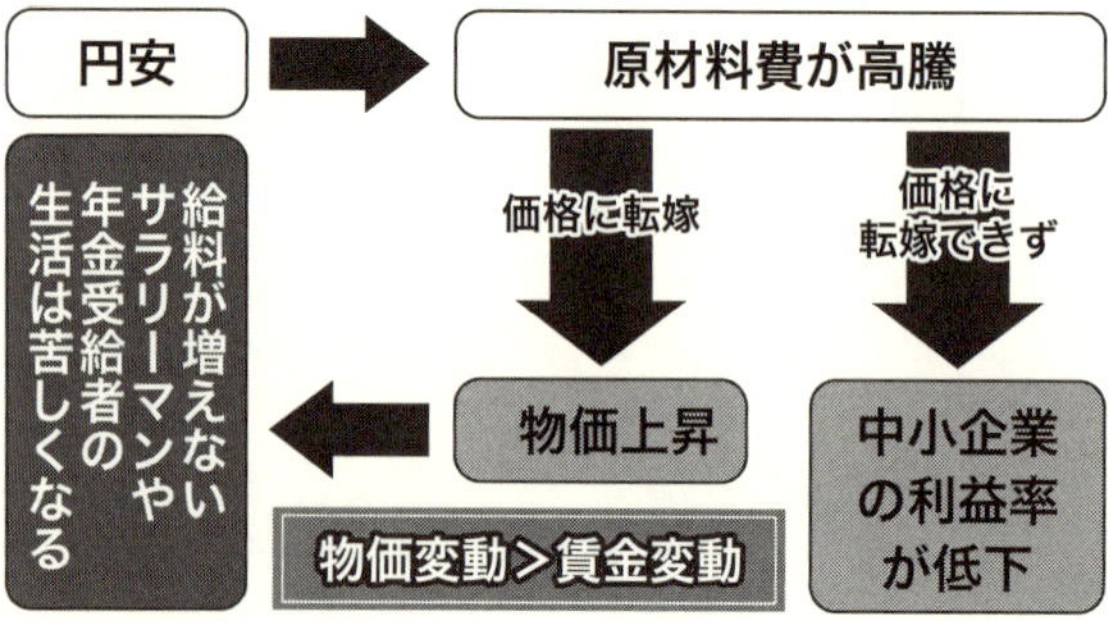

あらゆる産業が大変な状況に陥っている。

原油価格が値上がりしているために電気料金が高くなり、日々の暮らしにおける電気代はもちろんのこと、あらゆる分野の企業の経営活動にも大きな影響を及ぼしている。農業においては、農畜産物を育てるうえで欠かせない肥料や飼料が値上がりし、コストの増加分を十分に価格転嫁できず、廃業に追い込まれてしまった農家の方もいらっしゃる。建設業では建築資材の値上がりから建設コストが高くなっており、また、国民の健康を守るために必須である医薬品産業に目を向ければ、海外からの輸入に頼っている医薬品の原材料価格が高騰し、その分を価格転嫁できずに供給停止に陥ってしまっている製品も出てきている。そのために、2023年の末には救急外来に咳止め等がないという事態も発生した。

どの産業においても言えることだが、十分に価格転嫁ができず、逆に「どうにか価格を抑えよう」ということに意識を向けていることが、企業経営を圧迫し、賃上げを妨げ、最終的に国民の皆さんの生活を厳しくしてしまっている。政府は、急激な物価高騰を抑えるための激変緩和措置を実施するとともに、賃上げの要請を行っているが、私はむしろ、価格を抑えるのではなく、きちんと価格転嫁できるようにしていくことが大切であると考えている。そのためには、物価上昇により生活が厳しくなる低所得者や年金生活者に対する支援が必要になる。

(8) 円安による様々な影響

物価の上昇は国民生活に密着する問題であるが、もう一つ、円安による大きな懸念がある。国民の皆さんも心配していらっしゃることだと思うが、それは、日本の土地が外国、特に中国に買われていることである。よく話題になるのは、「北海道の土地を購入されて、水資源が中国人に所有されてしまった」といった話だが、買われているのは資源の豊富な土地ばかりではなく、東京都内の一等地も購入の対象となっている。背景には、円安で日本の土地が割安になっていること、そして中国の不動産バブルがはじけたことで、中国人の投資の矛先が国内から海外へと変化しているからである。

「中国人が日本の土地を買ってもいいのか」という質問を受けることがあるが、実はこのこと自体には問題はない。日本人もバブルの頃にはニューヨークのロックフェラーセンターを買収し、アメリカの土地を買っていた。正確に言えば、日本人は今も外国の土地を購入している。そのため、基本的に、外国人だから土地を買えないという規制はできないのである。

　しかし、中国の場合には他の国々とは異なる事情がある。アメリカであれば、日本人はアメリカの土地を購入でき、アメリカ人も日本の土地を購入できる。いわば、対等な関係が成立している。だが、中国に関していえば、中国人は日本の土地を購入できるものの、日本人は中国の土地を購入することができない。ここに不平等なやりとりがある。

「中国人も中国の土地を購入できず、外国人も中国の土地を購入できないのだから、不平等ではない」というのが一般的な見解であるようだが、しかし、中国人が他国の土地を買えて、外国人は中国の土地を買えないというのは、やはり不平等であろう。

　そこで、このような不平等をなくすために、例えば土地取引きに関して相互条約を締結するという方法があるのではないかと考えている。日本人はアメリカの土地を購入でき、アメリカ人も日本の土地を購入できる。それを約束ごととするのである。そうすると、日本人は中国の土地を購入できないため、中国人も日本の土地を購入できない、となる。

　このような話は二国間の間で完結できるものではなく、国際社会を巻き込む必要があるため、決して簡単な道ではない。しかし、自国を守るためにも、何らかの手立てを講じていかなければならないのは言うまでもない。

円安には、輸出関連業界への恩恵や海外からの旅行者の増加などのメリットもあるが、そのメリットは限定的であり、現時点において、急激な円安は日本に関して言えば望ましいことではない。

このように、円安のメリット、デメリットをそれぞれ挙げ、個別の課題について議論するということは盛んに行われているが、それでは我が国にとって望ましい為替レートはどのようなものなのか、といった視点での議論は少ない。その理由は冒頭に述べた通り、議論するための指標を持ち合わせていないからだ。

(9) 経常収支

私は、経常収支こそが一番良いメルクマールになると思っている。なぜならば、経常収支には政府の取引だけではなく民間の取引も含まれており、日本全体として利益が出ているのかということがわかるからである。これは我が国全体の経済活動のみではなく、どの産業が利益を出しているのか、どの産業が苦しい状況にあるのかという判断の指標にもなっている。経常収支は為替の影響を強く受けるため、経常収支において最大の黒字を実現できる為替レートこそが、我が国にとって最も理想的なレートであると考えられる。

図表18は、日本の経常収支の推移である。経常収支を構成する項目ごとに示したものが棒グラフであり、経常収支全体は折れ線グラフで示されている。

経常収支は、貿易収支、サービス収支、第一次所得収支、そして第二次所得収支から構成されている。貿易収支は車や家電製品、あるいは衣服のような有形の財貨の輸出入の収支を表

図表 18　経常収支の推移

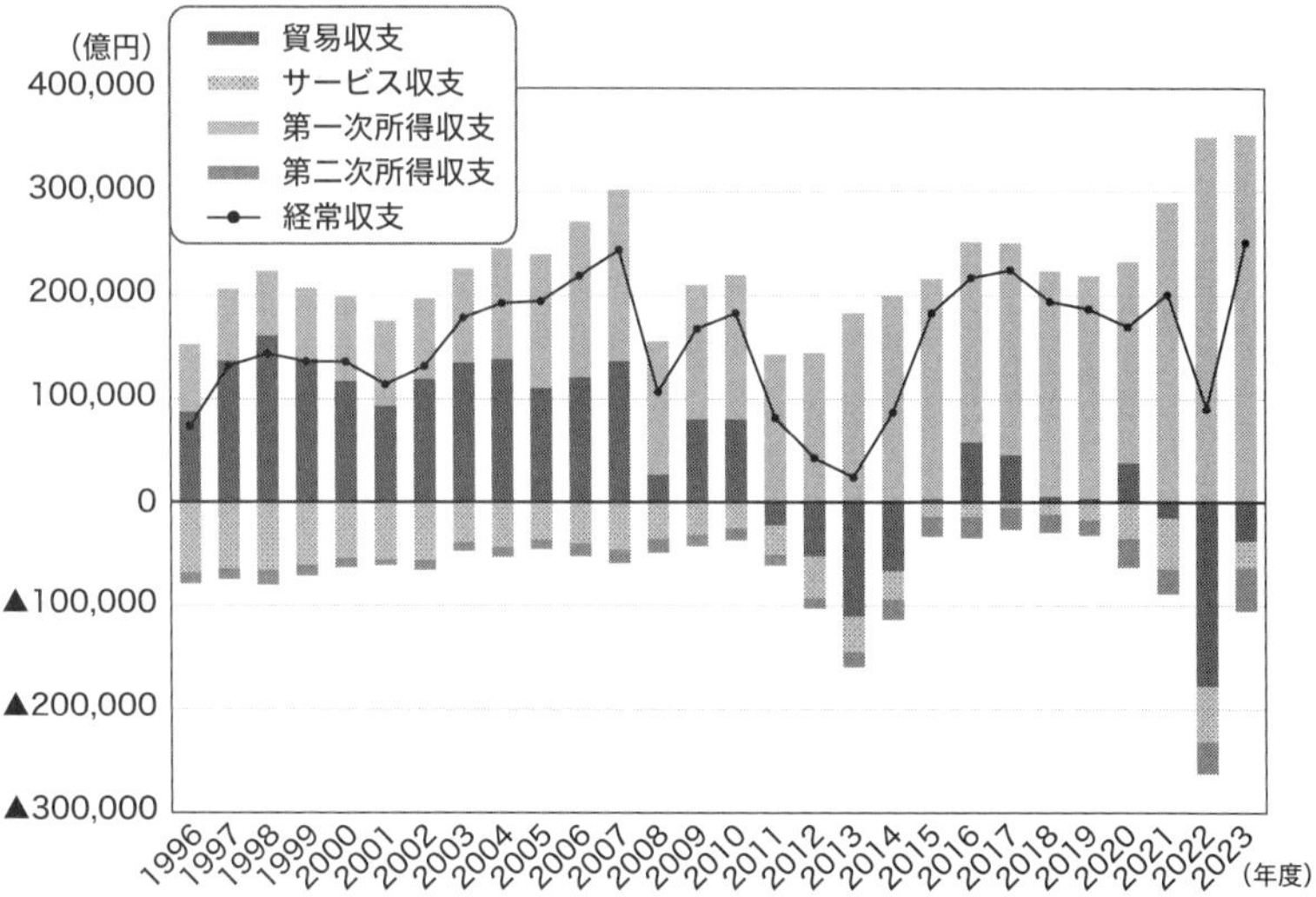

第一次所得収支：対外金融債権・債務から生じる利子・配当金等の収支状況を示す。
(主な項目)直接投資収益：親会社と子会社との間の配当金・利子等の受取・支払
証券投資収益：株式配当金及び債券利子の受取・支払

第二次所得収支：居住者と非居住者との間の対価を伴わない資産の提供に係る収支状況を示す。
官民の無償資金協力、寄付、贈与の受払等を計上する。

(出所)財務省「国際収支総括表」より作成

し、サービス収支は旅行、保険料、情報、特許等の使用料などのサービスに関する収支を表している。第一次所得収支は対外金融債権・債務から生じる利子・配当金等の収支の状況であり、第二次所得収支は居住者と非居住者の間の対価を伴わない資産の提供にかかる収支状況を示している。

日本の経常収支は一貫して黒字を保っているが、黒字化に貢献している項目は、過去と現在とでは大きく変化している。真っ先に目に入るのは貿易収支である。２０２０年までは黒字方面に貢献していたが、２０２２年には大幅な赤字となっている。戦後の復興期以降、日本は優れた家電製品や自動車などを製造し、安い価格で海外に売ることによってお金を稼いできた。日本が経済成長を遂げ、発展してきた最大の理由はここにある。他国から原材料を仕入れ、付加価値をつけて輸出するという構図の中で、貿易黒字を積み上げてきたのである。まさに、ものづくり国家としての姿であった。

しかし、今では大幅な貿易赤字を計上している。円安を背景とした輸入物価の高騰による影響も大きいのだが、全体の傾向からいえることは、日本はすでに、貿易によって利益を上げられる国ではなくなったということである。それは家電製品に代表されるように、世界では我が国以上に韓国や中国の製品が売れているからである。

貿易収支がこれだけの赤字に陥っているにもかかわらず、経常収支は黒字を維持している。その理由は、貿易収支に代わって、所得収支が大幅に伸びているからである。日本では、個人も企業もお金持ちになり、海外の債券や株の購入、あるいは企業買収を行うようになってきたためであり、日本は貿易収支ではなく、第一次所得収支によって利益を得る国に変化しているのである。

(10) 貿易収支のマイナス要因

まず、貿易収支が赤字になった原因を分析していきたいと思う。第二次安倍政権においては、「円安になれば輸出が盛んになり、我が国の利益になる」という考えのもとで、大胆な金融緩和が進められた。その結果、政権発足時には1ドル80円程だった円の価値が、1ドル120円にまで下落した。その結果、2016年や2017年の貿易収支は確かに黒字化したが、その後の黒字幅は減少傾向が見られている（図表19）。繰り返しになるが、日本はものを作って輸出する国から、ものを輸入する国に変わってきたからである。

ちなみに、アベノミクスによって輸出産業が活性化し、関連する企業の株価も上がったが、これは円安による割安感から外国人投資家による日本株買いが進んだことも原因の一つであることは、すでに述べた通りである。

貿易赤字が大きかった２０２２年において、貿易収支のマイナス要因となっている品目は、まず鉱物性燃料であり、次に食料品及び動物、原材料、化学製品、電気機器と続いている。電気機器はグラフ上ではほとんど見えないが、かつて輸出超過によって黒字方面に大きく貢献していたにもかかわらず、今では輸入額のほうが多くなっているという意味で、貿易収支の赤字化に及ぼしている影響は大きい。このことは、**図表20**からも見て取れる。このグラフは２０００年代前半から２０１０年代後半の約20年間で、貿易収支の黒字方面に寄与した品目と赤字方面に寄与した品目の

図表19　貿易収支の推移

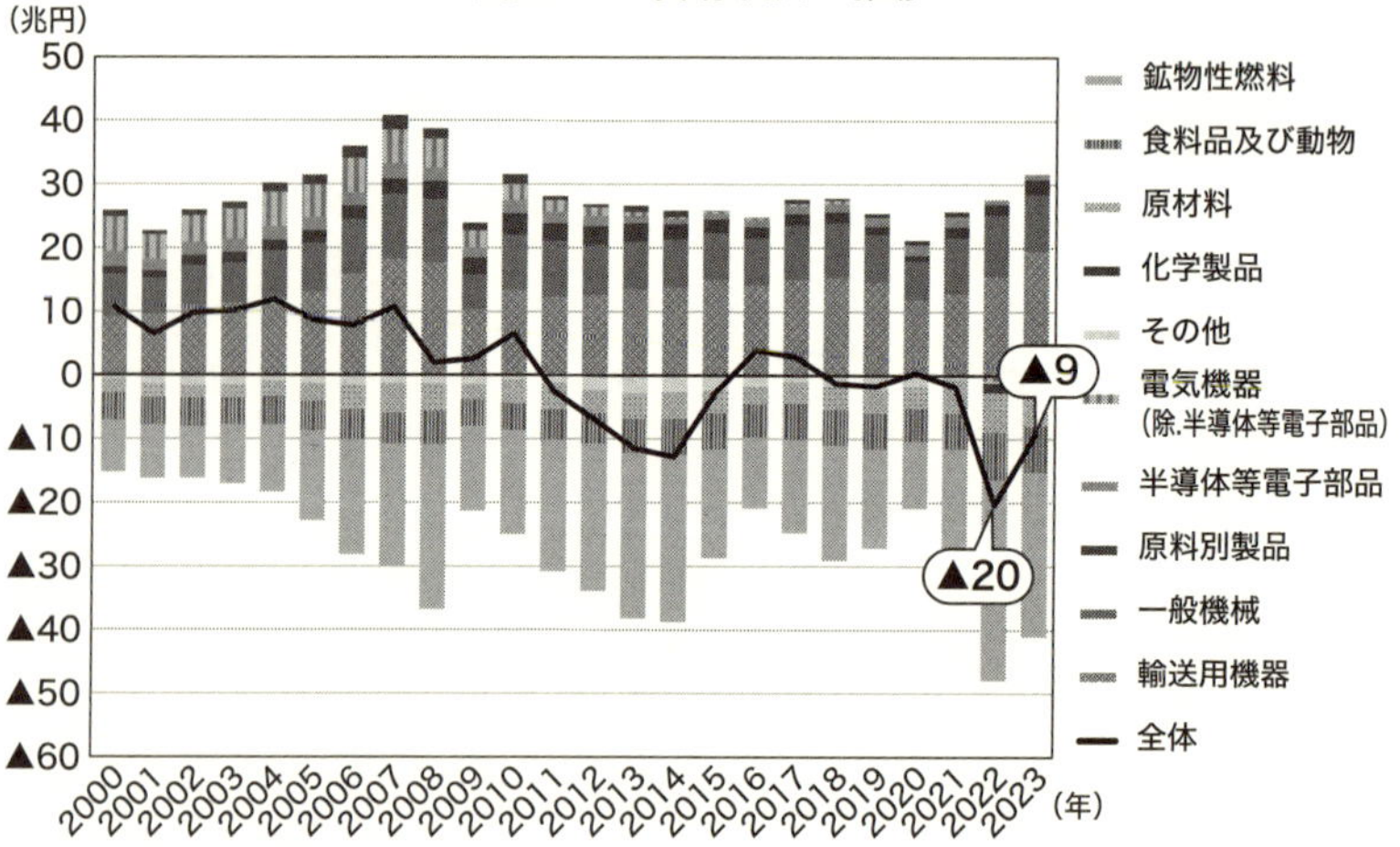

(出所)財務省「貿易統計」より作成

上位10品目を示している。赤字方面に寄与した第一位、第二位はいずれも鉱物性燃料である。日本国内では石油などの燃料は産出しないため、どうしても輸入に頼らざるをえない。

食料品も貿易赤字の要因ではあるが、２０００年代から一貫して一定の赤字を計上し続けているため、極端に大きな変化としては現れていない。鉱物性燃料、食料品、そして原材料といった、日本では作れず、輸入に頼るしかないものについては、ある意味やむを得ないといえるかもしれない。

問題は、電気機器や化学製品である。特に、貿易収支の赤字方面に寄与している品

図表20　主要品目別×主要地域別の貿易収支変化
（2000年代前半→2010年代後半）

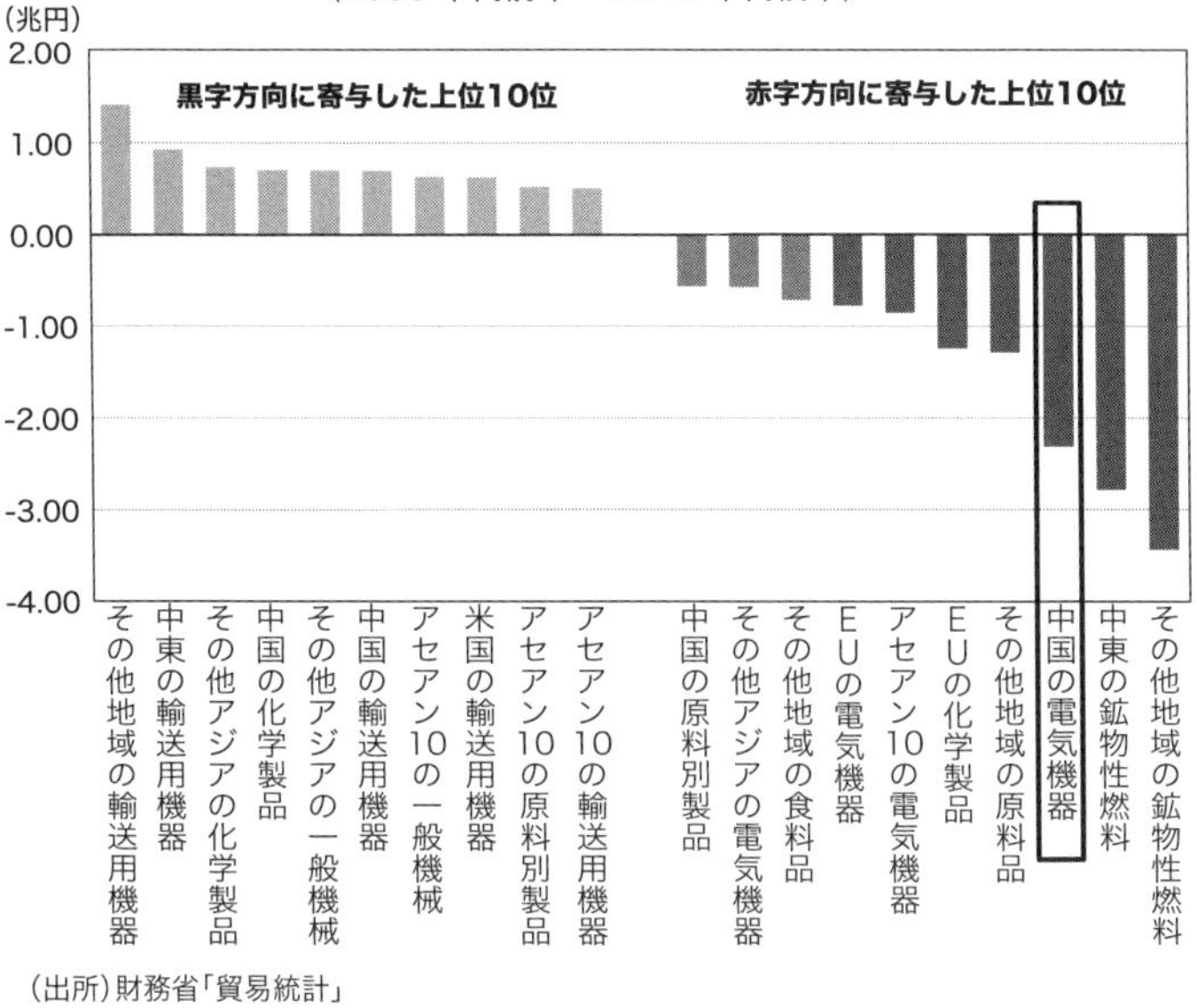

（出所）財務省「貿易統計」

目の第三位に「中国からの電気機器」が挙げられている。この内訳をより詳しく示したものが図表21である。このグラフから分かるように、中国からの電気機器や通信機等の輸入額は毎年増加している。

ただし、これは「中国からの輸入」であり、「中国企業の製品を輸入」しているわけではないことに注意が必要である。なぜならば、この中には、日本企業が中国で製造している製品を日本国内に持ってくる場合も含まれているからである。例えばスマートフォンである。私のスマホの裏側にはソニーと刻印されている。ソニーは歴とした日本企業だが、このスマホは日本国内で製造されたものではない。中国を含む海外で作られているのである。

図表22は、日本国内の液晶テレビのシェアである。ＴＶＳ ＲＥＧＺＡ（東芝）やシャープ、ソニーなど、日本企業がシェアの大半を占めている。日本人の多くが日本企業の製品を購入しているわけだが、この中で、日本国内で製造されている製品は極めて限定的であって、ほとんどは中国などの海外の工場で作られて、逆輸入されている。ここで大事な点は、私たち日本人が日本企業の製品と思って購入している製品が海外で生産されており、結果として、貿易赤字に寄与してしまっているということである。

図表21　2000年時点と比較した中国からの
電気機器の輸入の品目別寄与度分解

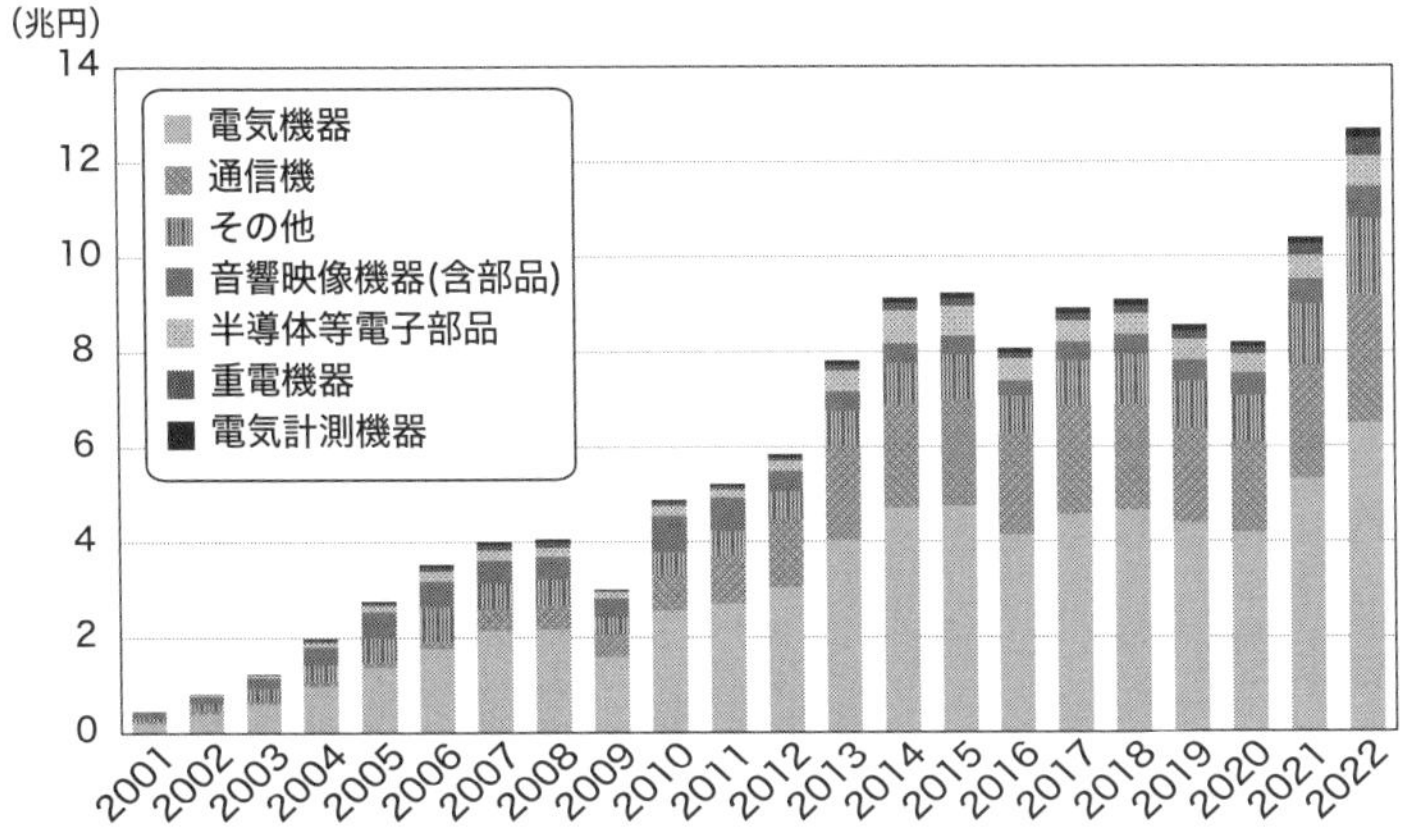

(出所)財務省「貿易統計」

図表22　貿易収支の推移

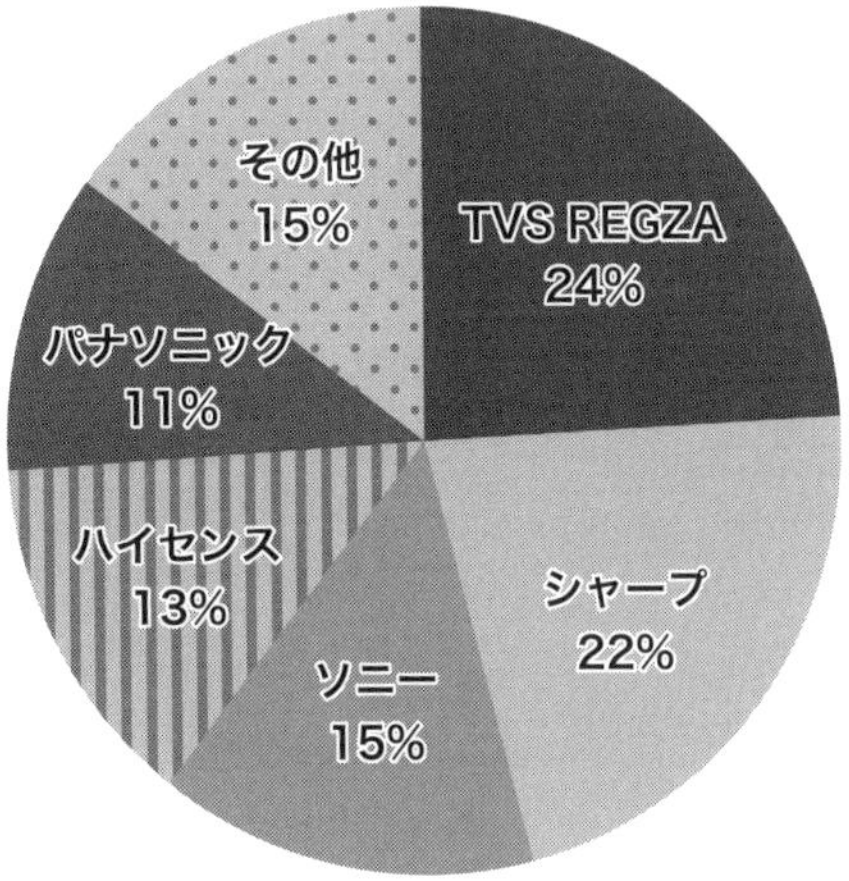

(出典) 日経業界地図より作成

このような状況を招いた原因は、バブル崩壊後、企業がこぞって生産拠点を海外に移したことである。なぜそのようなことが起こったのかといえば、当時は日本に比べて中国などのほうが圧倒的に人件費が安く、安いコストで製品を製造することができたからである。バブル崩壊後のデフレ経済下で、企業がコストダウンの努力をし続けていたことはすでに述べたが、その手段の一つが生産拠点の海外移転であった。その結果、日本国内の工場で働いていた方々は失業に追い込まれ、産業の空洞化、いわゆるドーナツ化と呼ばれる現象が起きたのである。

しかし一方で、諸外国の経済発展により、今では外国と日本の賃金差は小さくなっている。輸入よりも輸出のほうが有利な円安局面でもあり、今こそ生産拠点を国内に戻すことを考えるべきである。日本企業が国内で製品の製造を行うようになれば、貿易収支の大幅な改善が期待できるだけでなく、雇用の創出にもつながって行くからである。

少し話が戻るが、テレビのシェアについて、さらに愕然とする数字を見ていただきたいと思う。先ほどは日本国内においては日本企業の製品がシェアの大半を占めていると述べたが、一方、世界市場に目を向けてみると、状況は全く異なっている（図表23）。世界の薄型テレビの市場シェアは、第一位がサムスン電子、第二位がLG電子、これはどちらも韓国の企業である。第三位のＴＣＬ、第四位のハイセンスであり、これらは中国の企業である。この一位から四位までを足し合わせると世界シェアの五割以上となる。日本企業はソニーが辛うじて名前を連ねているが、シェアはわずか５％である。日本で家電売り場などに行くと、日本企業の製品がずらりと並んでおり、日本の家電製品はまだまだ強いと思いがちだが、世界の家電市場を席巻しているのは、韓国や中国の製品なのである。このことで分かるように、世界から見ると、日本人は相当特異な消費行動を取っているのである。

　そしてこれは家電製品に限った話ではない。日本のお家芸である自動車においても同様である。日本国内で道路を走っている車を見れば、トヨタやホンダ、日産といった国内メーカーの車が大半だが、海

図表23　世界の薄型テレビ市場シェア（2022年）

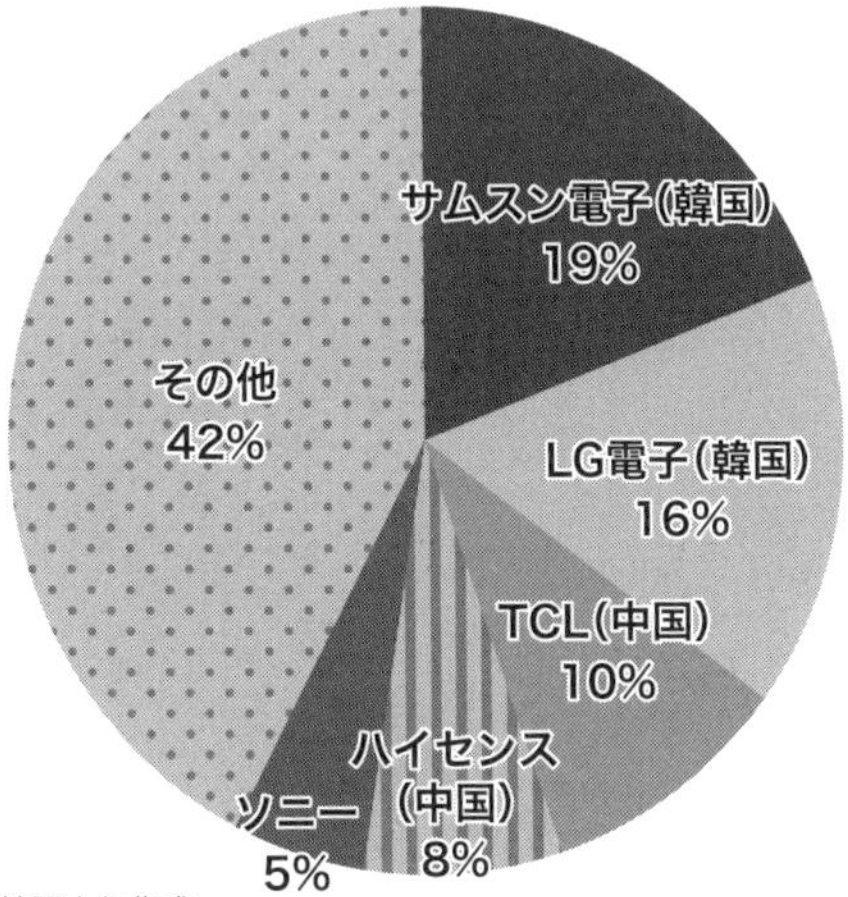

（出典）日経業界地図より作成

外では、もちろん日本車も売れているものの、それと同じくらい中国や韓国メーカーの車が売れるようになってきている。「日本＝ものづくり国家」という時代が終わりを迎えようとしていることの、これも一つの証左である。

続いて、化学製品について見ていきたいと思う。化学製品の貿易収支の内訳を**図表24**に示した。この中には、プラスチックや化合物といった品目が含まれているが、一目見て明らかなように、赤字幅が最も大きいのは医薬品であり、大幅な輸入超過が続いている。特に2022年になって赤字幅が急激に拡大しているが、これは、新型コロナウイルスワクチンを輸入したからであ

図表24　化学製品の品目別貿易収支の推移（2005年～2023年）

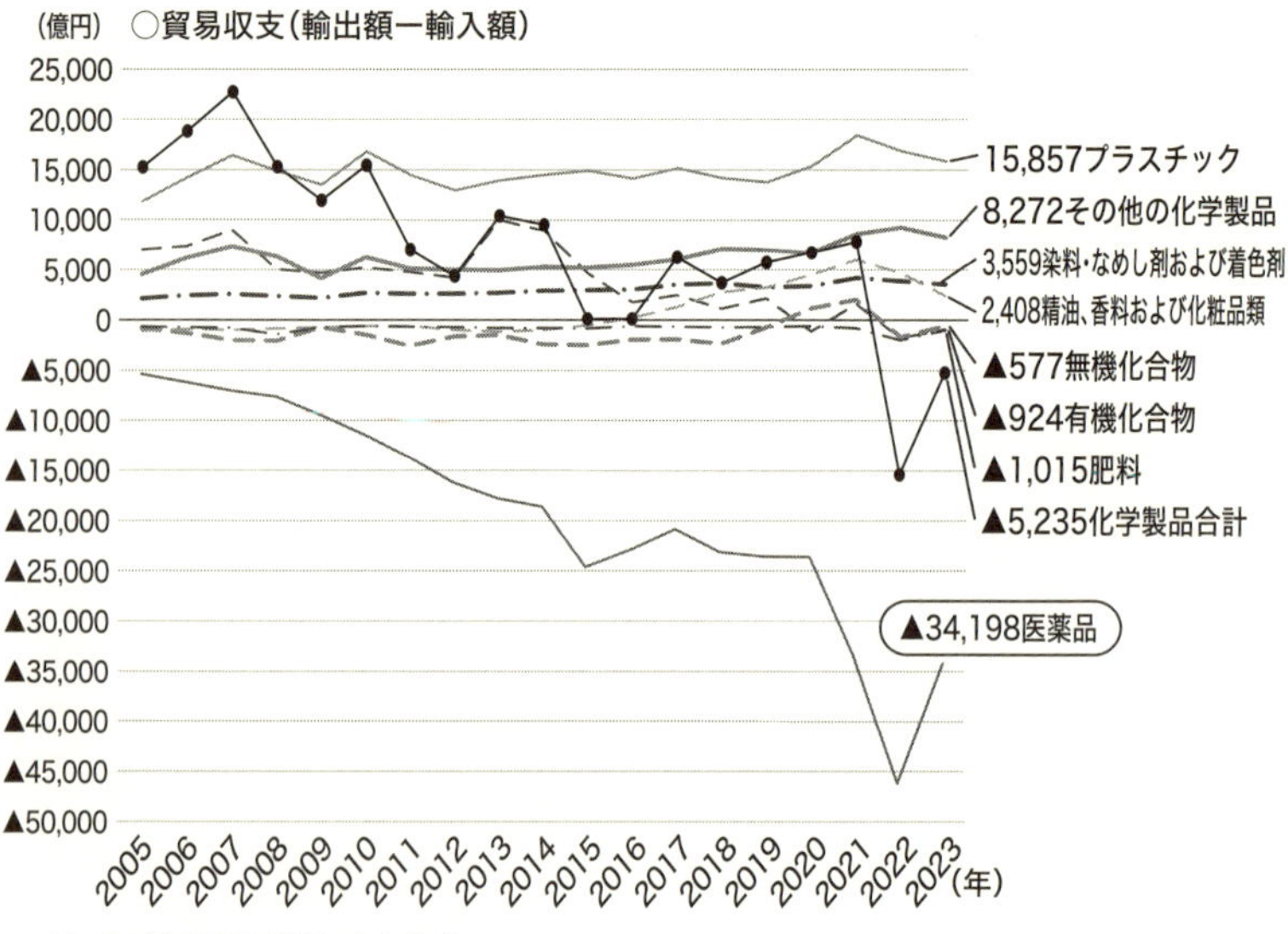

（出所）財務省「貿易統計」より作成

り、その額は2兆円を超えている。

ワクチンの輸入超過は、我が国がワクチンの開発競争に負け、海外メーカーの製品を輸入せざるをえなくなったことが原因である。我が国には元来、ワクチン開発に消極的な気風がある。それは、ワクチンの効果よりも、副反応のほうが大きく報じられてしまうからだ。

もちろん、ワクチンには副反応がある。しかし、それを超えるメリットがあるから接種するのである。副反応をできるだけ少なくするよう努力することには意味があるが、効果を見ずに副反応だけを見て、不安をあおるような報道のあり方は問題であると考えている。この体質が改善されなければ、我が国でのワクチンの開発は進まず、慢性的な赤字も変わっていかないだろう。

ただし、家電製品と同じように、輸入している医薬品の中には、海外企業の製品だけでなく、日本企業が海外の生産拠点で製造している商品も含まれている。製薬企業もまた、製造拠点の多くを国内から海外に移転しており、それが貿易赤字の拡大にも繋がっているのである。

なぜ生産拠点を海外にシフトしたのか。より安く製品を作るためというのも理由の一つだが、医薬品については、薬価の問題が大きく関わっている。

　医薬品の価格である薬価は、公定価格といって、国によって定められている。薬価は据え置かれるものではなく、かつては二年に一度、現在は毎年見直され、基本的にはそのたびに引き下げられている。なぜならば、流通の過程で、薬価よりも安い金額で医薬品が売買されているからである。公定価格と実際の価格の差を薬価差といい、厚労省は薬価差を小さくしようとして薬価を引き下げる。すると市場では、各々の企業が自社の製品を販売するためにより安く売ろうと努力し、ふたたび薬価差が生じて薬価が引き下げられる。

　こうしたいたちごっこによって、製薬企業の体力は失われ続けてきた。そして、少しでも人件費の安い国で生産しなければ利益を出せなくなっていったのである。日本の製薬産業は多くの労働者を抱える成長産業であったが、今では業績が厳しく、大規模な人員削減に踏み切っている企業も多い。しかし、医薬品のような付加価値の高い製品の製造は、日本経済を強くしていくために極めて重要である。薬価が下げられ続けていくという構造を断ち切り、医薬品を国内製造できる体制を整えていかなければならないと考えている。

改めて、ここまで述べてきたことをまとめると、我が国はかつてのように、原材料を輸入し、それを加工・輸出して外貨を得るような貿易国家ではなくなった。むしろ我々が日常的に利用している製品は、特定の分野においては輸入品のほうが多くなっており、この点から考えると円安よりも円高のほうが有利になっている。

貿易収支は赤字だが、それでも経常収支は大幅に黒字であり、これを押し上げているのは第一次所得収支である。第一次所得収支は、お金を投資して利益を得るものであり、相手国の株や債券、不動産等の購入や、M&Aを行うのだから、海外のものを安く買えたほうが良い。やはり円高のほうが有利なのである。

次の章では、第一次所得収支を増やしていくためにはどうすればいいのか、その原資はどこにあるのかについて詳しく述べていく。

第二章

民間に眠る金融資産

（1）政府の借金

日本は第一次所得収支で稼ぐ国に変わっている。では、投資で利益を上げるための原資は、どこにあるのだろうか。

図表25は日本の国債残高の推移である。一目瞭然だが、政府の借金は増加し続けている。バブルが崩壊した1990年には166兆円だったが、2024年度末には1105兆円になることが見込まれているので、約30年で900兆円ほど借金を増やしたことになる。政府がなぜ借金をしているのかというと、歳出にかかる予算の不足分を補うためである。借金は予算に組み込まれ、政府からの支出という形で市場に出回っていく。つまり、政府が借金をしただけ、市場に出回るお金は増えることになる。通常、お金が増えればインフレが起きていくものだが、日本経済はそうなってはいない。では市場に出て行ったはずのお金は、どこに消えているのだろうか。

その答えは二つある。一つは企業の内部留保、もう一つは家計の金融資産である。

企業の内部留保の推移を**図表26**に示した。1990年時点では130兆円程度だった内部留保は、2022年には555兆円にまで膨れ上がっており、これだけで約400兆円増加している。

図表25　普通国債残高の累増

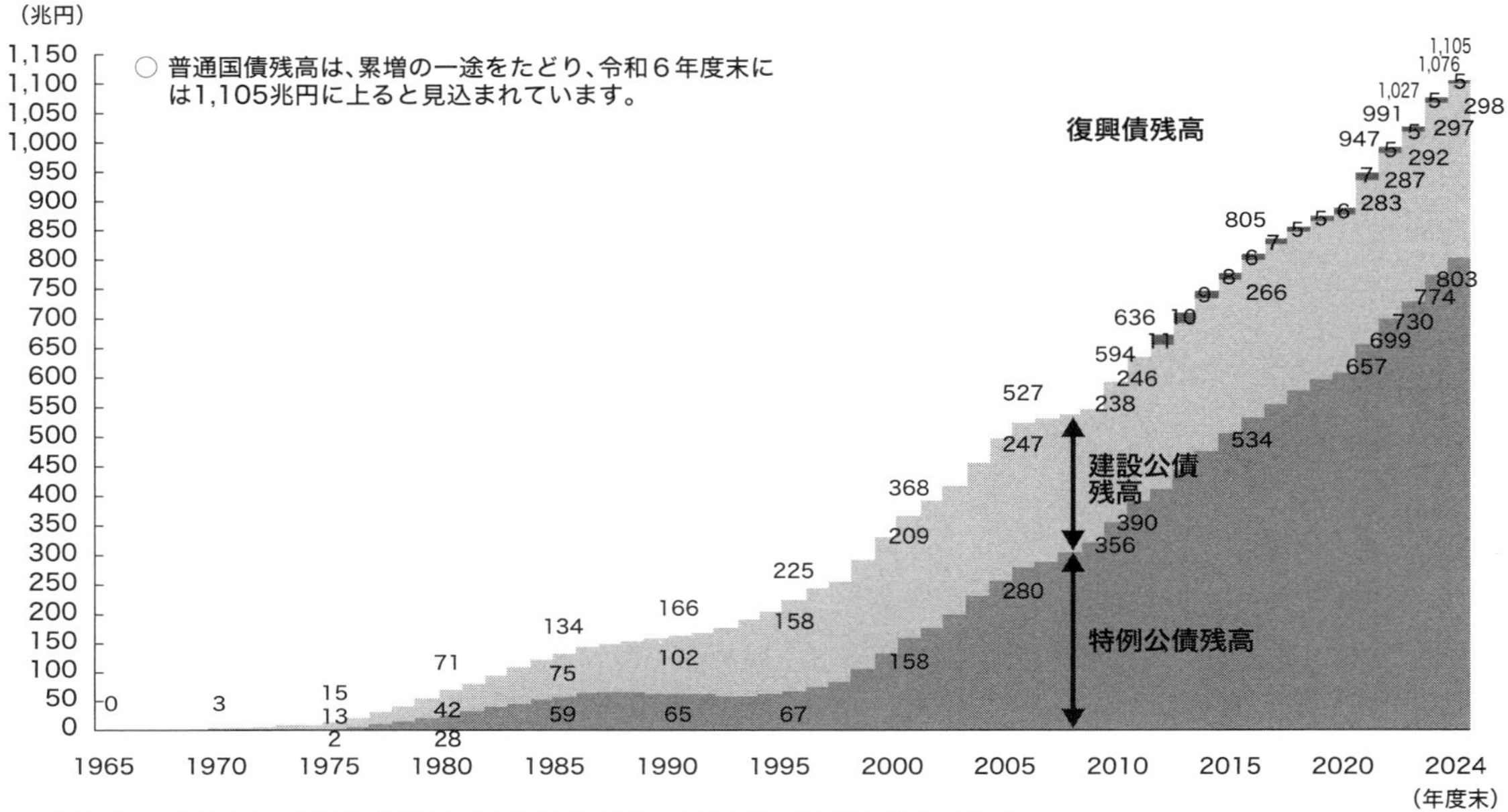

（注1）令和４年度末までは実績、令和５年度末は補正後予算、令和６年度末は予算に基づく見込み。
（注2）普通国債残高は、建設公債残高、特例公債残高及び復興債残高。特例公債残高は、昭和40年度の歳入補填債、国鉄長期債務、国有林野累積債務等の一般会計承継による借換債、臨時特別公債、減税特例公債、年金特例公債、GX経済移行債及び子ども・子育て支援特例公債を含む。
（注3）令和６年度末の翌年度借換のための前倒債限度額を除いた見込額は1,061兆円程度。

図表27は家計の金融資産残高の推移である。
１９９０年には１０００兆円ほどだったが、２０２２年には約２０５５兆円と、およそ１０００兆円増えている。

企業の内部留保と家計の金融資産残高の増加額を足し合わせると１４００兆円にのぼり、国債残高の増加分である９００兆円を軽く超える額となっている。政府の借金は確かに増え続けているが、お金の流れとしては、めぐり巡って民間部門に移行しているだけの話なのである。

民間部門の金融資産残高の１４００兆円と政府の借金９００兆円の差額である５００兆円はなぜ生じたのかというと、これは経常収支の黒字分であり、日本が獲得してきた利益である。

日本のように、経常収支が黒字の国もあれば、赤

図表26　企業の内部留保の推移

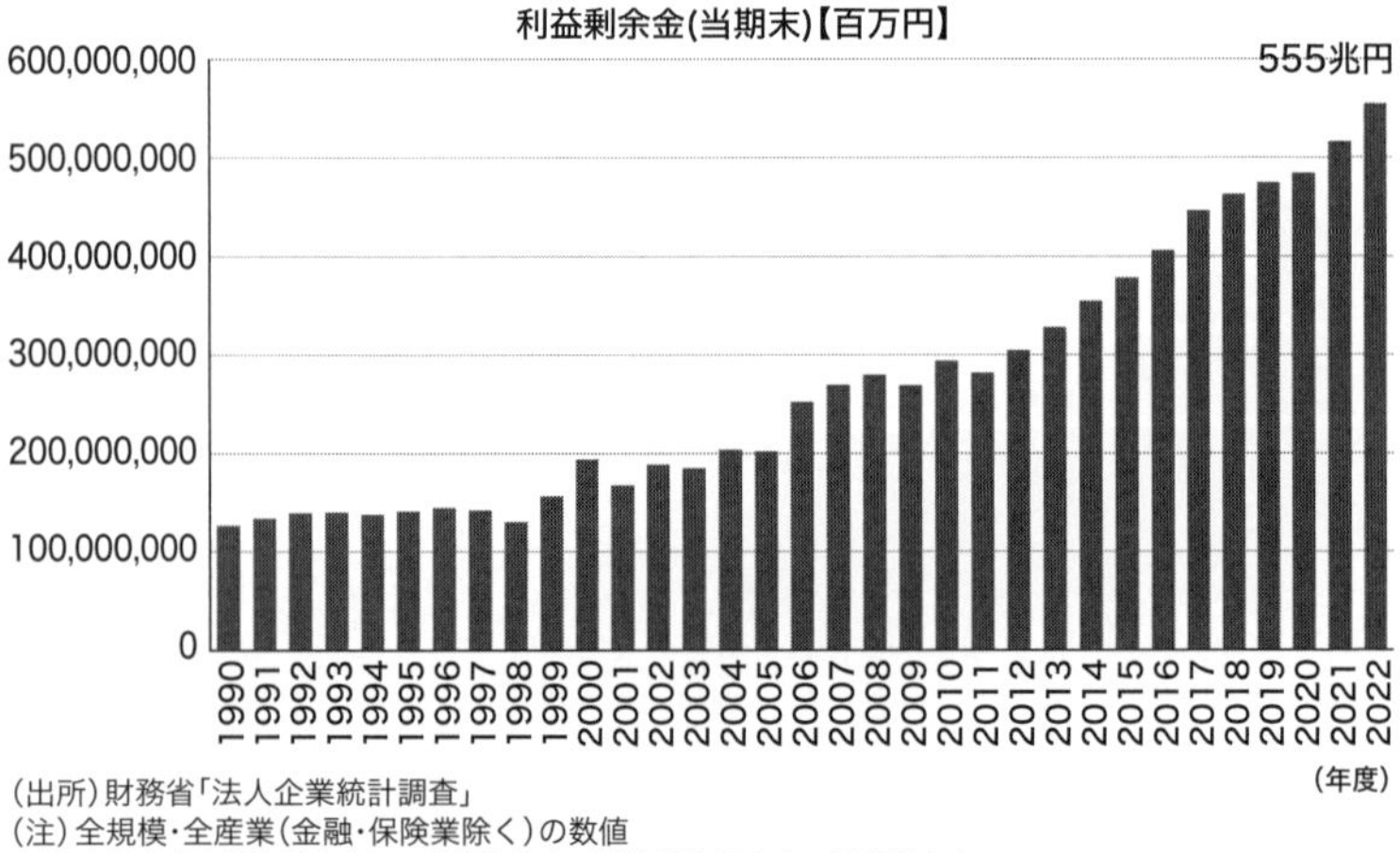

(出所)財務省「法人企業統計調査」
(注)全規模・全産業(金融・保険業除く)の数値
(注)内部留保(利益剰余金)＝利益準備金+繰越利益剰余金+任意積立金

字の国も存在する。代表的な国がアメリカであり、アメリカでは経常収支の赤字が慢性化している。

政府の借金がこれだけ増えているにもかかわらず、国債の金利が上昇しないのは、経常収支が黒字であるということが理由の一つである。このことからも、経常収支を黒字に保つことがいかに重要なことかがお分かりいただけると思う。

余談だが、１９９０年からの30年間で増加した家計の金融資産残高が１０５５兆円で、国債残高が１１００兆円ほどであるので、このお金で日本の国債を買っていただければ、我が国が抱える借金の問題は一気に解決することになる。具体的な方法として、まずは政府が30年国債を発行する。この国債を国民の皆さんに買っていただくのだが、そのとき、国債の購入分を相続税の対象外とするのである。後

図表27　家計の金融資産残高の推移

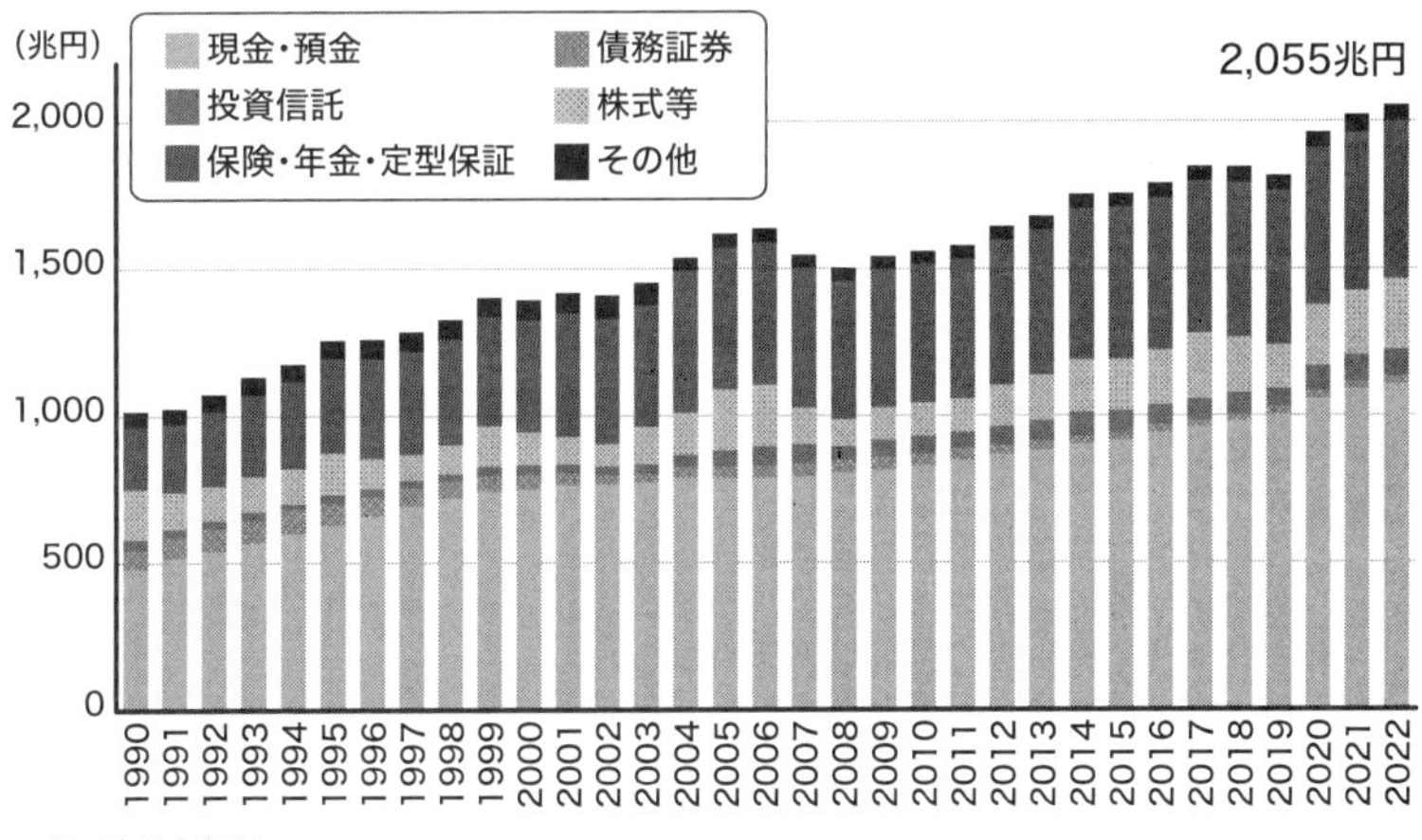

(出典)日本銀行

に示すが、金融資産を保有しているのは主に高齢者世帯であり、この世帯が貯め込んでいるお金が市場に流れれば、経済は相当活性化していくと思われる。しかし、高齢者の方々はお金を貯め込んだまま亡くなり、そのお金を60歳代以上の子供たちが相続するという循環が出来上がってしまっている。

お金を消費することへの抵抗感は根強いのかもしれないが、ただ貯金しておくだけになるのならば、そのお金で安定資産である国債を購入していただくというのは一つの選択肢なのではないだろうか。相続税の対象外とすれば税金対策にもなり、長い目で見たときに、子供たちの世代により多くの資産を残せることになる。

今は国債の大部分を日銀が保有しているが、このようにして国民の皆さんに国債の受け皿になっていただくことで、リスクも分散されていく。大胆な発想かもしれないが、検討の余地は十分にあるのではないかと考えている。

(2) 家計の金融資産

金融資産の多くを高齢者世帯が保有していると述べたが、それがよく分かるのが図表28である。世帯主の年代別に、どれだけの金融資産を保有しているのかを示したグラフだが、世帯主が60歳代以上の家庭で、約1200兆円もの金融資産を抱えている。高齢者世帯における金融資産の保有総額は増加傾向にあり、特に世帯主が70歳代以上の家庭で顕著である。1990年に266兆円であったものが、2019年には700兆円と、約2・6倍に増加している。高齢者世帯の金融資産の伸びは、高齢化や健康寿命の延伸も関係しているだろう。

この世代の方々がお金を使ってくだされば経済は回るのだが、残念ながら多くの方は、お金を持ったまま亡くなってしまう。遺産相続の額は平均すると3000万円ほどであり、相続を受ける人たちの年齢は60歳代以上である。つまり、世帯主が60歳代以上の家庭の金融資産は、亡くなった親から高齢の子供に相続されるという流れの中で、市場に出ること

図表28　世帯主年代別　金融資産保有総額

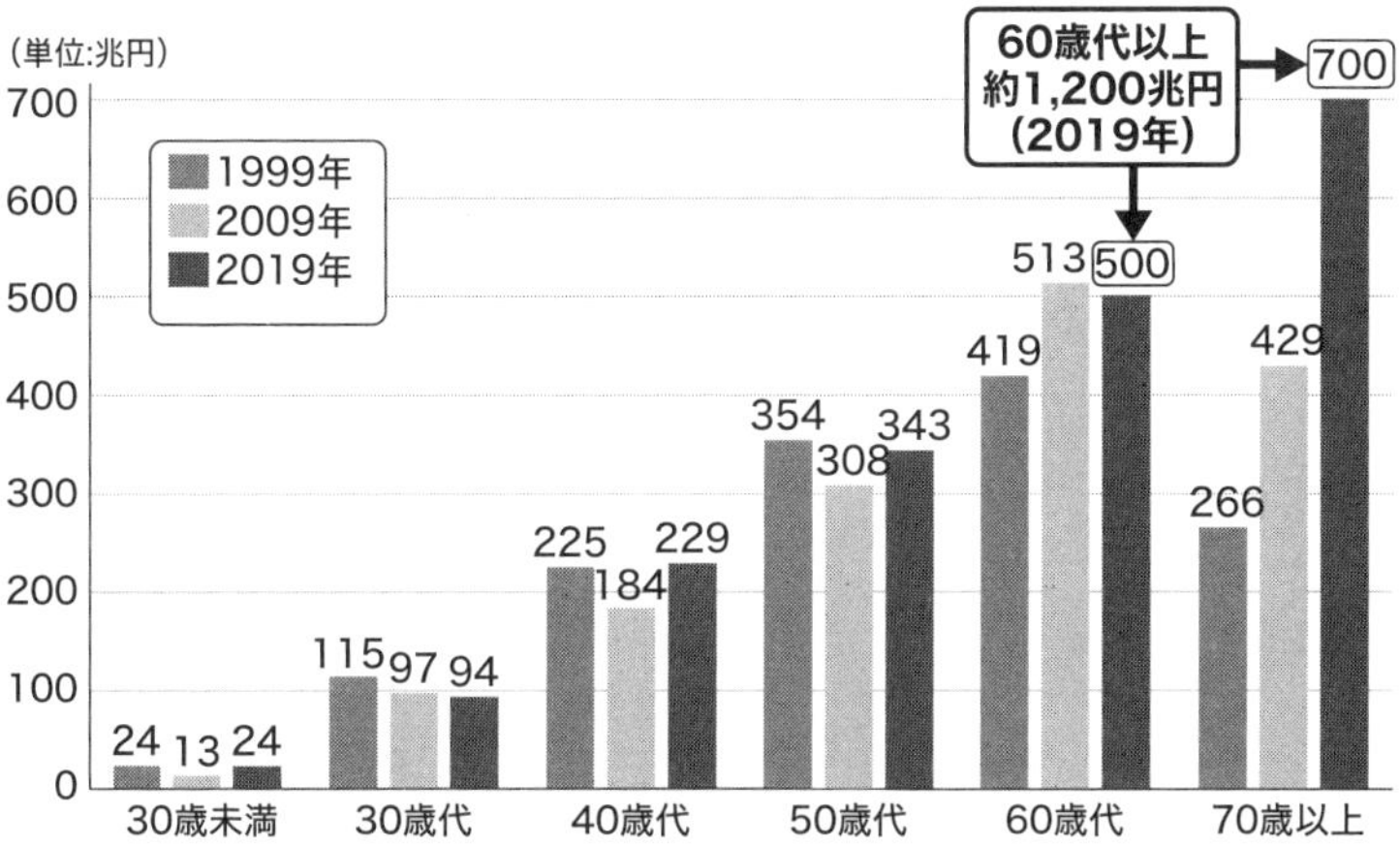

（出所）日本銀行「資金循環統計」、総務省「全国家計構造調査」より推計。

なく、家計の中をぐるぐると回っているのである。

では、なぜこの世代の方々は、金融資産を保有しているにもかかわらずお金を使おうとしないのだろうか。その理由はシンプルで、将来への不安が大きいからである。

図表29は、金融資産の保有目的を経時的に示したものである。対象としているのは二人以上の世帯で、世帯主の年代は区別していない。これを見ると、1990年以降ずっと、「老後の生活資金」と「病気や不時の災害への備え」という回答の割合が第一位と第二位を占めている。2012年になって、「老後の生活資金」が「病気や不時の災害への備え」を上回ったが、これは高齢化の影響であると思われる。また、1990年には高かった「子供の教育資金」という回答は、少子化に伴って減少し、2022年には20%程度になっている。

この調査結果を世帯主の年代別に示したものが、図表30である。世帯主が60歳代、70歳代の世帯では、圧倒的に「老後の生活資金」のため、また「病気や不時の災害への備え」のために金融資産が保有されていることが分かる。意外にも、「遺産として子孫に残す」との回答は少ない。一方で、「旅行、レジャーの資金」や「とくに目的はないが、金融資産を保有していれば安心」といった理由は一定数存在している。

図表 29　金融資産の保有目的（３つまでの複数回答）
〈二人以上・金融資産保有世帯〉

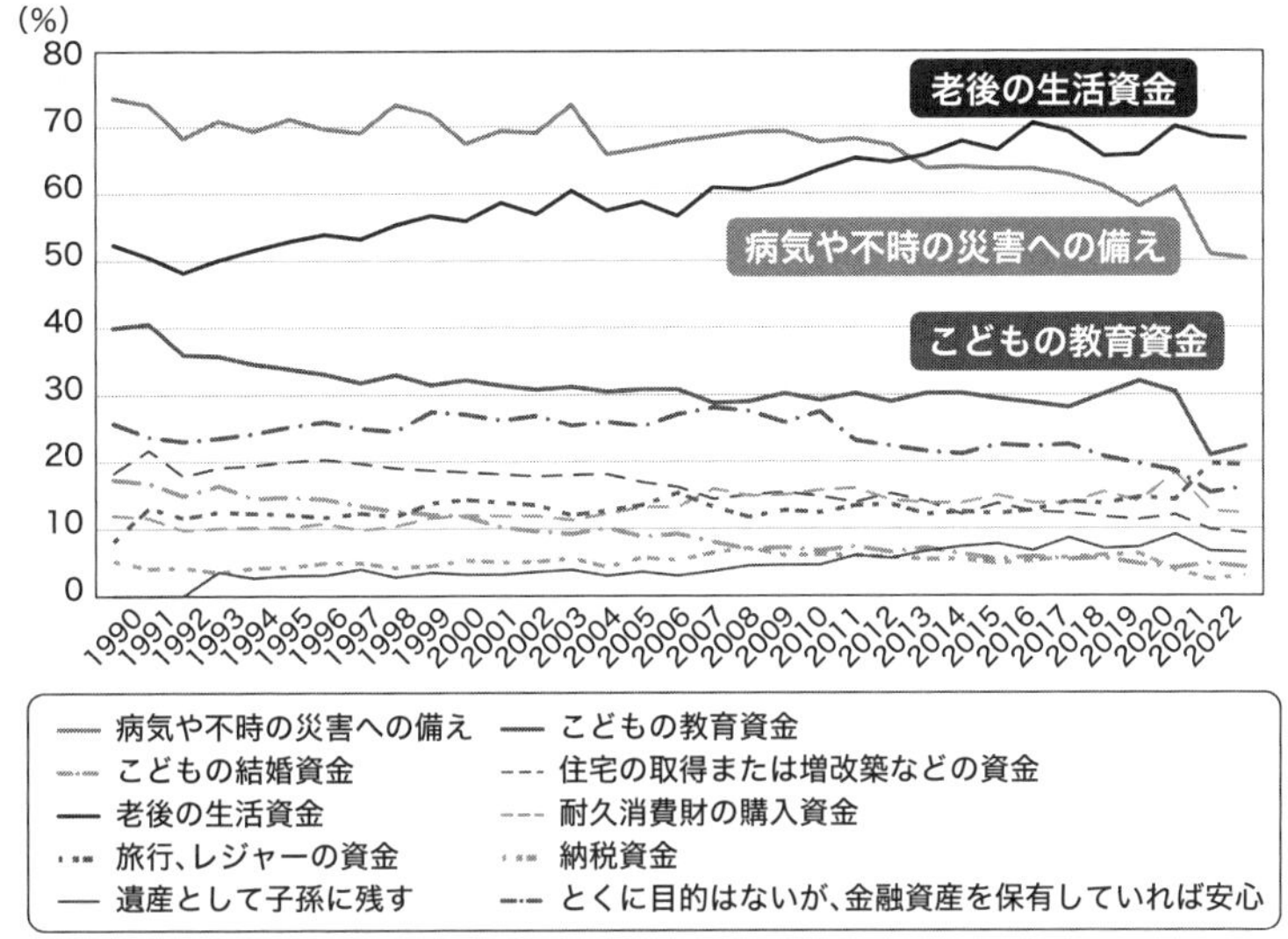

（出所）金融広報中央委員会「家計の金融行動に関する世論調査」

図表 30　金融資産の保有目的（３つまでの複数回答）
〈世帯主の年代別・二人以上・金融資産保有世帯〉

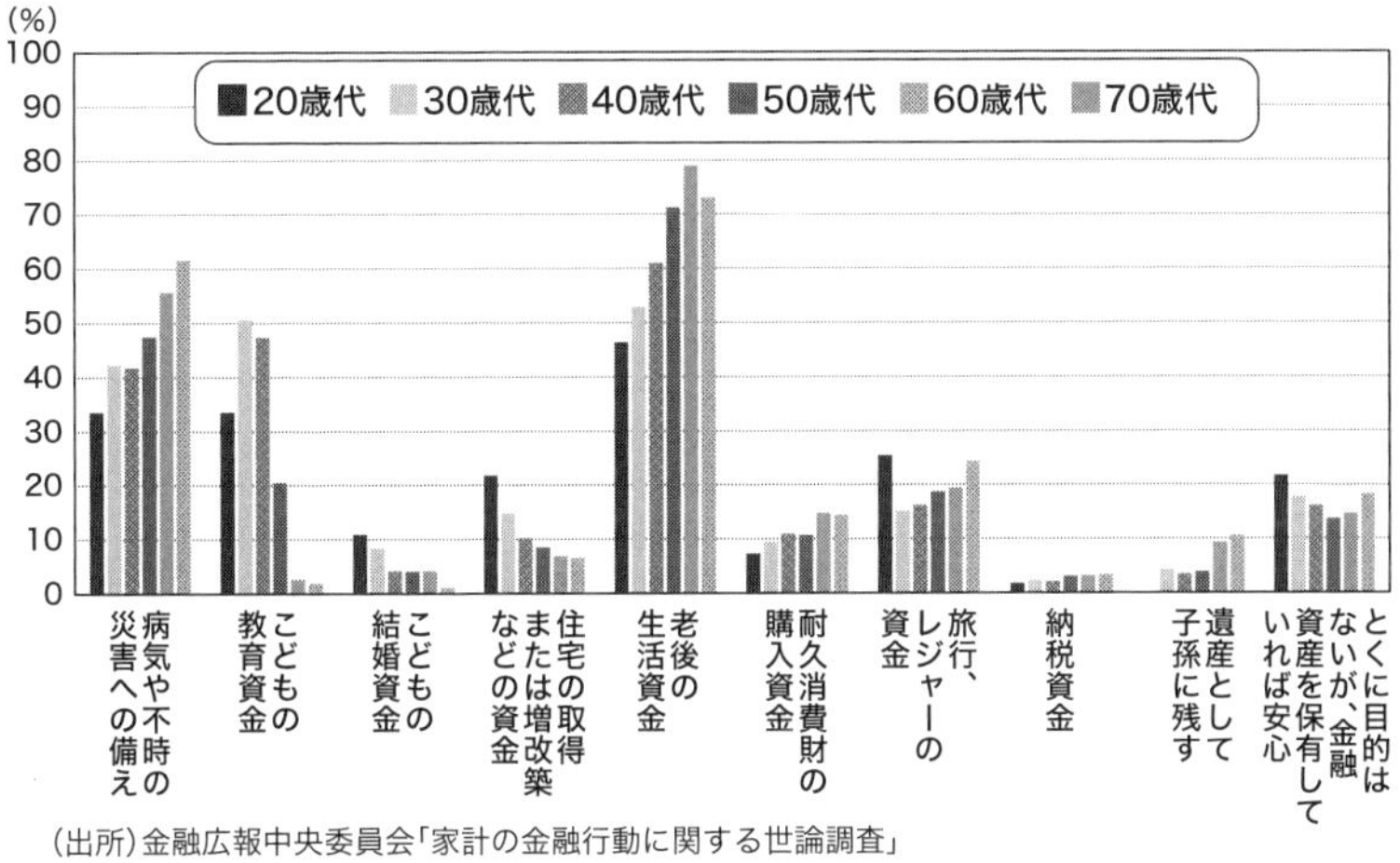

（出所）金融広報中央委員会「家計の金融行動に関する世論調査」

他の世代についても見てみると、注目するべきは20代で、この世代でも「老後の生活資金」という回答が最も多くなっている。30代は子育て世代であるために、「子供の教育資金」との回答の割合が高いものの、「老後の生活資金」には及ばない。若いうちから将来に備えることを否定するわけではないが、しかし、20代、30代からもう老後の生活資金が心配だという姿勢が生まれているということは、衝撃的である。

「老後の生活資金」や「病気や不時の災害への備え」のために貯蓄をするということは、要するに、将来への不安がそれだけ大きいということである。お金を使ってもらうためには、この不安を払拭しなければならないが、そのために必要になるのは、医療・介護・年金といった社会保障への信頼の確保であると考えている。日本の社会保障制度は手厚く、制度をきちんと維持していければ、将来不安の多くが払拭できる。国民の皆さんもそのことはご存じなのかもしれないが、そのうえで、社会保障制度が維持されていけるかどうかを心配されているのだろう。

少し話は逸れるが、若い世代がお金を使えない背景には、奨学金の影響もあるのではないかと思う。今の学生の半数程度が奨学金を借りている。奨学金といえば聞こえはいいが、実際には借金である。基本的には、学生さんたちが社会に出た途端に借金の返済が始まるわけだが、新卒の給与の中から返済を行う負担は非常に重く、そのために結婚に踏み切れなかったり、出産・子育てに悪影響を与えてしまっている。このように、お金に苦労している若い世代の財布の紐が固くなるのは当然のことである。

私は長らく、貸与型の奨学金の拡充や、返済額の減免などの議論を文科省や財務省と続けているが、財務省からは「学歴をつければ、将来的に給料が増える。一時的に奨学金を借りたとしても、最終的にはリターンが大きいのだから、仕方がないのではないか」といったことを言われる。学歴が高くなるにつれて稼げるようになることは事実であり（図表31）、この点に限っては財務省の言い分も正しい。だが、日本型の雇用環境においては、たとえ将来的には稼げたとしても、若いうちは給与が低く、金銭的に苦労することも

図表31　世帯主の学歴別金融資産残高及び金融負債残高
（二人以上世帯のうち勤労者世帯）

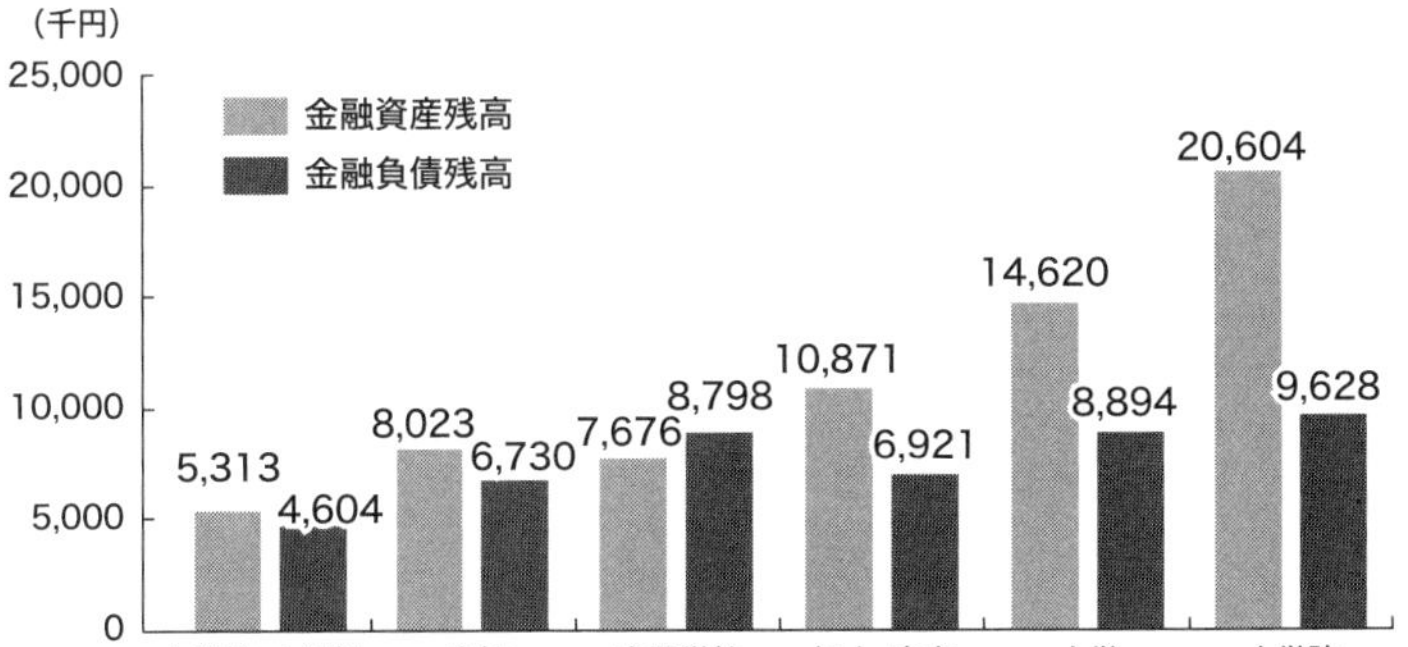

（出所）総務省「2019年全国家計構造調査」
（注）世帯分布は金融資産残高が少ない階級に偏っており、中央値は平均値より低くなっているものとみられる。

多い。金銭的なゆとりが持てなければ、結婚や子育てに前向きになることも難しいものである。若者がお金を理由に結婚できなければ、我が国の少子化問題には拍車がかかっていく一方なのだから、負担軽減の方策の検討は必要だと考えている。

（3）投資という選択肢

民間には莫大な金融資産があるが、将来不安が大きいために国民の皆さんはお金を使うことができずにいる。図表32は、家計の金融資産の内訳である。ご覧の通り、現金と預金が全体の半数以上を占めている。1100兆円ものお金が通

図表32　家計の金融資産と種類別構成比

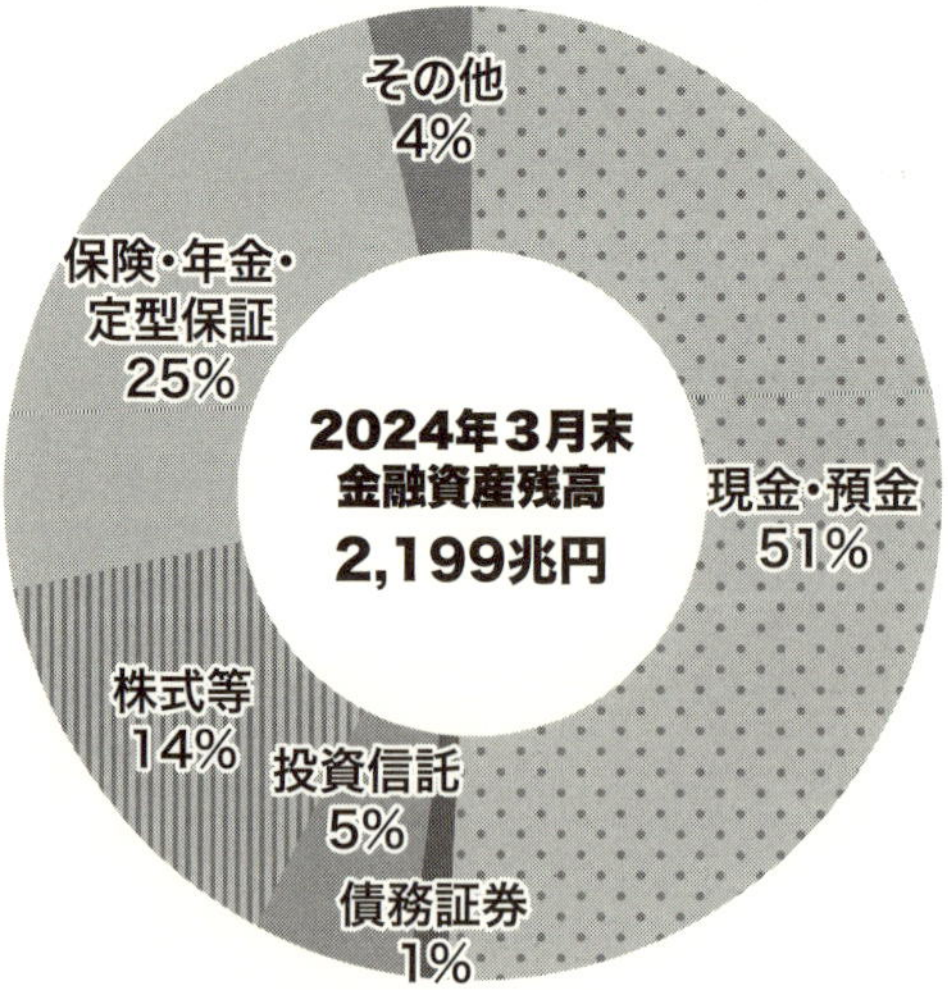

（出所）日本銀行「資金循環統計」（https://www.boj.or.jp/statistics/sj/sjexp.pdf）

帳の中で眠っているのである。その他の項目は、わずか1％が債権で、投資信託が5％、株式が13％となっており、投資に割かれている割合は限定的である。

私もその一人だが、これまで日本人は投資に対して消極的だった。それは、物価が上がっていなかったからである。物価が下がれば、相対的にお金の価値は上がるので、何もしなくてもお金は増えていくのである。仮に、物価が毎年1％ずつ下がるデフレが続いていくと仮定すると、今あるお金の価値は、単純計算で毎年1％ずつ上がっていく。銀行の金利が低くても、預けているだけでお金の価値が上がっていくのだから、預金を預金のまま寝かせていても問題はない。今までの日本は、これに近い状況にあった。

ところが、ここにきてインフレが進んでいる。今後、仮に物価が毎年2％上昇するのであれば、今あるお金の価値は毎年2％ずつ減ることになる。単純計算で、10年後にはお金の価値は20％減ってしまうが、実際には複利計算になるので、もっと価値が下がることになる。ただお金を寝かせていただけでは、どんどん資産が減っていくのである。

別の側面から考えると、2％の物価上昇局面で1000万円の借金をした場合、10年後には800万円以下の価値になっているわけだから、借金をするにはいいタイミングだとも言える。

いずれにしても、物価が上昇していく社会においては、銀行にお金を預けていただけでは資産を守れない。そう考えたとき、資産価値を守るための手段となるのが投資である。

図表33は、アメリカ、イギリス、日本の家計金融資産の推移である。2000年から2020年までの間に、アメリカの家計金融資産は3・4倍、イギリスは2・3倍となっている。日本でも資産は増加しているが、伸び率は1・4倍と、両国と比較すると見劣りする。なぜこれほど違いがあるのかというと、簡単に言えば運用益の差である。アメリカとイギリスでは、運用益による金融資産の伸びがそれぞれ2・6倍、1・6倍だが、我が国はわずか1・2倍にとどまっている。日本人は投資を行わず、そのため家計の金融資産の増加も低い水準にとどまっている。

図表34からは、投資に消極的な日本と、積極的なアメリカ・イギリスとの家計金融資産の構成に明らかな違いがあることが見て取れる。日本では資産の過半数が預金に回されていることは先ほど述べた通りだが、アメリカでは、預金・現金に向けられている資産は12・8％しかない。上場株式が27・5％、投資信託が13・1％、債権が2・6％、出資金等も含めると約半分が投資に使われている。イギリスは預貯金が27・2％

図表33　家計金融資産

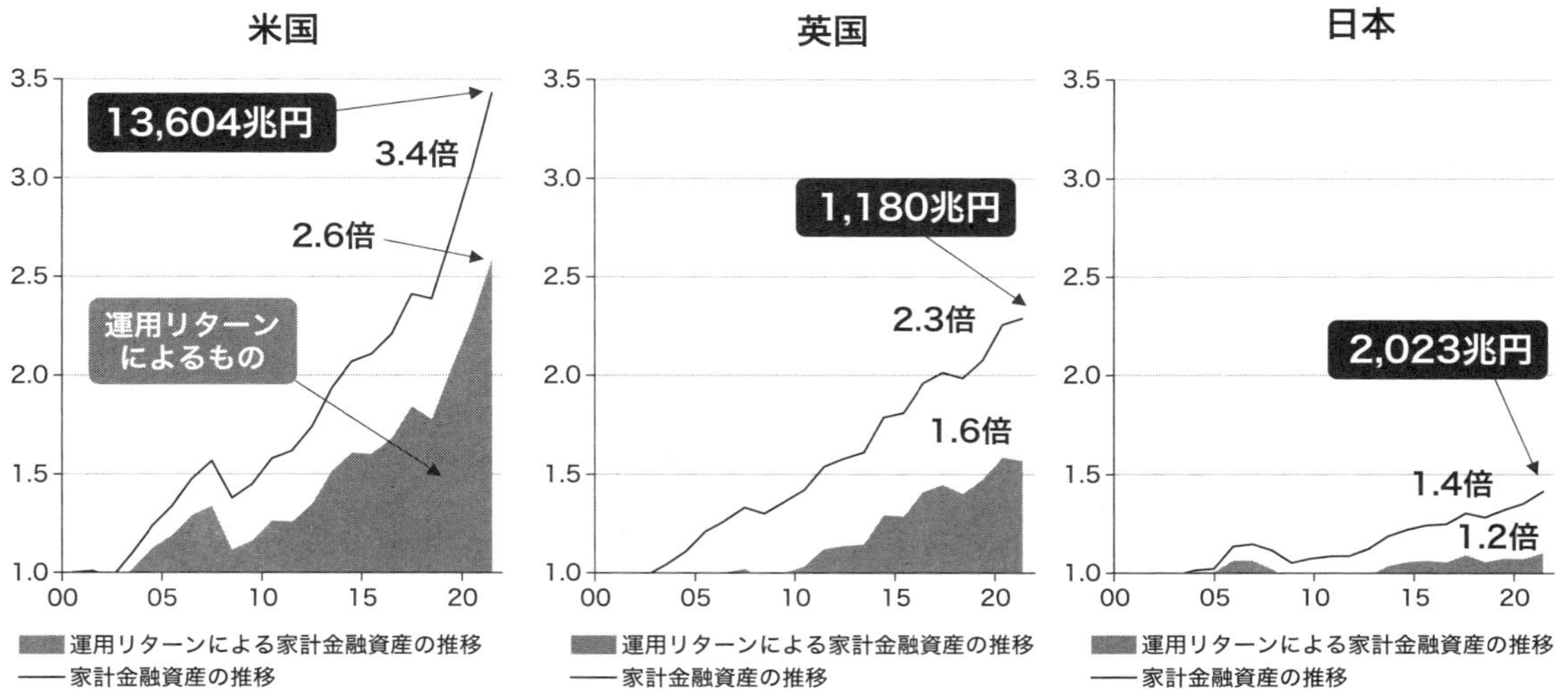

（注）上記の運用リターンによる資産の伸びは、資産価格の変動による伸びから算出しており、利子や配当の受取りを含まない。
（注）21年末時点の値。米国、英国については、21年12月末の為替レートにて換算(1ドル=115.24円、1ポンド＝155.74円)
（出所）FRB、BOE、日本銀行より、金融庁作成

図表34　家計金融資産の構成の日米英比較

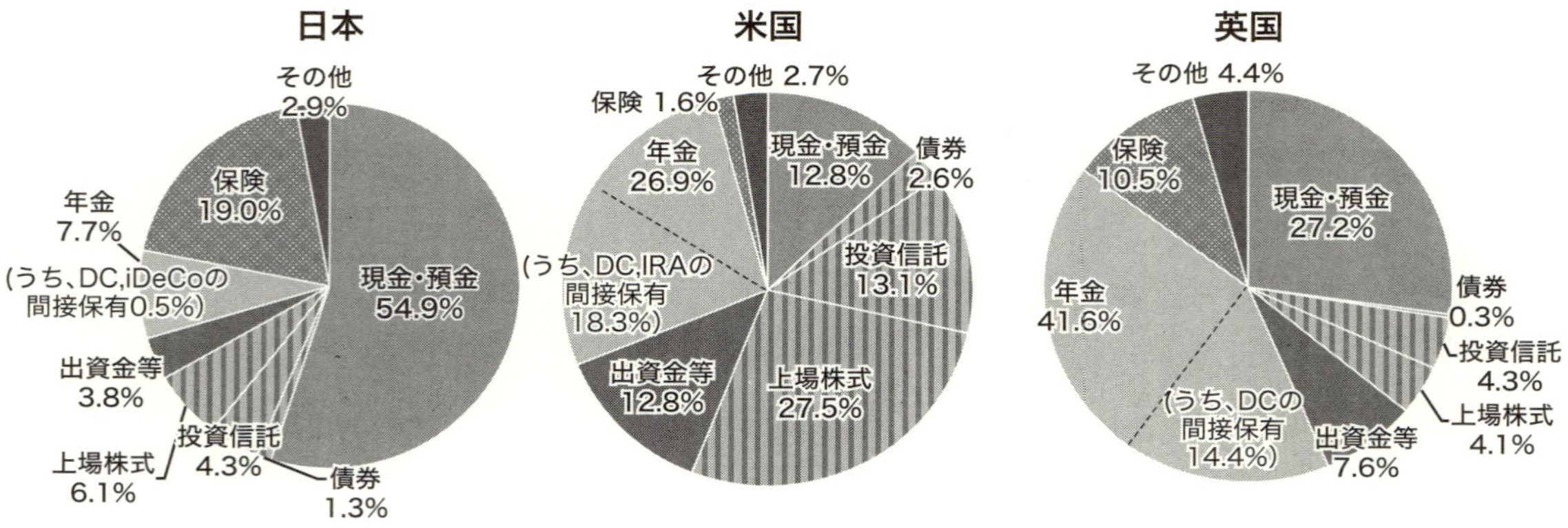

日本

＜家計金融資産 合計＞
2,007兆円
＜上場株式、投信、債券の割合＞
直接保有 11.6%
+DC,iDeCoの間接保有:0.5%
} 12.2%

米国

＜家計金融資産 合計＞
118.2兆ドル（13,358.4兆円）
＜上場株式、投信、債券の割合＞
直接保有 43.2%
+DC,IRAの間接保有:18.3%
} 61.5%

英国

＜家計金融資産 合計＞
7.6兆ポンド（1,173.1兆円）
＜上場株式、投信、債券の割合＞
直接保有 8.7%
+DCの間接保有:14.4%
} 23.1%

（注）日本の数値は2022年6月末。ただし、DC、iDeCoの間接保有分は2021年3月末時点の保有額ベース。米英は2021年末時点。1ドル=113円、1ポンド＝154.8円で換算（2021年12月末時点）

（出所）日本の数値は、日本銀行、運営管理連絡協議会より作成。米英の数値は、FRB、ONS、IA、NEW FINANCIALより、日本証券業協会作成。

で、投資信託や上場株式に回している割合は日本とさほど代わり映えしないが、年金積み立ての割合が高くなっている。

金融資産を預貯金に回している国と、半分以上を投資に回している国とでは、金融資産の増え方にここまで大きな開きが出ているわけである。現在我が国では「貯蓄から投資へ」という方向性を打ち出し、ＮＩＳＡやｉＤｅｃｏといった投資に有利な制度を設けて、国民に投資を促しているが、こうした数字を見ていると、この政策の必要性も理解できる。

しかし、時代は変わったもので、私が子どもの頃には「子供郵便局」というものがあり、貯金することが大切なのだと学んでいた。それが、今では高校の授業で金融教育が行われはじめている。意外なことに、金融教育は家庭科の授業で行っているそうだ。

私が「貯金が大事だ」と学んでいたときにも、アメリカでは小学校から投資の勉強をしていた。ここでの勉強は単純な暗記などではなく、どのような企業に投資をするべきなのか、社会状況を調べて判断するという、実践的な学びを行っているのである。こうしたことの違いが、これまでの家計金融資産構成の差になって現れていたのだろう。

経常収支の項目でも述べたように、我が国は第一次所得収支によって経常収支の黒字を支える国になってきている。物価高という経済状況や政府の方針もあり、貯蓄から投資への流れは今後も拡大していくものと思われる。

しかし、ここで一つ注意しておかなければならないことがある。日本の投資は、その多くが国内ではなく海外に向かっているということである。私も遅ればせながらＮＩＳＡ口座を開設したが、資金の運用先は外債が中心である。海外投資が増える要因は大きく二つあり、一つは世界経済の成長率が日本の成長率と比較して高くなっていること、そしてもう一つが、日本と諸外国の金利差である。日本の金利は世界的にも低水準であり、金利の高い他国に投資をしたほうが有利となる。そして、海外投資が盛んになれなるほど、円安が加速してしまうのである。例えばアメリカの債権や株を買うということは、円を売ってドルを買うということであるから、円安が進むのは当然のことである。

今、我が国は極端な円安によって苦しんでおり、貿易収支も大幅な赤字となっている。だからこそ、第一次所得収支で稼いでいかなければならないのだが、貯蓄から投資へという流れを進めれば進めるほど、円を売る動きが強まって、さらに円安が加速する。このジレンマを解消するためには、投資を国内へと向かわせられるよう、国内の産業を活性化させるための政策を取る必要がある。

また、投資には新たな格差の拡大を招くという懸念もある。投資できる余裕のある人はさらに資産を増やせるが、投資できない人にとっての生活は厳しくなっていってしまう。そもそも投資は余裕資金で行うものであり、投資の拡大を目指すうえでは、投資に回す余裕を持てない家庭をいかに少なくしていくかということも考えなければならない。そのためにはやはり、社会保障政策が大切になってくる。

第三章

社会保障制度と少子化対策

（1）社会保障制度の現状

貯蓄から投資への流れを加速させるためにも、社会保障政策は重要である。ここでは、我が国の社会保障制度の現状を概観する。

図表35は、日本の社会保障給付費の推移である。年金、医療、福祉その他と色分けされているが、その全てが右肩上がりで伸びている。これは、高齢化による自然増や、医療の高度化によるものであり、今後も増加していくと予測されている。将来の社会保障給付費を試算したものが**図表36**である。医療、年金、介護それぞれの将来推計が示されているが、三分野ともに増加していくものの、その増加率は異なっている。

まずは年金である。2018年の実績値は56・7兆円であるが、2040年には73・2兆円への増加が見込まれている。伸び率は約130％。高齢者が増えればそれだけ年金の支給額も増えるため、年金の主な増加要因は高齢化であるといえる。加えて、今後は物価も上昇していく。この試算には物価上昇分が加味されていないので、それを踏まえて計算すれば、金額はさらに大きくなるだろう。

続いて医療費だが、年金よりもはるかに高い伸び率となっている。2018年には39・2兆円だったが、2040年には約70兆円まで増加すると推計されており、伸び率

図表35　社会保障給付費の推移

	1980	2000	2020	2024 (予算ベース)
国内総生産(兆円) A	248.4	537.6	535.5	615.3
給付費総額(兆円) B	24.9(100.0%)	78.4(100.0%)	132.2(100.0%)	137.8(100.0%)
(内訳) 年金	10.3(41.4%)	40.5(51.7%)	55.6(42.1%)	61.7(44.8%)
医療	10.8(43.2%)	26.6(33.9%)	42.7(32.3%)	42.8(31.0%)
福祉その他	3.8(15.4%)	11.3(14.4%)	33.9(25.6%)	33.4(24.2%)
B／A	10.0%	14.6%	24.7%	22.4%

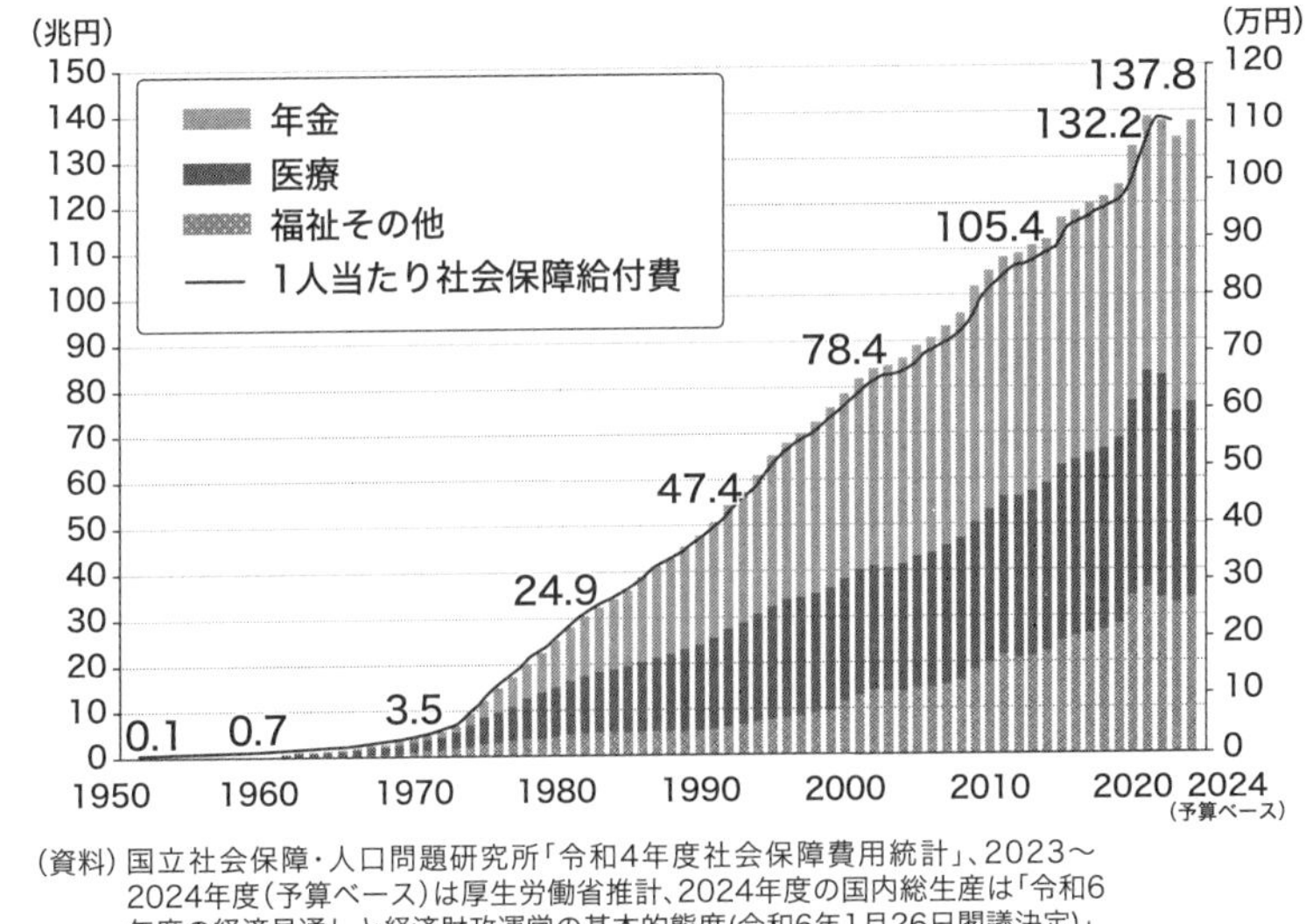

(資料) 国立社会保障・人口問題研究所「令和4年度社会保障費用統計」、2023〜2024年度(予算ベース)は厚生労働省推計、2024年度の国内総生産は「令和6年度の経済見通しと経済財政運営の基本的態度(令和6年1月26日閣議決定)」

(注)　図中の数値は、1950、1960、1970、1980、1990、2000、2010、2020及び2024年度(予算ベース)の社会保障給付費(兆円)である。

(出所) 厚生労働省

は178％である。医療費の増加要因は大きく分けて二つであり、一つは高齢化、もう一つが医療の高度化である。そして、この二つは互いに関係しあっている。近年の医療の高度化には目覚ましいものがあり、高度な医療が提供できるようになった結果、人々はより長く生きられるようになっている。

私が医師になった当時は、心臓の手術が行えるのは、60歳くらいの患者さんまでであった。この年齢を超えると手術のリスクが高くなったからである。だが、今では心臓の手術を行うのに年齢による制限はほとんどなくなっている。手術の機械や手法が飛躍的に進歩したためだ。心臓を止めることなく、拍動が続く中で、心臓の血管をつなぐバイパス手術が行われているのだから、どのぐらい進歩したのかお分かりいただけると思う。心臓に関していえば、心臓カテーテルの検査は外来でも行えるようになってきている。

また、医薬品の開発研究が進んだことで、癌も不治の病で

図表36　社会保障給付費の将来推計
＜平成30年5月試算＞

（兆円）

		2018年	2025年	2040年
社会保障給付費		121.3	140.4～140.8	188.5～190.3
	年金	56.7	59.9	73.2
	医療	39.2	48.3～48.7	68.3～70.1
	介護	10.7	14.6	24.6
	子ども・子育て	7.9	10.0	13.1
	その他	6.7	7.7	9.4

（※）内閣府の試算に基づく「経済ベースラインケース」が前提
（※）将来推計見通しは医療・介護サービスの足元の利用状況を基に算出
（出所）厚生労働省

はなくなった。私が医師として働いていた時代は、たとえ治療をしても奏功する癌患者さんはごく少数で、「患者さんに癌を告知するべきかどうか」という議論が盛んに行われていた。しかし今は、ほとんど全て患者さんに癌の告知を行っている。医師と患者さんが身体の状態や治療内容に関する意思疎通を行い、納得のうえで治療を行うインフォームドコンセントの考え方が浸透してきたこともあるが、一番は治療法が確立してきたからである。

これらはほんの一例ではあるが、医療は日々進歩している。高い効果や機能を持つ新しい医薬品、新しい医療機械はそれだけ高額であり、医療費を押し上げる一因となっている。

最後に介護だが、介護にかかる費用は最も伸びると予測されている。２０１８年には10・７兆円だったのだが、２０４０年には24・６兆円、伸び率は２２９％である。介護費用の増加にも、やはり高齢化が影響している。図表37は、年齢階級別の要介護認定率と、一人当たりの介護給付費である。要介護認定率は年齢が上がるにつれて上昇しており、85歳以上では57・７％と、半数以上となっている。それに伴って、一人当たり介護給付費も増加している。年齢が上がるにつれて介護が必要になるのは当然のことだが、

図表 37　今後の介護保険をとりまく状況

年齢階級別の要介護認定率

○ 要介護認定率は、年齢が上がるにつれ上昇。
特に、85歳以上で上昇。

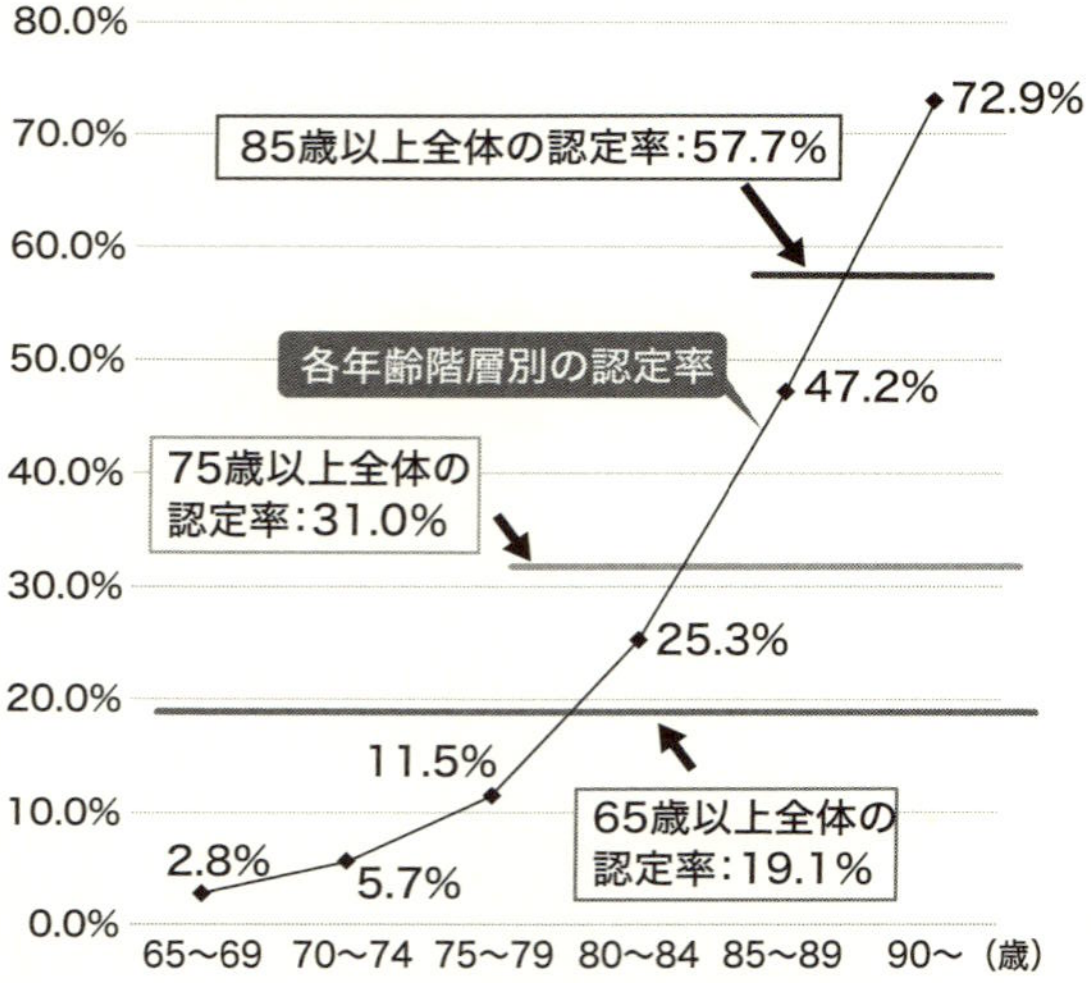

（出典）2023年９月末認定者数（介護保険事業状況報告）及び2023年10月１日人口（総務省統計局人口推計）から作成

年齢階級別の人口１人当たりの介護給付費

○ 一人当たり介護給付費は85歳以上の年齢階級で急増。

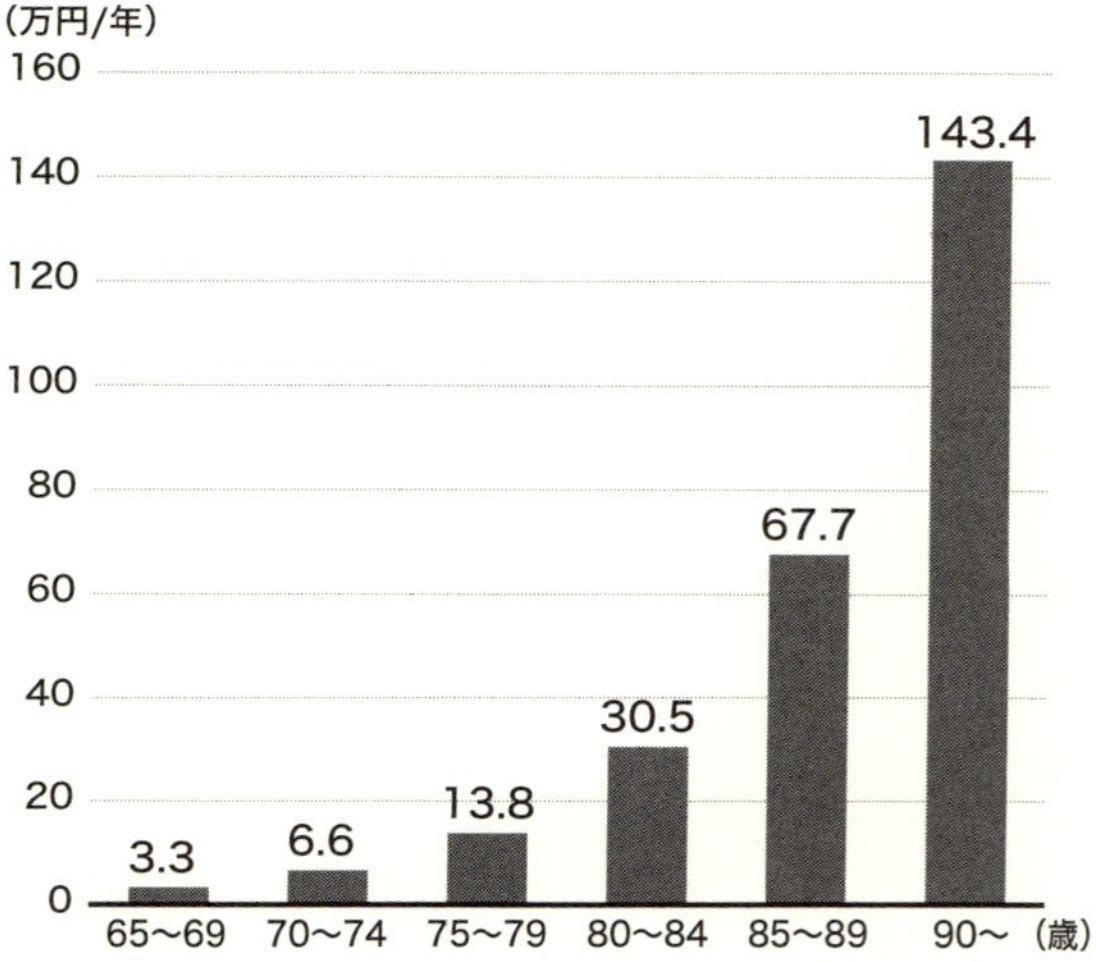

（出典）2022年度「介護給付費等実態統計」及び2022年10月１日人口（総務省統計局人口推計）から作成

（注）高額介護サービス費、高額医療合算介護サービス費は含まない。補足給付に係る費用は、サービスごとに年齢階級別受給者数に応じて按分。

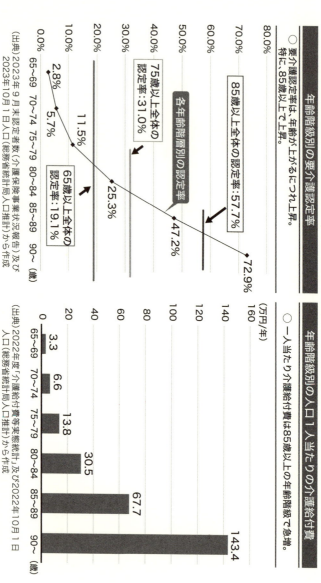

後期高齢者の中でも、特に85歳以上の高齢者が増えるほど、介護給付費も増えるのである。そして、85歳以上の高齢者の人口は２０３５年頃まで増加する見通しである（図表38）。その後、増加は止まるが、85歳以上人口のボリュームは当面維持されていくことになる。介護の需要はこの先数十年高いままであり、介護費用全体も高い水準で移行していくと考えられる。

(2) 国民負担率

社会保障給付は国民の皆さんの負担によって成り立っている。それでは、国民負担率はどうなっているのだろうか。国民負担率は、租税負担と社会保障負担を足し合わせたものである。所得を１００としたときにどれだけの負担があるのかを示したものが、図表39である。

１９７０年には租税と社会保障の負担は合わせて24・3％だったが、２０２４年には45・１％にまで増加している。伸び率は１・86倍である。その中でも、租税負担率は18・９％から26・７％への増加で、伸び率は１・41倍となっている。一方、社会保障負担率は５・４％から18・４％、伸び率にして３・41倍である。社会保障費は保険料とし

図表38　75歳以上の人口の推移 / 85歳以上の人口の推移

75歳以上の人口の推移

○ 75歳以上人口は、介護保険創設の2000年以降、急速に増加してきたが、2025年までの10年間も、急速に増加。

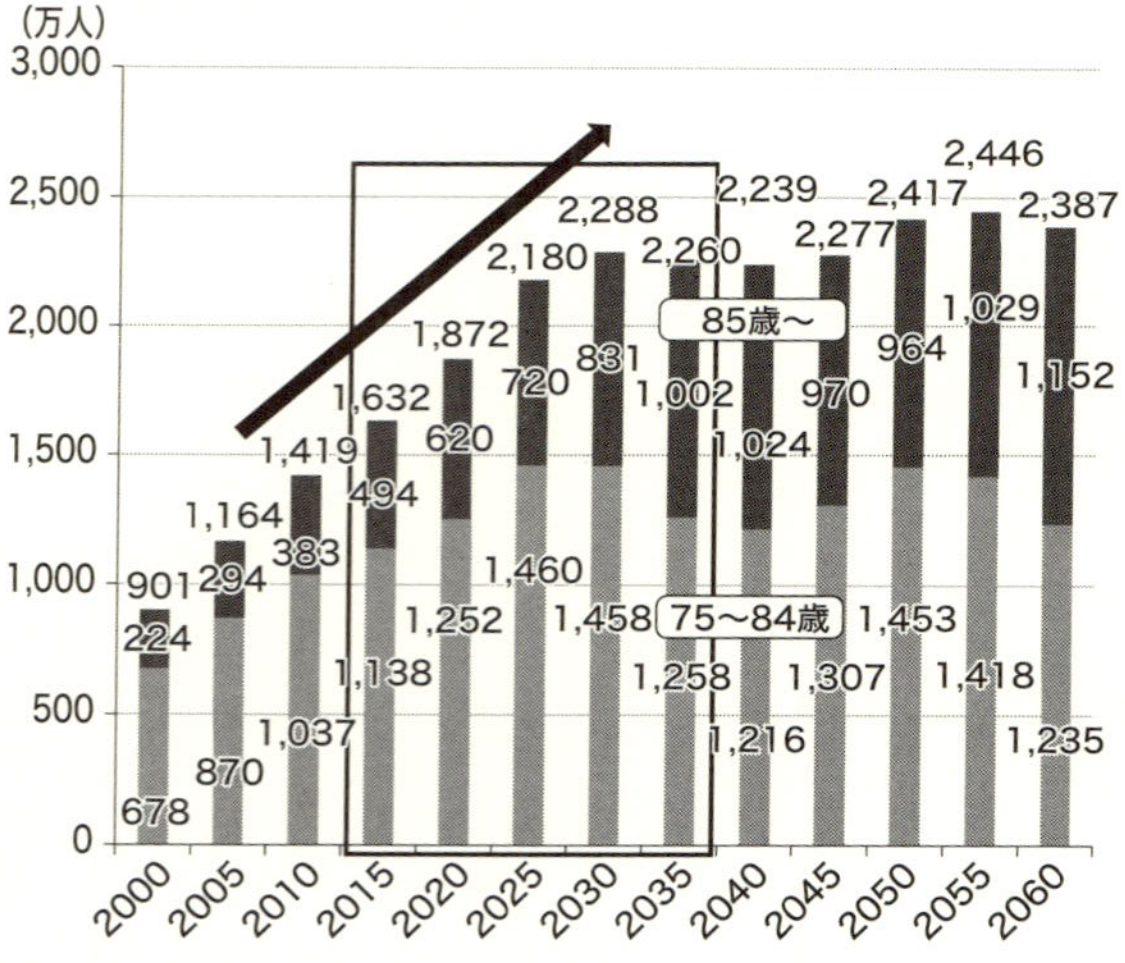

85歳以上の人口の推移

○ 85歳以上の人口は、2015年から2025年までの10年間、75歳以上人口を上回る勢いで増加し、2035年頃まで一貫して増加。

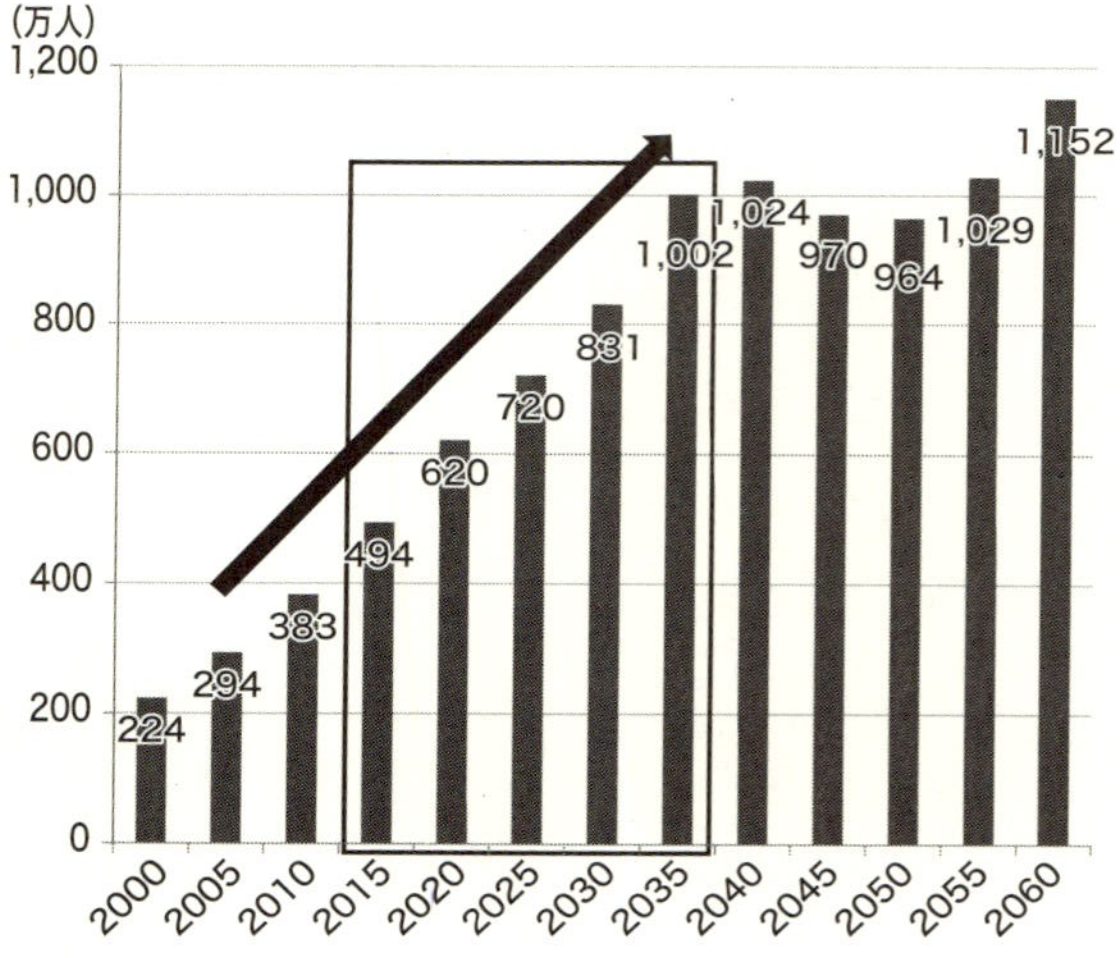

(資料) 将来推計は、国立社会保障・人口問題研究所「日本の将来推計人口」(平成29年４月推計) 出生中位(死亡中位) 推計実績は、総務省統計局「国勢調査」(国籍・年齢不詳人口を按分補正した人口)

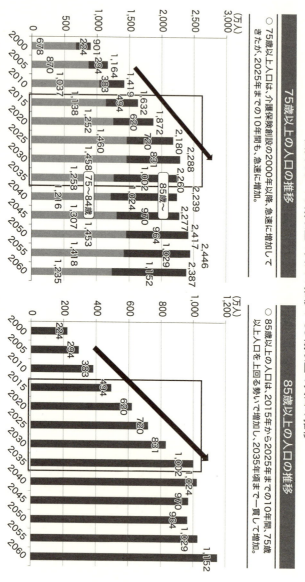

て給料から天引きされるため、消費税などに比べて負担増の実感は少ないかもしれないが、実は租税よりも、社会保障負担の増加のほうが重くのしかかっているのである。

さて、国民負担率は過去と比べて大きく増えているが、これは妥当な負担であるのだろうか。それを考えるためには、受益と負担のバランスを見ていく必要がある。**図表40**は主要国の社会保障支出と国民負担率のバランスを示したものである。グラフの縦軸が社会保障支出で、上に行くほど社会保障制度が手厚い、高福祉の国であるといえる。横軸は国民負担率であり、右に行くほど国民負担が重い。

このグラフから分かるように、アメリカのように国民負担率が低ければ低福祉になり、

図表 39　国民負担率の推移（%）

	租税負担率 ①	社会保障負担率 ②	国民負担率 ①+②
1970(昭和45)	18.9	5.4	24.3
1975(昭和50)	18.3	7.5	25.7
1980(昭和55)	22.2	9.1	31.3
1985(昭和60)	24.0	10.4	34.4
1990(平成2)	27.6	10.6	38.2
1995(平成7)	23.7	12.5	36.2
2000(平成12)	23.7	13.6	37.3
2005(平成17)	23.8	14.6	38.3
2010(平成22)	21.5	17.5	39.0
2015(平成27)	25.5	17.3	42.8
2020(令和2)	26.3	19.9	46.1
2024(令和6)	26.7	18.4	45.1

（出所）厚生労働省資料

逆にフランスのように国民負担率が高ければ高福祉になる。負担の重さと社会保障制度の充実度には相関関係があり、どの国もおおむね一本の直線の上に乗っている。その中で、日本の位置だけが外れており、国民負担率の割には高福祉であることが分かる。

実は、日本の支出と負担のバランスは異様な変遷を辿っている。**図表41**は日本における社会保障支出と国民負担率のこれまでの動きを示したものである。１９９０年から２０１５年にかけて、国民負担率は30％程度でほぼ増加していない。一方、社会保障支出は大きく増加している。国民負担率が上がらない中で社会保障支出を増やすことができたのは、財源を確保するために、多額の国債を

図表 40　主な国の社会保障支出と国民負担率のバランス
（GDP 比・2015）

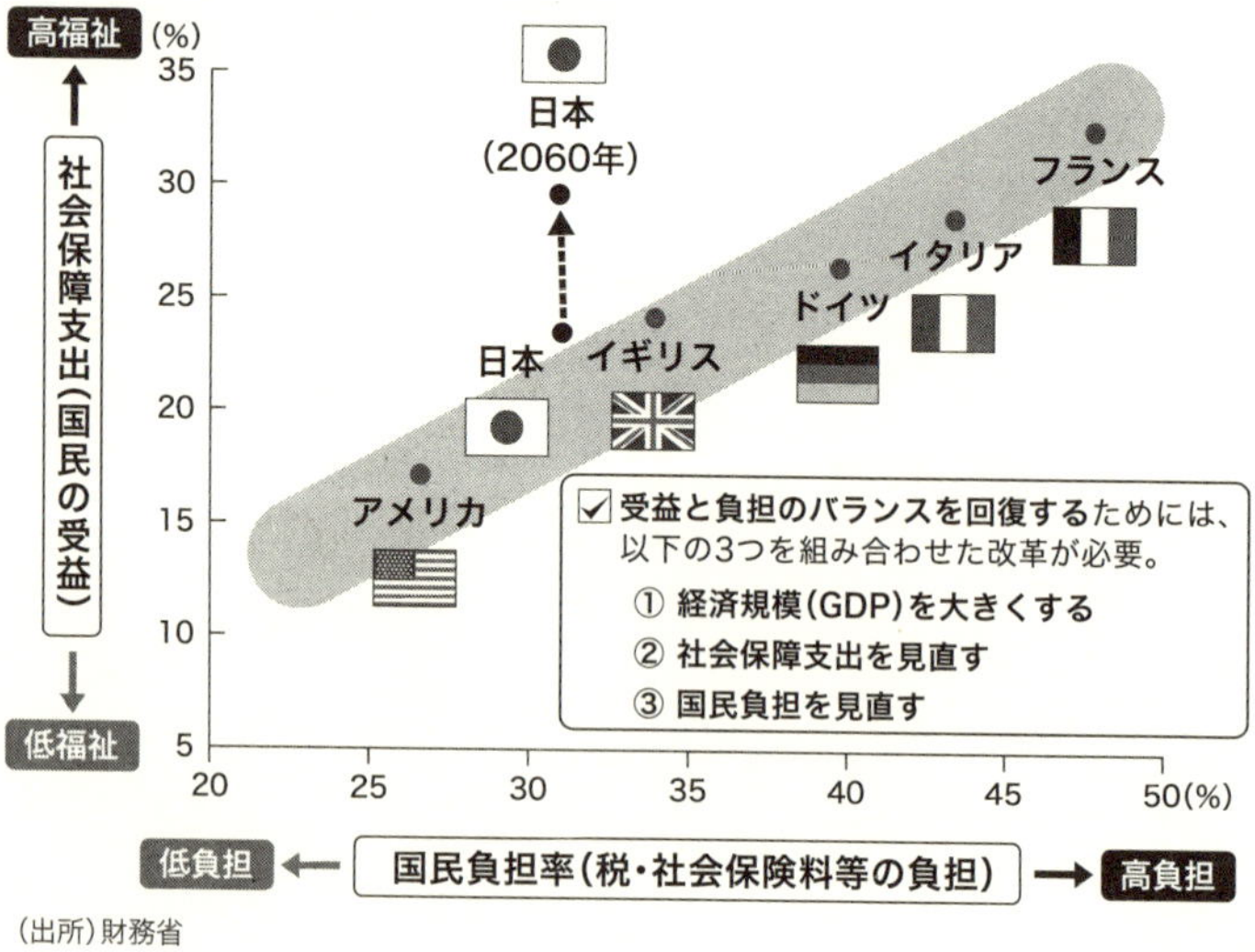

（出所）財務省

発行したからである。要するに、支出の不足分を借金でまかなってきたのだ。

改めて図表40を見ていただきたいのだが、日本は国民負担率の割に社会保障支出が多いが、他国と比較すると、必ずしも高福祉であるわけでもない。今後の社会保障のあり方を考えるうえでは、このような現状を踏まえたうえで、日本がどのような国を目指すべきなのかを明確にする必要がある。フランスのように高負担高福祉の国なのか、アメリカのように低負担低福祉の国なのか。社会保障を手厚くするために国民負担を増やすのならばフランスに近づいていくことになるし、国民負担を増やすのではなく、社会保障給付を減らすという考え方になればアメリカ型に近づく

図表41　日本の社会保障支出と国民負担率の変遷

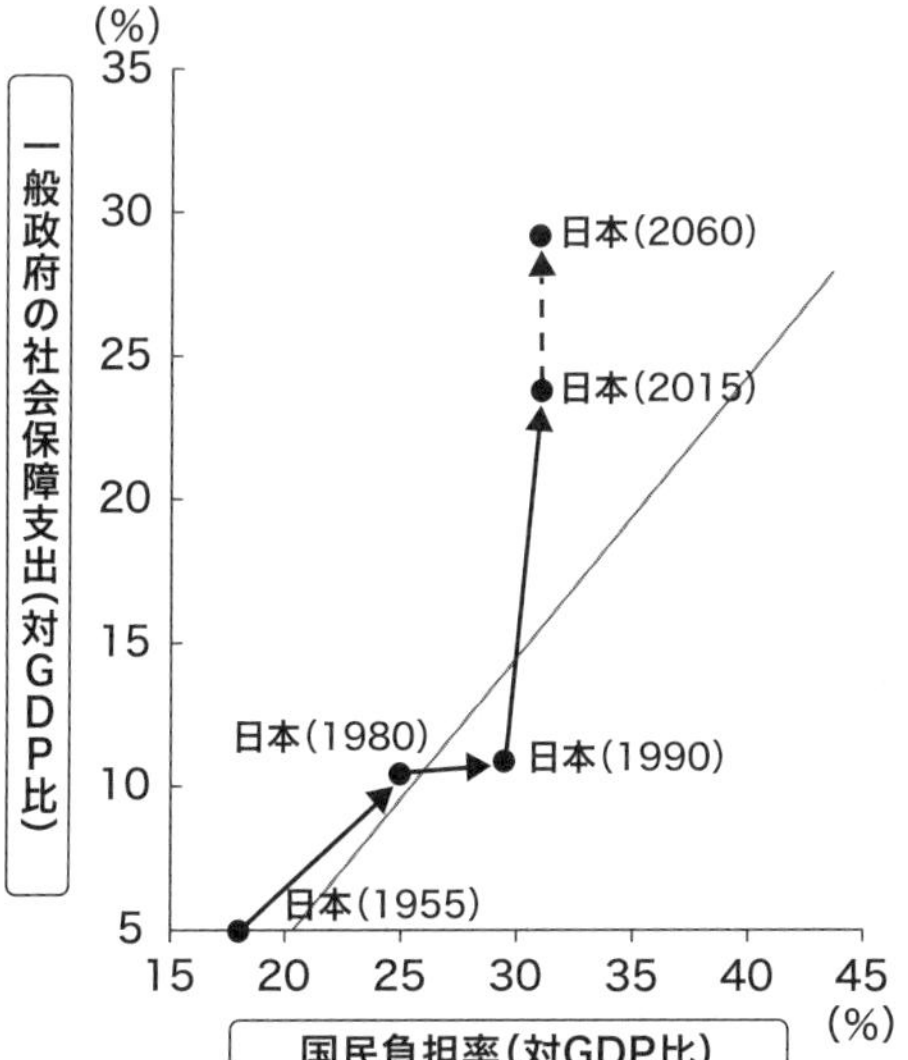

（出所）財務省

ことになる。

私は、ドイツやイギリスのように、中負担・中福祉の国を目指すべきであると考えている。現在の社会保障給付の水準を向上させつつ、それに見合った国民負担を求めていくという考え方である。なぜそのような考え方に立つのかと言えば、繰り返しになるが、医療や介護サービスの充実は、将来不安の払拭のためにも欠かすことのできないものだからである。

中負担・中福祉を目指すうえで問題になるのは、国民負担の増加である。特に少子化が進んでいる中で負担を増やすとなれば、若い世代を中心に過度な負担を強いることへと繋がっていくことになる。対策としては、やはり若年人口を増やしていくことが重要であり、少子化という日本最大の問題に取り組んでいく必要がある。

(3) 人口と経済

少子化問題に触れる前に、改めて、人口と経済の関係を総ざらいしておきたい。

まずは、過去の歴史を振り返ってみよう。図表42は、アメリカ、イギリス、ドイツ、フランス、イタリア、日本、これら六か国の一人当たりＧＤＰの推移である。１５００

年から１９００年頃までは、どの国においても同じようなゆるやかな成長が見られるが、その後、特にアメリカを筆頭に急激に成長していく。これは、１８７０年頃から１９００年代初頭にかけての第二次産業革命や、１９００年代半ばの第三次産業革命など、大きなイノベーションを経て生産性が向上したためであると考えられる。

続いて、国全体のＧＤＰの変遷を確認する(図表43)。１８７０年までは各国ともＧＤＰはほぼ横ばいであり、この年にアメリカ経済はイギリス経済を追い越している。一人当たりＧＤＰの成長に見られたように、産業革命等を経て各国のＧＤＰは順調に成長しているが、ここで、１９５０年から１９７３年にか

図表 42　各国の一人当たり GDP

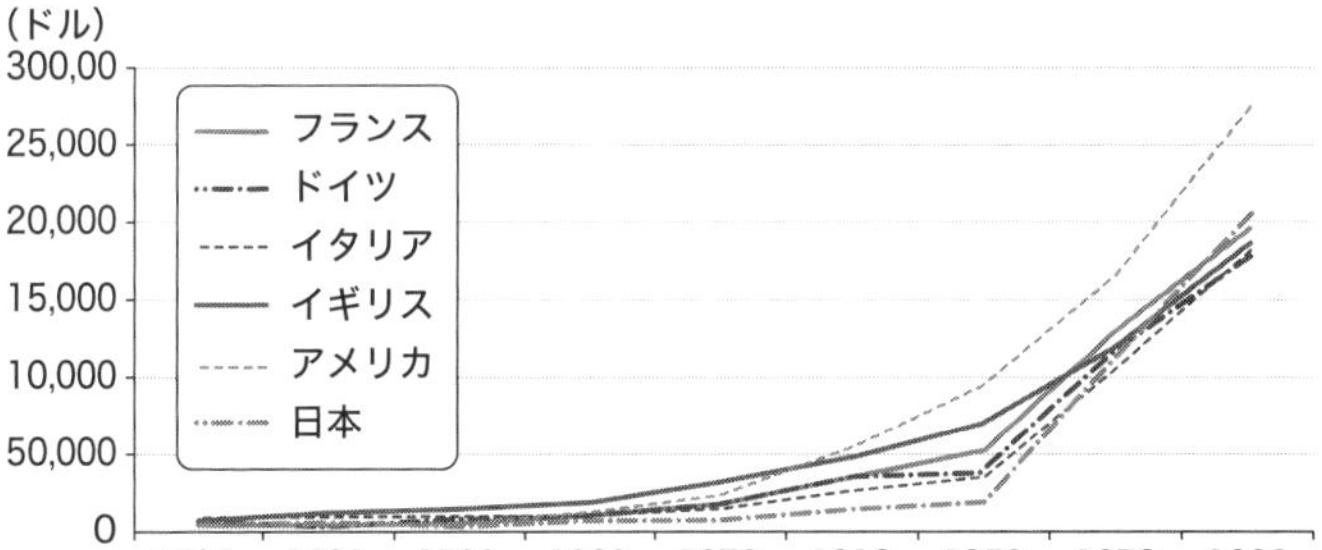

年	1500	1600	1700	1820	1870	1913	1950	1973	1998
フランス	727	841	986	1,230	1,876	3,485	5,270	13,123	19,558
ドイツ	676	777	894	1,058	1,821	3,648	3,881	11,966	17,799
イタリア	1,100	1,100	1,100	1,117	1,499	2,564	3,502	10,643	17,759
イギリス	714	974	1,250	1,707	3,191	4,921	6,907	12,022	18,714
アメリカ	400	400	527	1,257	2,445	**5,301**	**9,561**	**16,689**	**27,331**
日本	500	520	570	669	737	1,387	1,926	11,439	20,413

(出典)OECD「The World Economy:Millennial Perspective」

けての日本のグラフを見ていただきたい。この間、日本は著しい経済成長を遂げ、アメリカに次ぐ第二位の経済規模となっている。しかし、**図表42**を振り返っていただくと分かるように、１９７３年時点での日本の一人当たりＧＤＰは他の国々と同水準なのである。なぜ、日本の経済規模だけが急激に成長したのだろうか。

　その答えが**図表44**にある。各国の人口の推移のグラフだが、１８７０年以降、アメリカが急激に人口を増やしている。そして、アメリカに次ぐ人口増加が起きたのが日本なのである。一人当たりのＧＤＰが横並びである中でトータルのＧＤＰが増えたということは、つまり、それだけ人口が増えたということで

図表 43　各国の GDP

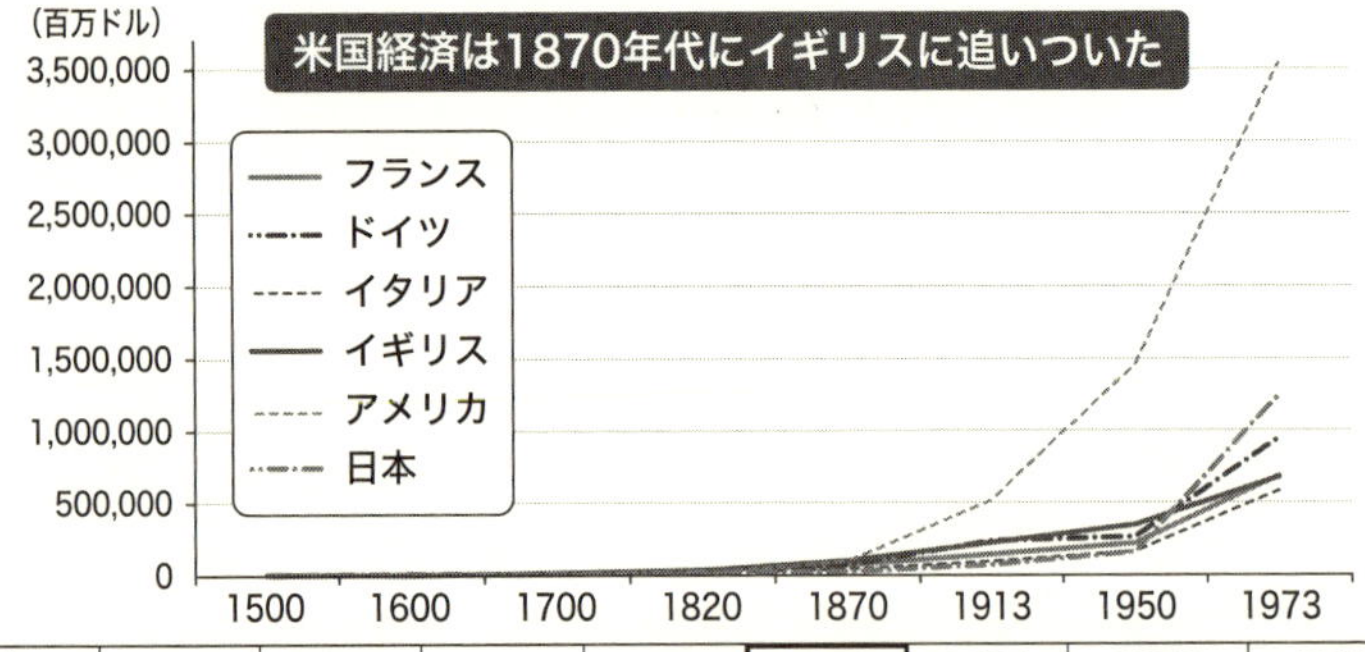

年	1500	1600	1700	1820	1870	1913	1950	1973
フランス	10,912	1,559	21,180	38,434	72,100	144,489	220,492	683,965
ドイツ	8,112	12,432	13,410	26,349	71,429	237,332	265,354	944,755
イタリア	11,550	14,410	14,630	22,535	41,814	95,487	164,957	582,713
イギリス	**2,815**	**6,007**	**10,709**	**36,232**	**100,179**	224,618	347,850	675,941
アメリカ	800	600	527	12,548	98,374	**517,383**	**1,455,916**	**3,536,622**
日本	7,700	9,620	15,390	20,739	25,393	71,653	160,966	1,242,932

（出典）OECD「The World Economy:Millennial Perspective」

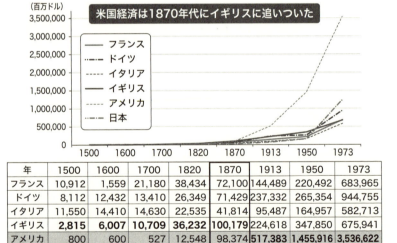

ある。経済成長にとって、人口は非常に大切な要素であることが、この点からも分かる。

続いて、人口構成が経済に及ぼす影響を確認していきたい。人口が同じであっても、若年層が多いのか、高齢者が多いのかで、経済活動のありようも異なってくる。人口構成の特徴を表すための数字の取り方は様々あるが、経済を考えるうえでは、どの数字を見ていくのが適切なのだろうか。

図表45は世界の国々について、年齢構成に関する主な指標を一覧にしたものである。平均年齢が高い順に並べているのだが、おおむね想像がつく通り、日本の平均年齢は48歳と、世界で最も高くなっている。平均年齢の低い国はナイジェリアなど、いわゆる新興国

図表 44　各国の人口

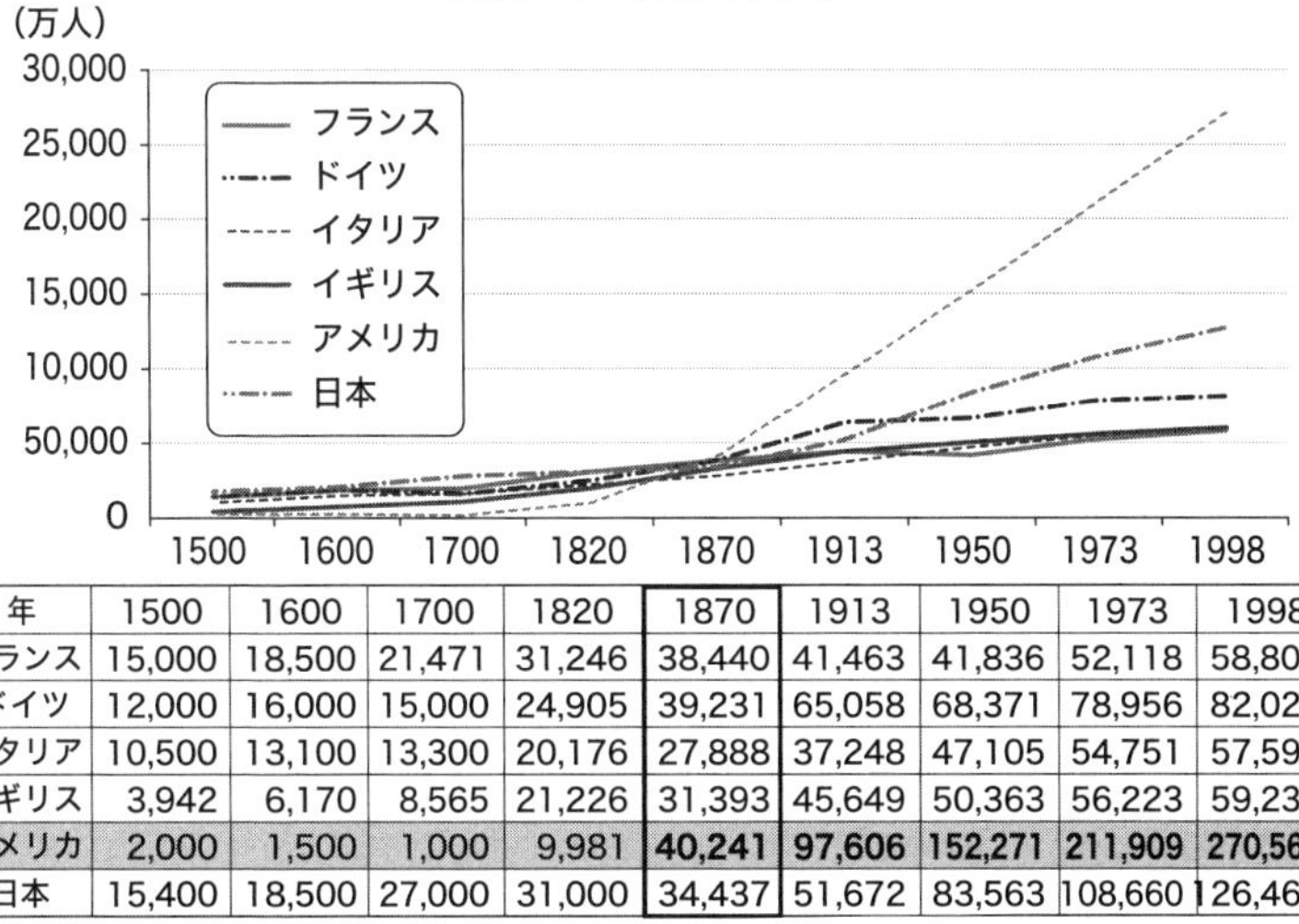

年	1500	1600	1700	1820	1870	1913	1950	1973	1998
フランス	15,000	18,500	21,471	31,246	38,440	41,463	41,836	52,118	58,805
ドイツ	12,000	16,000	15,000	24,905	39,231	65,058	68,371	78,956	82,029
イタリア	10,500	13,100	13,300	20,176	27,888	37,248	47,105	54,751	57,592
イギリス	3,942	6,170	8,565	21,226	31,393	45,649	50,363	56,223	59,237
アメリカ	2,000	1,500	1,000	9,981	**40,241**	**97,606**	**152,271**	**211,909**	**270,561**
日本	15,400	18,500	27,000	31,000	34,437	51,672	83,563	108,660	126,469

(出典)OECD「The World Economy:Millennial Perspective」

図表 45　人口構成比の国際比較

平均年齢降順	国	年	人口割合%			平均年齢(歳)	老年化指数
			0〜14歳	15〜64歳	65歳以上		
1	日本	2021	11.8	59.4	28.9	47.9	245.0
2	イタリア	2021	12.9	63.6	23.5	45.9	182.6
3	ポルトガル	2021	13.4	64.1	22.4	44.8	167.0
4	ドイツ	2021	13.8	64.2	22.0	44.6	159.2
5	ギリシャ	2021	14.1	63.3	22.5	44.6	159.4
6	ブルガリア	2021	14.4	63.8	21.7	44.1	150.6
7	スペイン	2021	14.3	66.0	19.8	43.8	138.6
8	フィンランド	2021	15.6	61.7	22.7	43.4	145.9
9	オーストリア	2020	14.4	66.6	19.0	43.0	132.0
10	韓国	2020	12.1	71.9	16.0	42.9	132.5
11	ハンガリー	2021	14.6	65.1	20.3	42.9	139.5
12	スイス	2020	15.1	66.1	18.8	42.6	124.8
13	オランダ	2021	15.5	64.7	19.8	42.3	127.5
14	フランス	2021	17.5	61.6	20.9	42.2	119.8
15	デンマーク	2021	16.2	63.5	20.3	42.1	125.5
16	ポーランド	2021	15.5	65.8	18.7	42.0	121.0
17	カナダ	2021	15.7	65.7	18.5	41.7	117.7
18	ベルギー	2019	16.9	64.2	18.9	41.7	111.6
19	シンガポール	2021	14.5	69.5	16.0	41.5	110.7
20	スウェーデン	2021	17.7	62.2	20.1	41.4	113.6
21	イギリス	2020	17.9	63.5	18.6	41.0	104.5
22	ノルウェー	2021	17.1	65.0	17.9	40.8	104.8
23	アメリカ	2021	18.2	64.9	16.8	39.8	92.2
24	ロシア	2012	15.7	71.4	12.9	39.3	81.8
25	オーストラリア	2020	18.6	65.1	16.3	39.3	87.7
26	タイ	2021	16.6	70.9	12.4	39.2	74.6
27	チリ	2021	19.0	68.5	12.5	37.3	65.6
28	ブラジル	2021	20.6	69.2	10.2	35.3	49.2
29	アルゼンチン	2021	24.2	64.1	11.7	34.5	48.3
30	トルコ	2020	22.8	67.7	9.5	34.3	41.7
31	チュニジア	2021	25.0	65.5	9.6	34.2	38.4
32	コロンビア	2021	23.2	67.2	9.6	33.8	41.2
33	ベトナム	2020	24.2	67.8	8.0	33.6	33.1
34	ペルー	2021	24.5	66.2	9.2	33.3	37.5
35	イラン	2021	23.8	69.4	6.8	33.0	28.5
36	インドネシア	2021	24.3	69.3	6.4	32.3	26.6
37	メキシコ	2021	25.4	66.7	7.9	32.2	30.9
38	ミャンマー	2021	26.6	66.6	6.8	31.3	25.5
39	インド	2021	25.7	67.5	6.8	31.1	26.6
40	サウジアラビア	2021	24.6	72.0	3.5	31.0	14.2
41	南アフリカ	2021	28.3	65.5	6.1	30.1	21.6
42	フィリピン	2021	30.0	64.2	5.8	29.3	19.3
43	エジプト	2021	34.3	61.9	3.9	26.7	11.3
44	エチオピア	2021	37.6	59.2	3.2	24.4	8.4
45	ナイジェリア	2020	42.7	54.6	2.8	23.2	6.4

（出所）国立社会保障・人口問題研究所

が多いが、これは子供の数が多いというポジティブな理由だけでなく、貧困や医療水準の低さにより、若くして命を落としてしまう人が多いという理由もあるため、必ずしも喜べる状況ではない。

日本は平均年齢が高いだけでなく、老齢化指数も２４５と極めて高い。老齢化指数は、分母が0歳から14歳の子供の数、いわゆる年少人口で、分子が65歳以上の高齢者数である。要するに高齢者数を年少人口で割ったものが老年化指数であり、この数値が高いほど少子高齢化が進んでいるということになる。お隣の韓国は、日本よりも少子化が問題になっているが、老年化指数は１３２であり、日本の半分程度でしかない。子供の数は少ないが、日本よりも高齢化率が低いので、このような結果になっている。

さて、平均年齢や老年化指数は、経済を見るうえでどの程度参考になるのだろうか。それを検証するために、まずは日本国内の状況を確認していきたい。

図表46から**48**までは、都道府県ごとのＧＤＰと平均年齢、老齢化率、そして生産年齢人口の割合に関する相関関係を調べたものである。なお、東京都は極端にＧＤＰが大きく、人口も多いため、この図表からは除いている。

図表46はＧＤＰと平均年齢の関係を表したグラフである。平均年齢が低いほどＧＤＰ

図表 46　都道府県別 GDP・平均年齢の分布（除東京都）

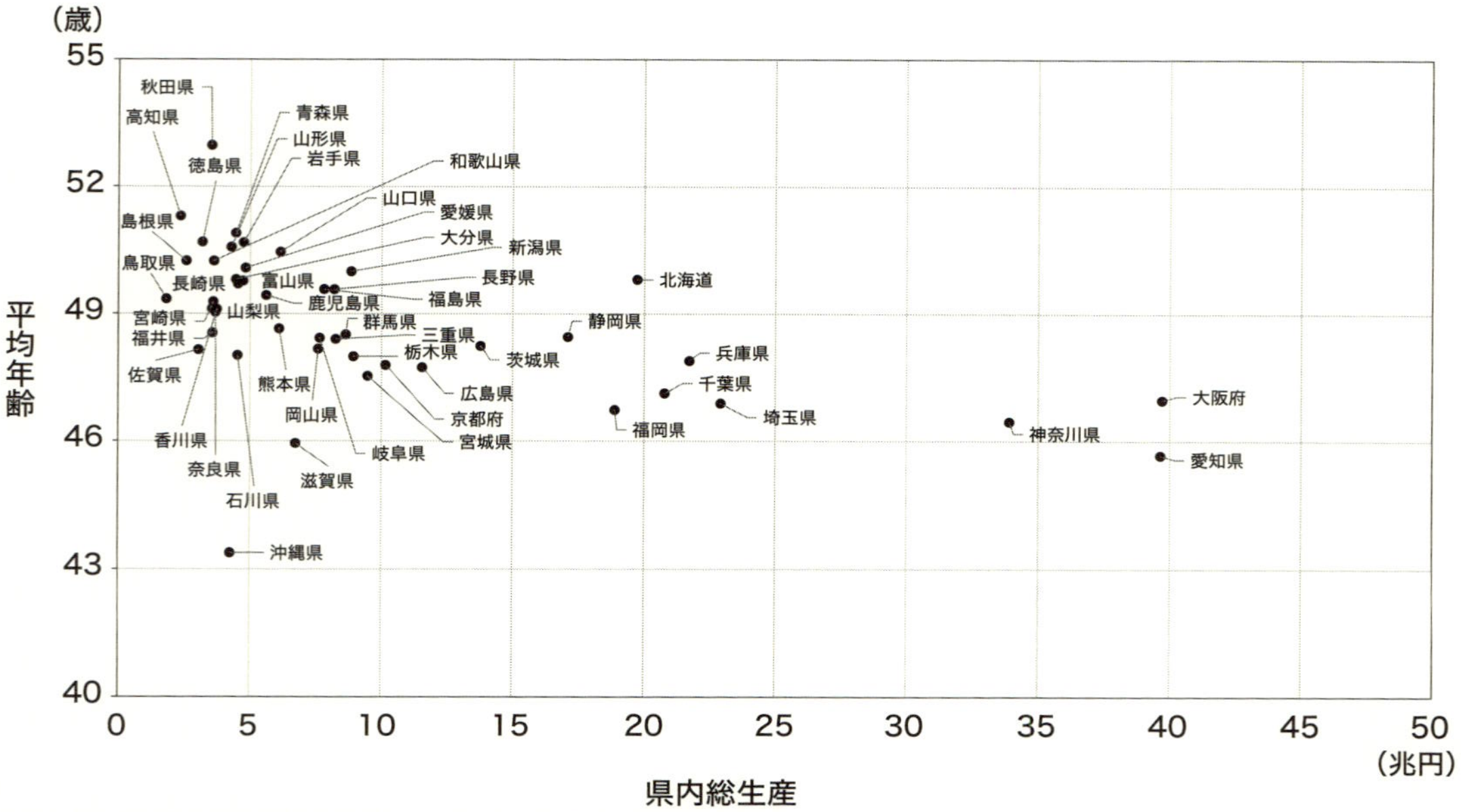

（注１）県内総生産は令和２年度、平均年齢は令和２年10月１日時点の数値。
（注２）東京を除く46道府県をプロットしている。
（出所）内閣府「県民経済計算」、総務省「国勢調査」より作成。

図表 47　都道府県別 GDP・老齢化率の分布（除東京都）

老齢化率（老齢人口（65 歳～）／年少人口（～ 14 歳））

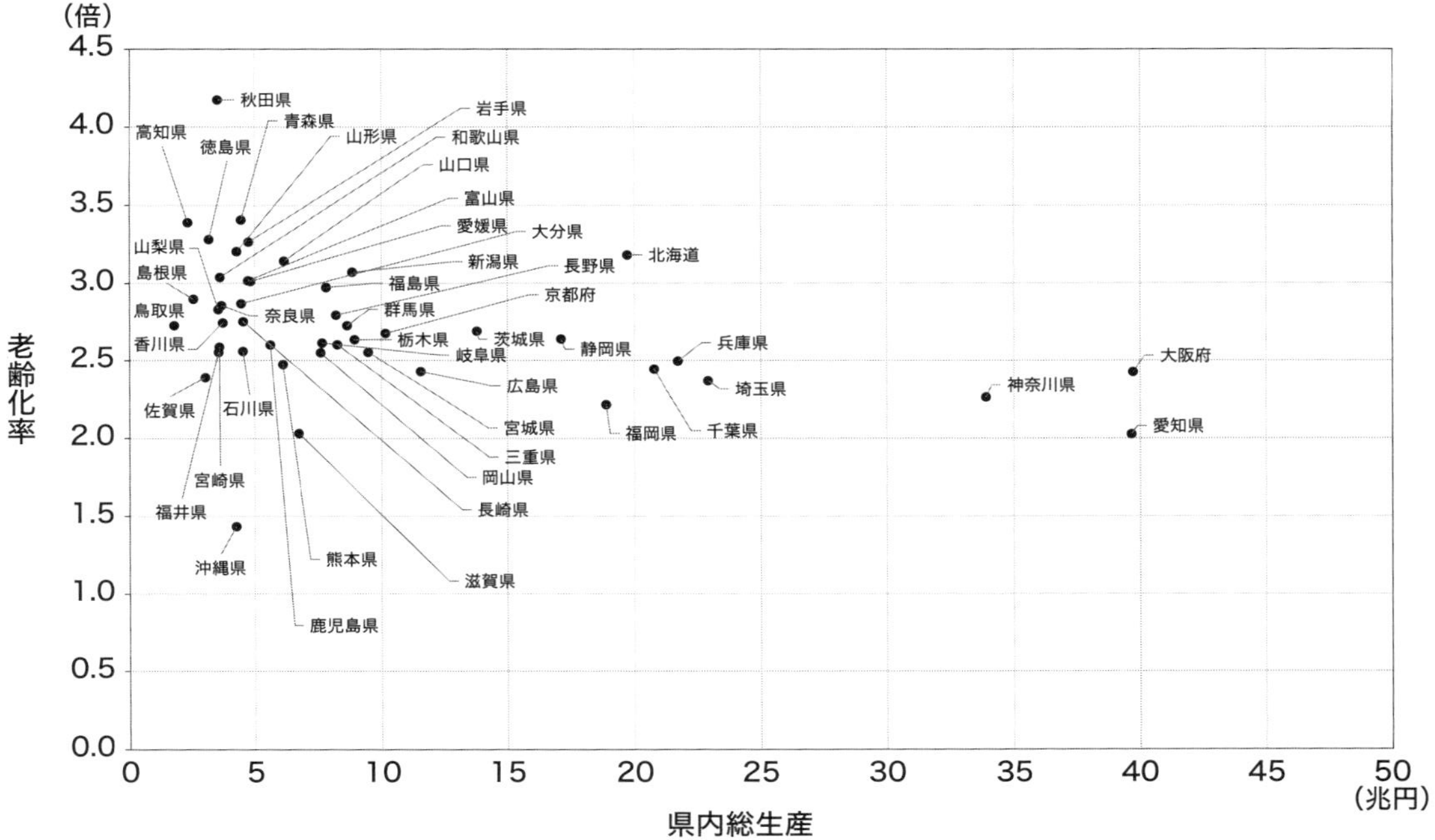

（注１）県内総生産は令和２年度、老齢化率は令和４年10月１日現在の数値。

（注２）東京を除く46道府県をプロットしている。

（出所）内閣府「県民経済計算」、総務省「人口推計」より作成。

図表 48　都道府県別 GDP・生産年齢人口の分布（除東京都）

生産年齢人口（15 ～ 64 歳）

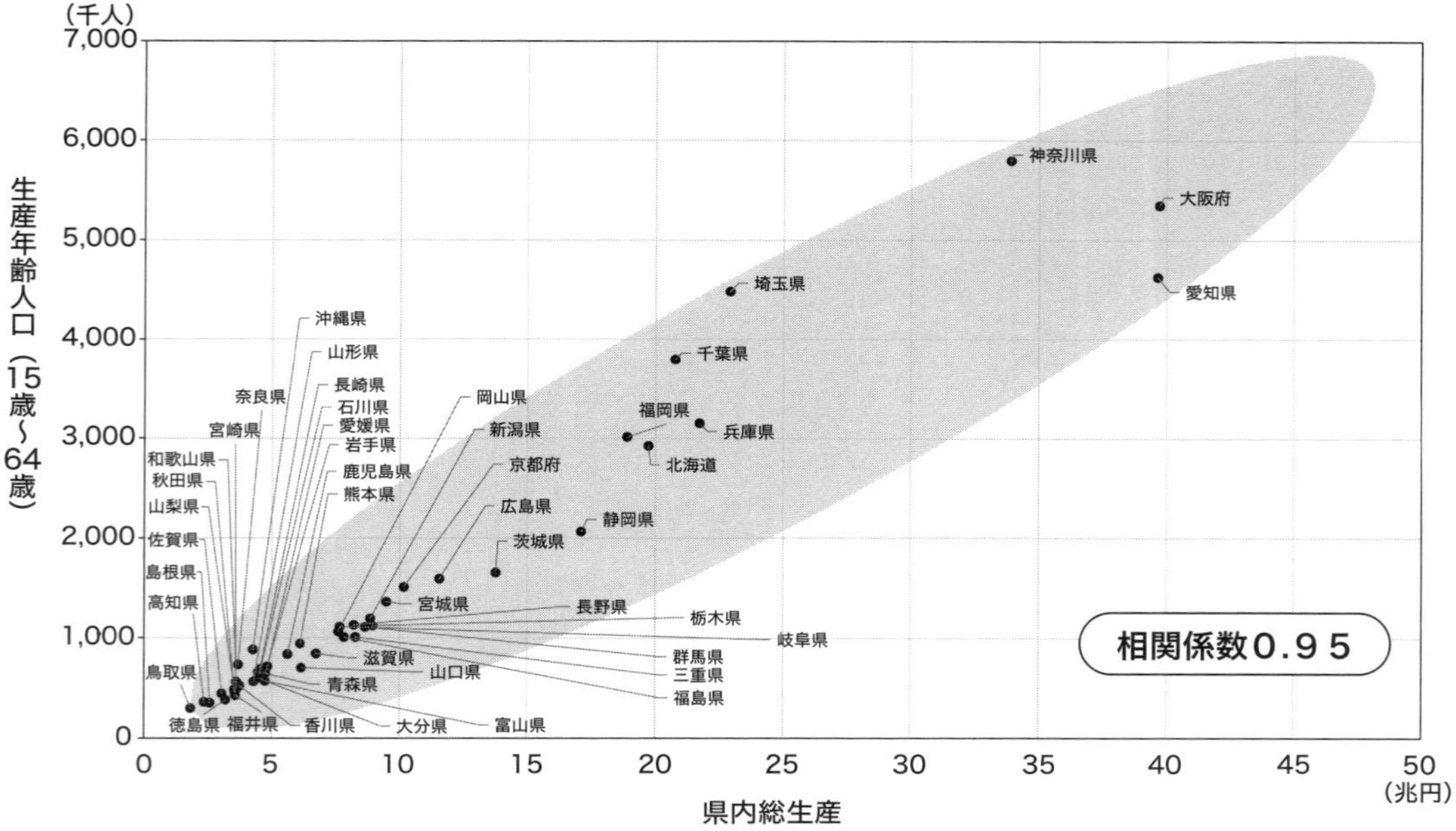

（注１）県内総生産は令和２年度、老齢化率は令和４年10月１日現在の数値。
（注２）東京を除く46道府県をプロットしている。
（出所）内閣府「県民経済計算」、総務省「人口推計」より作成。

が大きいのかというと、必ずしもそうではなく、相関関係はないことが分かる。図表47はGDPと老齢化率に関するグラフだが、こちらも同様に、相関関係があるとはいえない。そして、次の図表48は、GDPと生産年齢人口の関係性を調べたものである。このグラフから分かるように、生産年齢人口が多いほど、GDPも大きくなっており、さらに相関係数も0・95と、非常に強い相関関係にあることが分かる。つまり、生産年齢人口が多いほど、経済活動が活発に行われているということである。

これは、当たり前のように思われるかもしれないが、こうした数字を取ってくることによって、地方の衰退が生産年齢人口の減少によって引き起こされていることがはっきりしてくる。生産年齢人口には子供を産み、育てていく年齢層も含まれており、この層の減少は、地域における少子化という課題とも密接に結びついている。

さて、それでは世界の国々についても同様に見ていきたい。とはいっても、平均年齢と老齢化率については関係がないことが分かっているので省略する。図表49と50は、国ごとのGDPと生産年齢人口をプロットしたものである。図表49はアメリカ、中国、インドを含んだもの、図表50はその三国を除いたものとなっている。

ご覧の通り、世界の国々の場合には、都道府県別のグラフとは違って、明確な相関関係は見られない。これは当然のことで、国ごとに経済の状況が大きく異なり、一人当たりＧＤＰに差があるためである。グラフの下方にはいわゆる先進国の国々が連なっているが、一人当たりＧＤＰが似通った水準にあるこの国々だけを見れば、相関関係があるといえるかもしれない。

　このグラフから読み取るべきことは、生産年齢人口の割合が高く、しかしＧＤＰはいまだ低い水準にある国は、経済発展の可能性を大いに秘めた国であるということである。生産性が同等であれば、ＧＤＰは生産年齢人口に関係する。生産年齢人口が多い国において、生産性を引き上げていくことができれば、それだけで経済は飛躍的に成長すると考えられるからである。

図表49　生産年齢人口（世界）

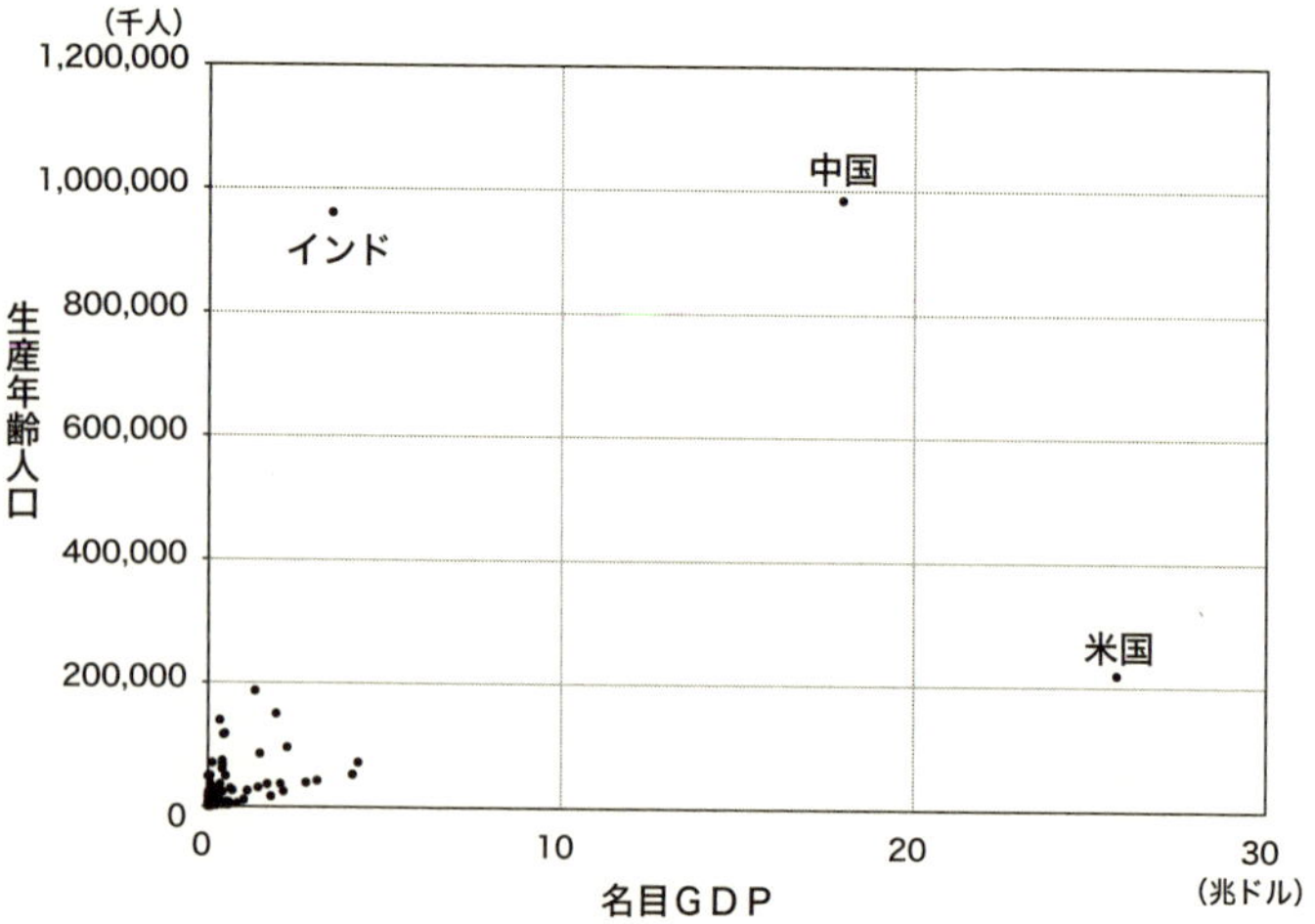

（注）名目ＧＤＰ、生産年齢人口は2022年の数値。
（出所）国際連合「World Population Prospects」、「ＵＮdata」より作成。

少子高齢化に伴って、日本のマーケットは縮小していく。もちろん、少子化対策は行うものの、結果が出るには十年単位での時間がかかる。その間、企業はじっと待っているわけにはいかず、海外のマーケットに活路を見いだし、投資等を行っていくことになるが、その際には、こうした数字が参考になるのではないかと思っている。

（4）少子化対策

繰り返し述べている通り、我が国にとっての最大の課題は少子化である。経済活動という面でも、社会保障の担い手という意味でも、少子化という課題を乗

図表50　生産年齢人口（米国、中国、インドを除く）

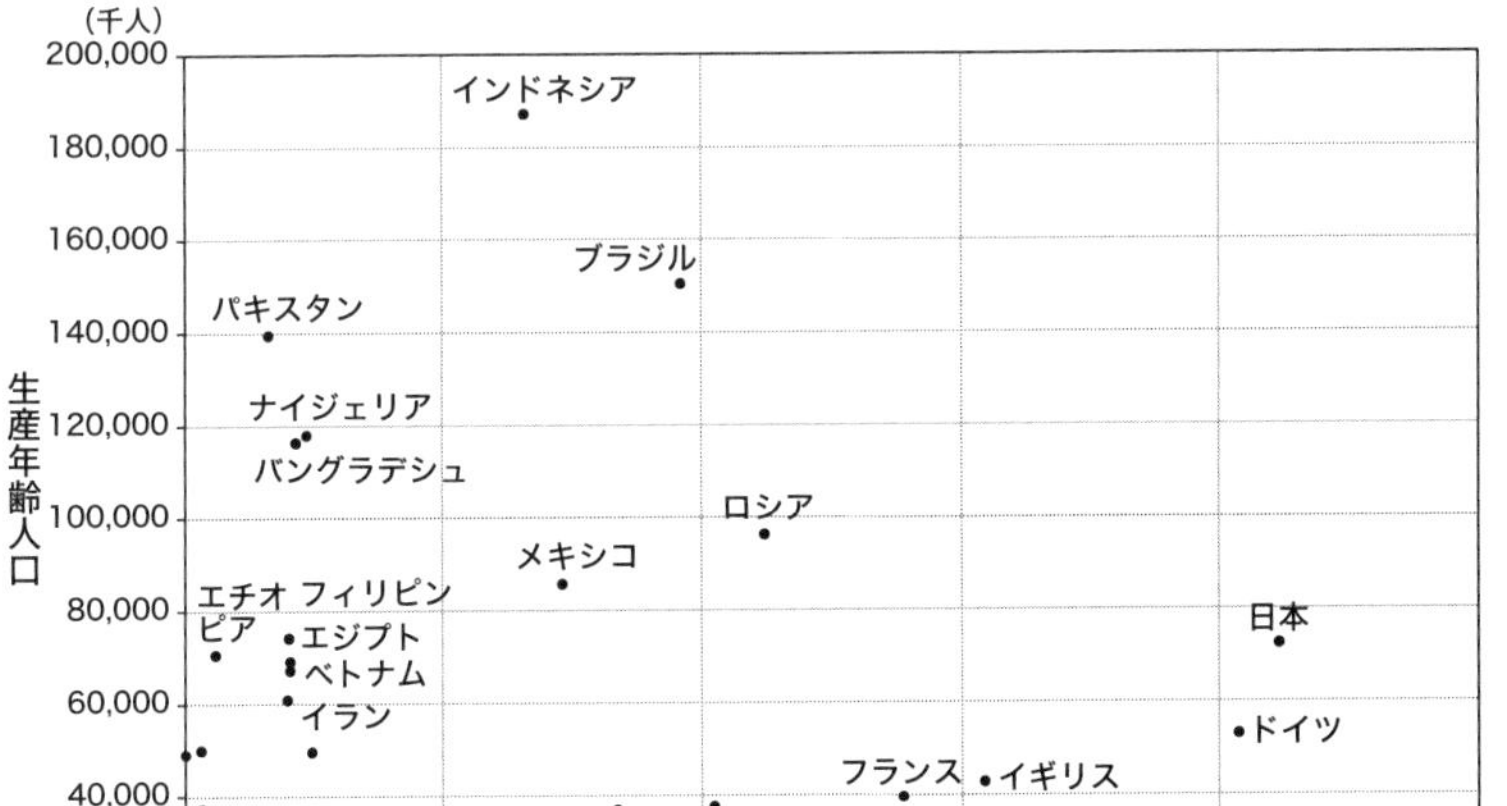

（注１）名目ＧＤＰの値が大きい米国、中国、人口の値が大きいインドは除外している。
（注２）名目ＧＤＰ、生産年齢人口は2022年の数値。
（出所）国際連合「World Population Prospects」、「ＵＮdata」より作成。

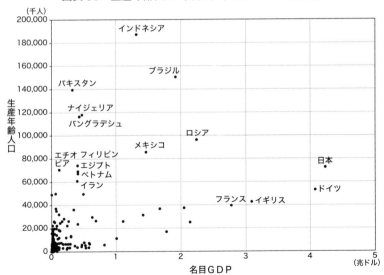

り越え、生産年齢人口のボリュームを増やしていくことが必要である。生産年齢人口は、日本のＧＤＰの60％を占める内需を支え、また、社会保障制度を持続させていくための負担を担う世代だからである。

一般的に、先進国では出生率が低くなる傾向にあるが、日本の合計特殊出生率は２０２３年の数字で1・20と、主要先進国の中でも低い水準にある（**図表51**）。韓国のように極端に低い国もあるが、世界全体を見渡しても、日本も下から数えたほうが早い位置にいるのである。

しかし、昔からそうだったわけではない。**図表52**は日本の合計特殊出生率の経時的変化を示したグラフである。戦後まもなく第一次ベビーブームを迎えた当時は、約２６７万人もの子供たちが生まれている。その後、出生率は低下していったが、１９７０年代に入って第二次ベビーブームが起こると、２００万人以上の子供が誕生した。しかし、その後は低下の一途を辿り、２０１６年にはついに１００万人を割った。コロナ禍を経て減少傾向は加速し、２０２３年の出生数は戦後最少の約73万人となっている。なぜ、このように出生数が減少しているのだろうか。

図表53は、完結出生児数の推移を示したものである。完結出生児数とは、結婚持続期

間が15年から19年の初婚同士の夫婦の間に生まれた子供の数の平均である。離婚の件数が増え、シングルで子供を育てる方が増えている現代社会において、この数字の取り方が適切かどうかの議論はひとまず置いておくことにするが、少なくとも、一定の期間結婚生活を継続している方々が何人の子供をもうけているのかということは把握できるものとなっている。

１９４０年には４・27であり、平均的に４人以上の子供が出生していたことになる。その後は急激に減少し、１９７０年には２・20となったが、それ以上はおおむね横ばいで推移していることが見て取れる。

２０２１年には１・90、微減傾向ではある

図表51　主要先進国の合計特殊出生率（２０２０年）

国名	合計特殊出生率
韓国	0.84
日本	1.20(2023年)
イタリア	1.24
カナダ	1.40
スイス	1.46
ノルウェー	1.48
ドイツ	1.53
オランダ	1.54
ベルギー	1.55
イギリス	1.56
オーストラリア	1.58
ハンガリー	1.59
アメリカ	1.64
スウェーデン	1.67
デンマーク	1.68
フランス	1.83

(資料)厚生労働省政策統括官付人口動態・保健社会統計室「人口動態統計」

図表 52　合計特殊出生率の推移

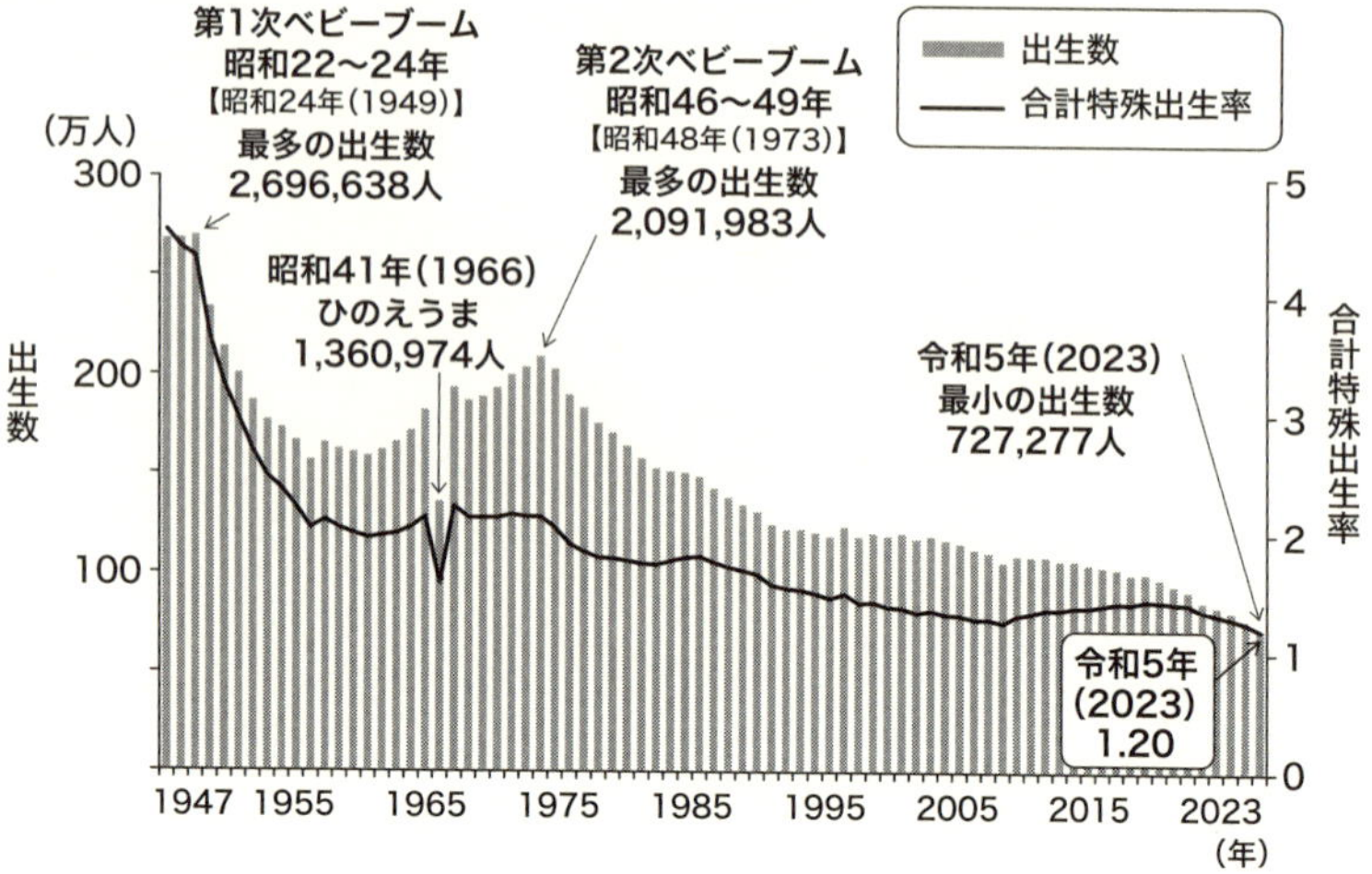

図表 53　非婚が出生率低下の大きな原因
(完結出生児数)

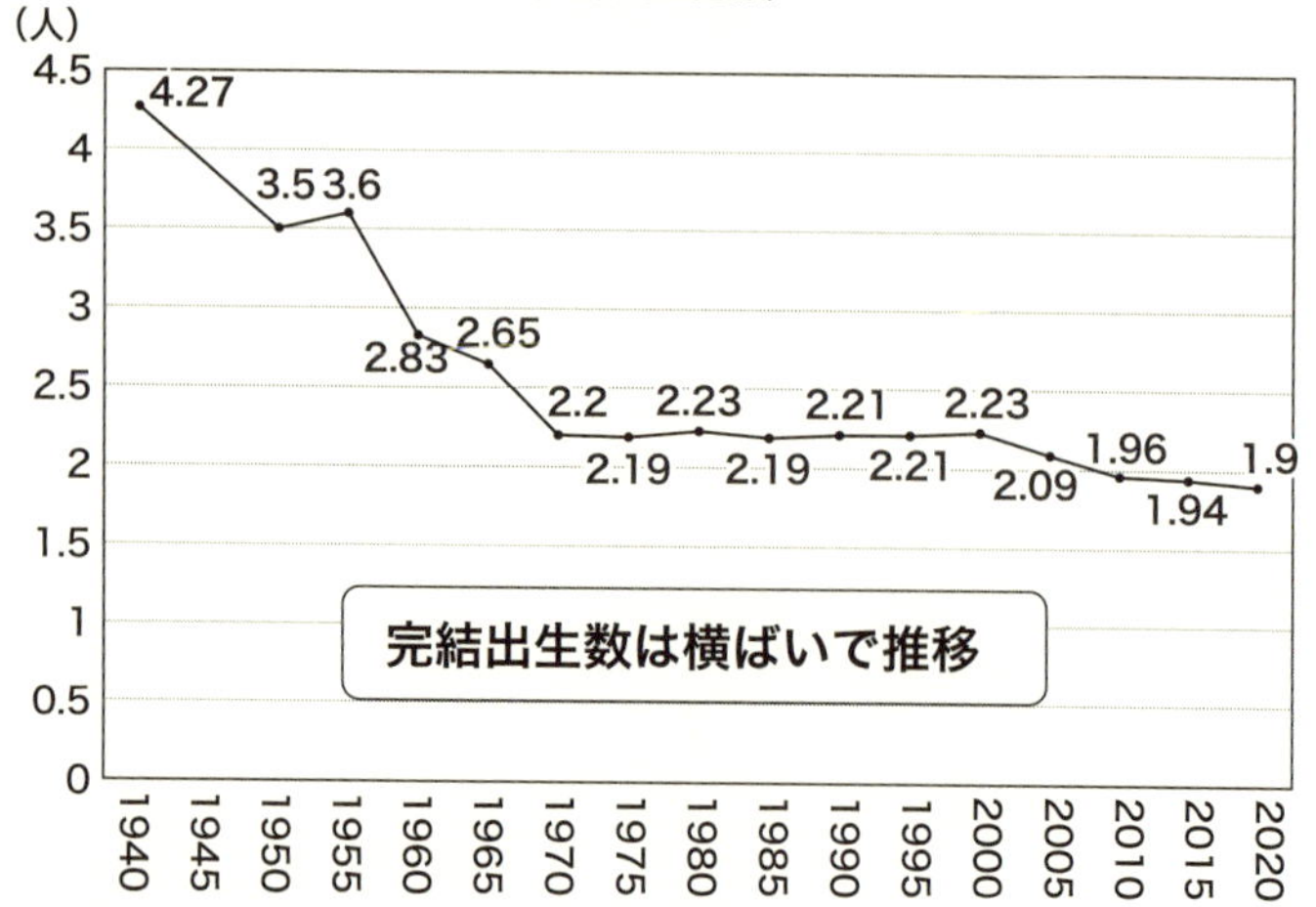

(資料)国立社会保障・人口問題研究所「出生動向基本調査」

が、劇的な変化ではない。このことは、結婚を継続している夫婦に限っていえば、生み育てる子供の人数は１９７０年代からほとんど変わっていないことを示している。

そうであるならば、少子化の原因は結婚している人の減少にあると考えるのが自然である。図表54は婚姻件数と婚姻率の推移である。婚姻件数が最多だったのは１９７２年であり、１１０万組近くの夫婦が新たに誕生している。その後は減少の一途を辿り、２０２０年には婚姻件数も婚姻率も過去最低を記録した。婚姻件数の減少には、人口動態の変化も影響しているだろうが、婚姻率が低下しているということは、結婚をしない、あるいはできない人が増加しているということでもある。

未婚者の増加を裏付ける資料が、図表55である。35歳から39歳における未婚率の推移であるが、１９６０年には男女ともに５％程度だった未婚率は上昇を続け、２０２０年には男性が38・５％、女性が26・２％となっている。同時に晩婚化も進んでおり、２０２２年時点での平均初婚年齢は男性が31歳、女性が30歳となっている（図表56）。未婚者が増加し、晩婚化が進めば、生まれてくる子供の数が減少するのも当然のことである。

問題はその背景である。私は、結婚をしない人は大きく二種類に分けられると考えている。

一方は、今の自分の暮らしに満足しており、結婚をしたいと思わない人たちである。もう一方は、労働環境や所得水準を理由に、結婚をしたくてもできない人たちである。

図表57は、20代未婚者の意識・実態に関する調査である。結婚したいと考える男性は、2013年には67・1％だったが、2016年には38・7％にまで減少している。女性の場合は、2013年に82・2％、2016年には59％となっている。交際経験があるという人は男女とも減少しており、特に男性の減少は著しい。交際経験がないのだから、結婚ができないのは当然である。

結婚をコストパフォーマンスで考えたことがある人は、男性で31・3％、女性が44・7％となっており、

図表54　婚姻件数及び婚姻率（人口千対）の年次推移

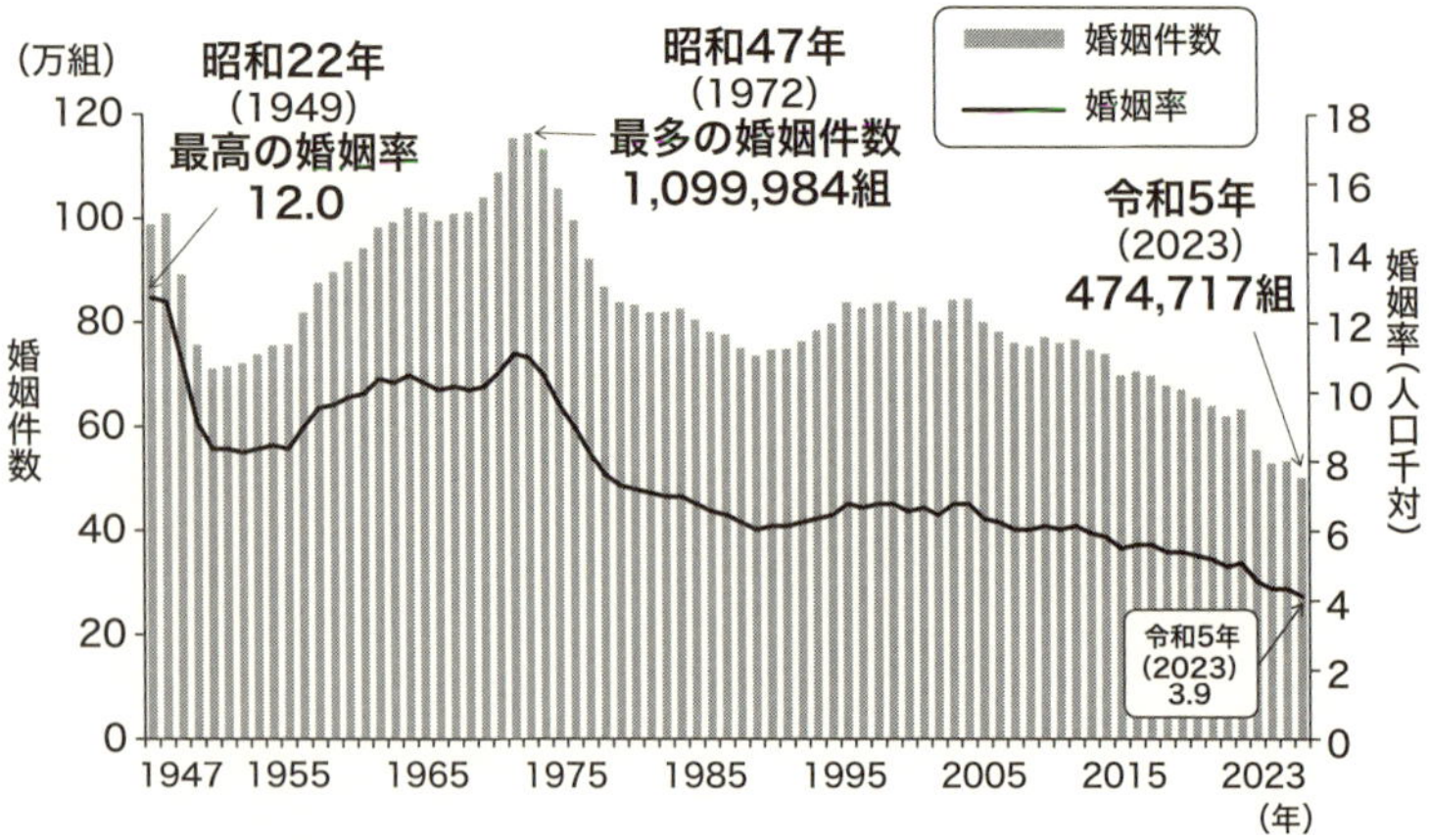

（資料）厚生労働省政策統括官付人口動態・保健社会統計室「令和５年(2023)人口動態統計月報年計(概数)の概況」

図表55　３５～３９歳における未婚率の推移

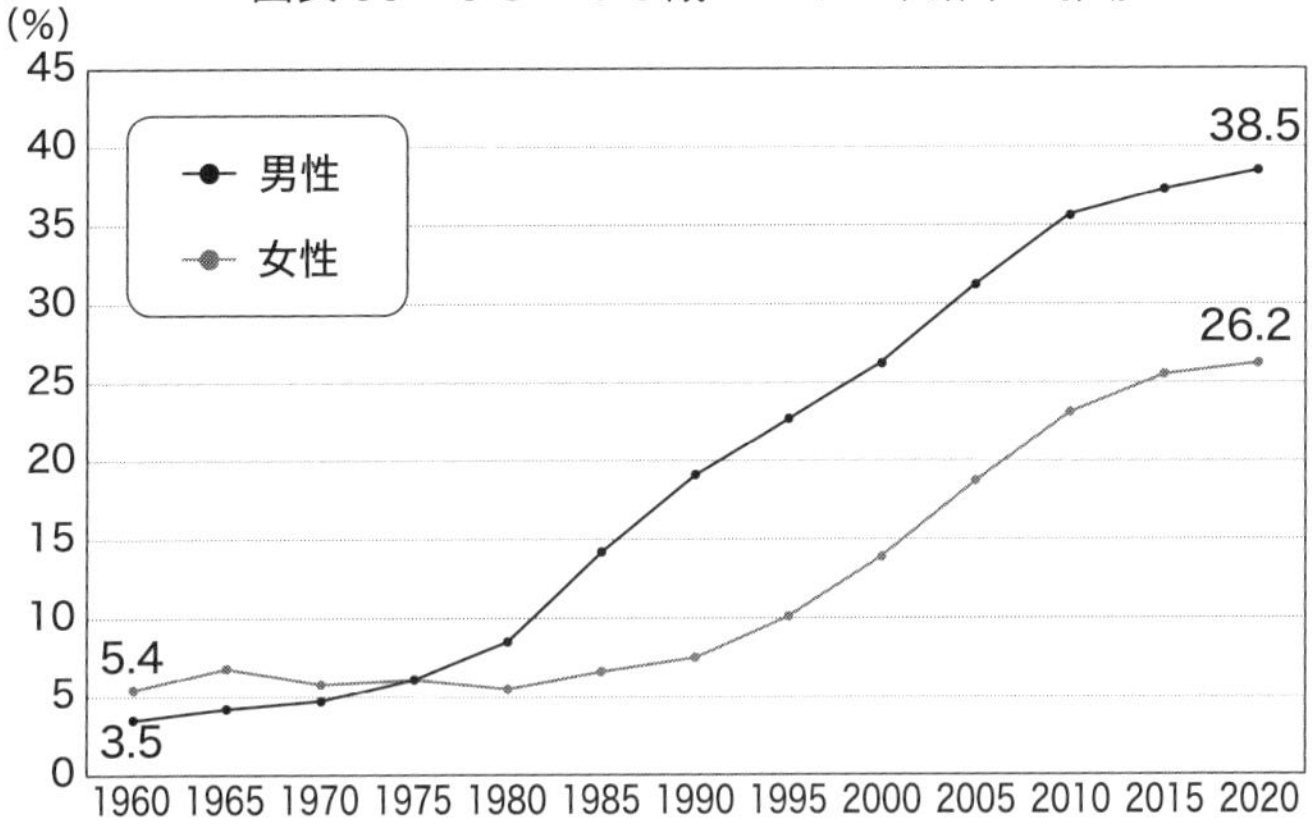

（資料）総務省「国勢調査」を基に桜井充事務所作成

図表56　平均初婚年齢の推移

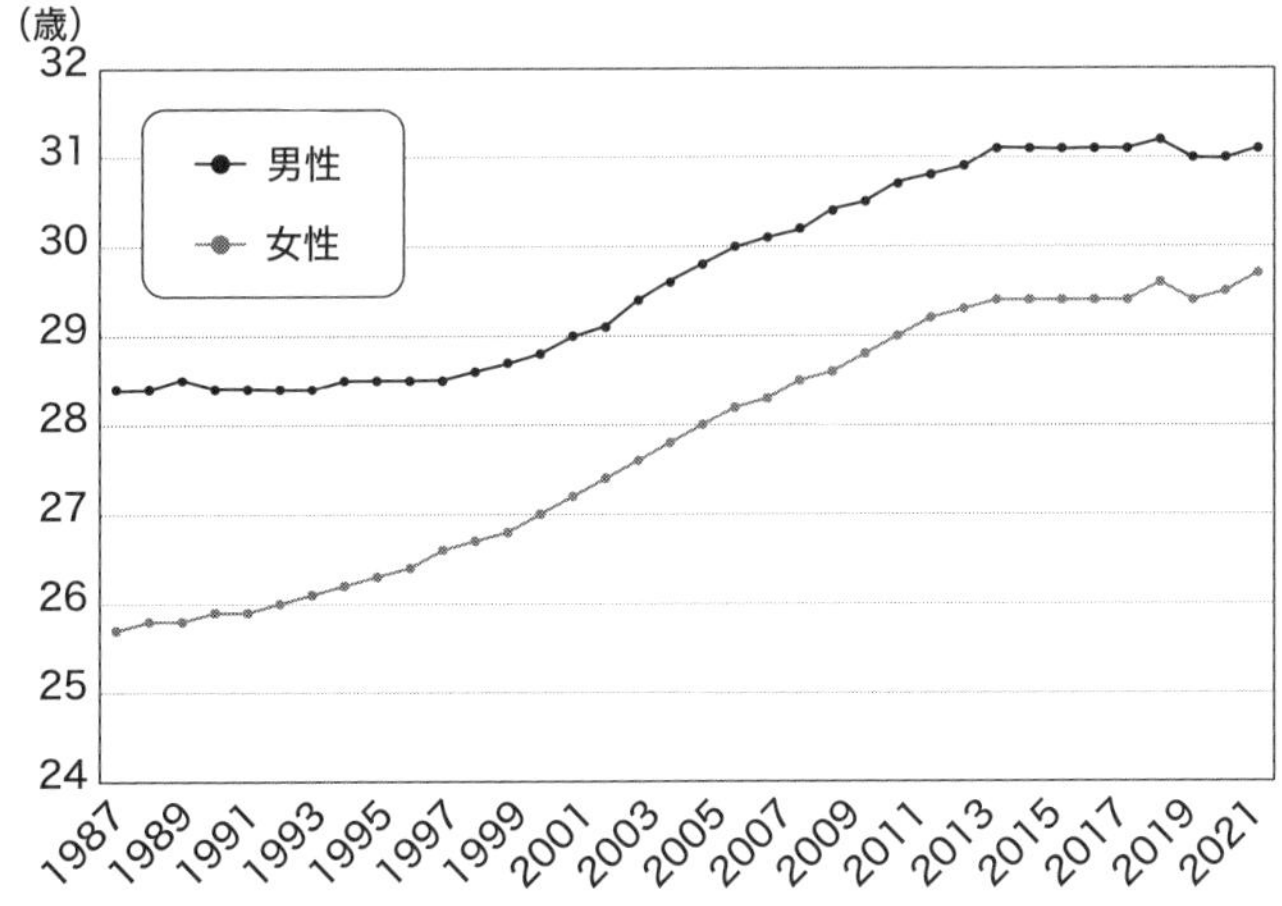

（資料）総務省「国勢調査」を基に桜井充事務所作成

多くの人が結婚に対して経済的な観点を持ち合わせていることが分かる。だからこそ、約60％の女性が最低年収４００万円以上の男性を結婚相手に望んでいるのだと思う。しかし、実際にそれだけの年収がある男性は15％程度でしかない。このことは、金銭面での希望と現実のギャップが、結婚に大きな影響を及ぼしているのだと考えられる。

　同様の傾向は、**図表58**からも読み取れる。男性の年収別有配偶率であるが、どの年齢層においても、年収が高くなるほど配偶者のいる割合も高くなっており、収入の低さが結婚へのハードルを上げてしまっていることがうかがえる。このことから、お金は結婚の重要な因子となっていることが分かる。

図表57　20代未婚者の意識・実態

	2016年		2013年	項目	2013年		2016年	
20代男性	22.3%	↙	33.3%	恋人がいる	42.6%	↘	33.7%	20代女性
	46.7%	↙	69.8%	交際経験あり	72.1%	↘	66.0%	
	38.7%	↙	67.1%	結婚したい	82.2%	↘	59.0%	
	20.0%	↙	22.1%	婚活経験	36.4%	↘	34.0%	
	19.3%	↙	30.2%	自分は社交的なタイプだ	37.6%	↘	17.7%	
	36.7%	↙	47.3%	休日は家にいるより出かけるほうが好き	49.2%	↘	35.7%	
	11.3%	↙	17.8%	恋愛に関しては積極的に行動するほうだ	22.1%	↘	16.0%	
	31.3%	―		結婚をコストパフォーマンスで考えたことがある	―		44.7%	
	15.2%	年収400万円以上			結婚相手に希望する最低年収が400万円以上		57.1%	

（出典）明治安田生命

図表58　男性の年収別有配偶率

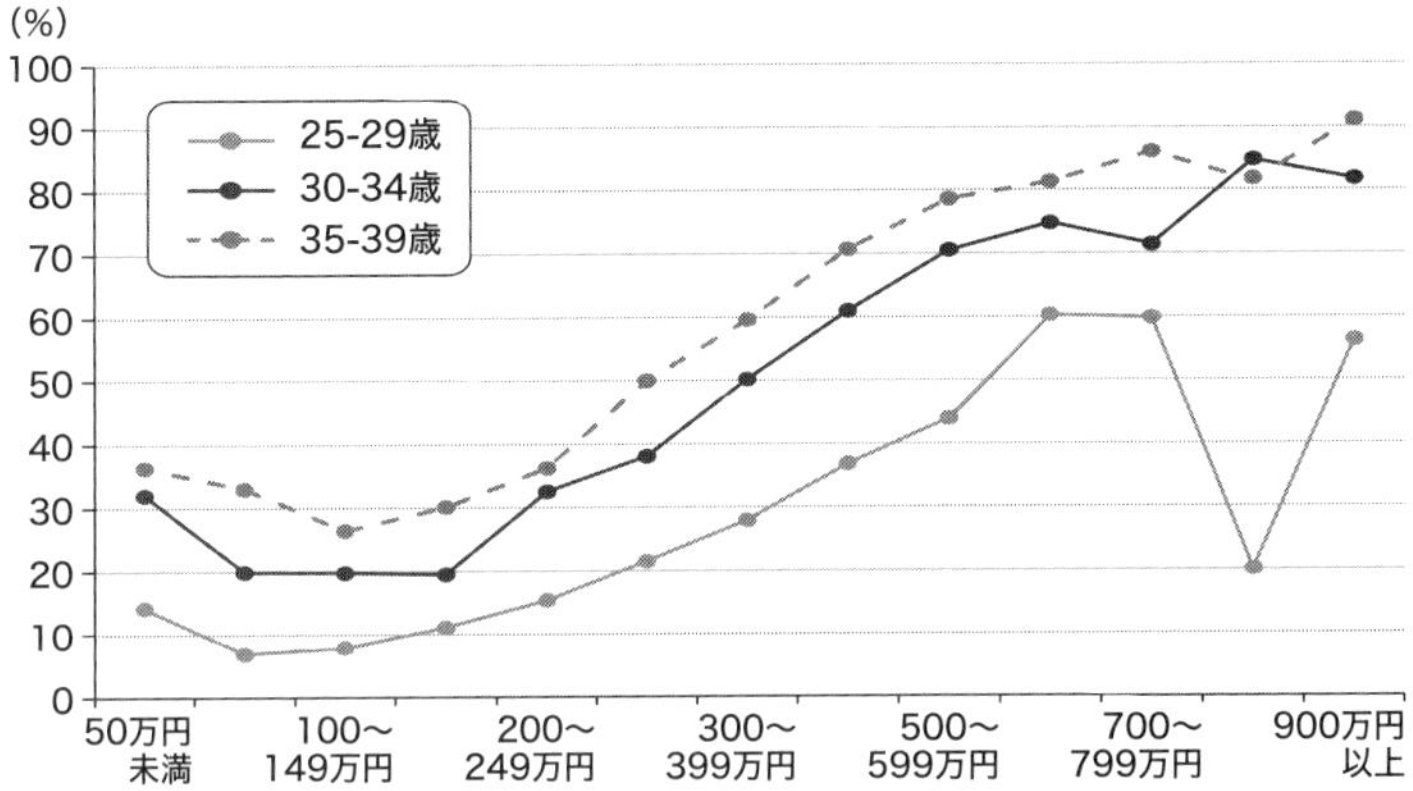

(資料)労働政策研究・研修機構「若年者の就業状況・キャリア・職業能力開発の現状③ー平成29年版「就業構造基本調査」よりー」(2019 年)

(注) 本資料は、労働政策研究・研修機構が独自に「就業構造基本調査」を二次集計・分析したもの。2017年時点

図表59　男性の従業上の地位・雇用形態別有配偶率

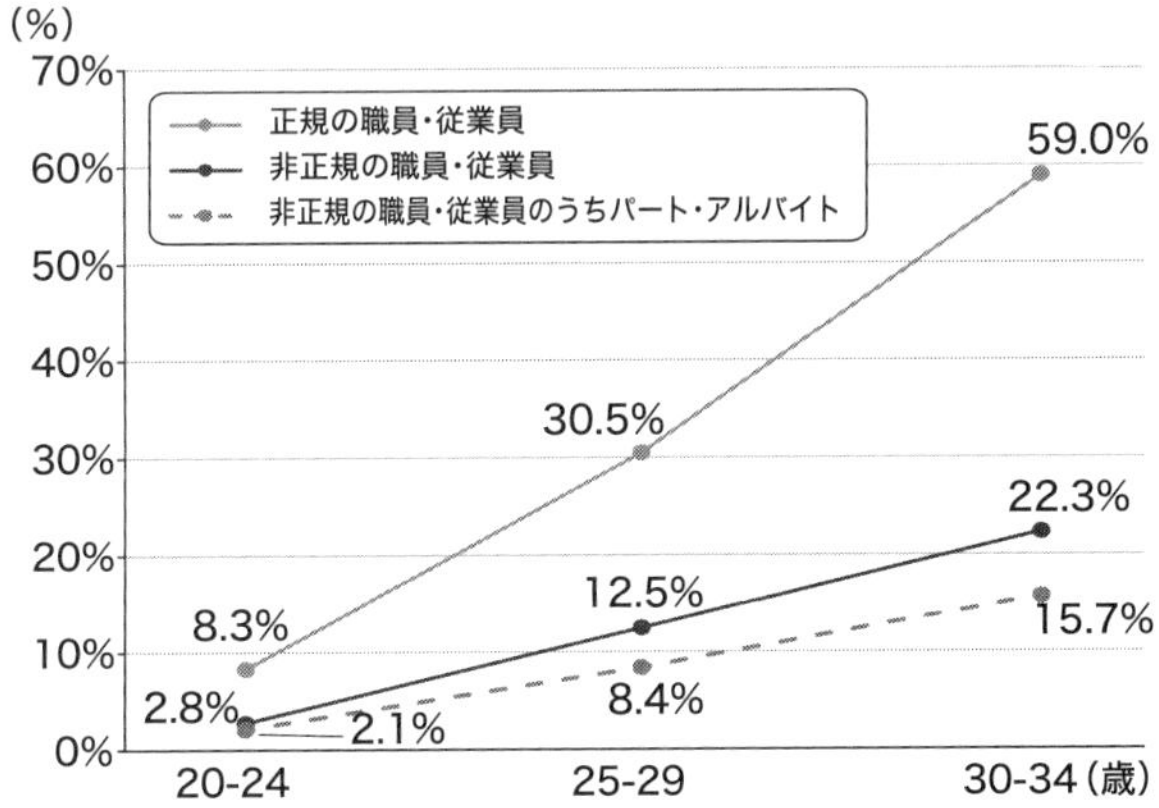

(資料)総務省「平成29年就業構造基本調査」を基に作成

(注) 数値は、未婚でない者の割合

図表59は雇用形態別の配偶者のいる割合を示しているが、非正規職員・従業員の有配偶率は、正規職員・従業員のそれと比べて大きく劣っている。正規職員と非正規職員の最も大きな違いは賃金水準である。正規雇用労働者は年齢が上がるにつれて賃金も増えていくが、非正規雇用労働者の場合にはほとんど変わらない（図表60）。こうした違いが年収の差となって、生涯賃金にも大きな違いを生じさせている。働き方の違いは年収の差となり、生涯賃金にも大きな差を生じさせる。ちなみに男性の正社員と非正規社員では、生涯賃金に1億円近い差が出ている（図表61）。

ここで注意すべき点は、20代前半の若い世代の場合、正社員と非正規社員の賃金にあまり差がないことである。賃金が同程度であれば、仕事の責任が軽いほうがいいと考えて非正規雇用を選択してしまう場合もあるだろう。しかし、長い目で見たときには、極めて大きな差が生じるのである。この点の周知徹底は教育の役割だと考えている。

さて、ここまでは、結婚している人たちの出生数は過去と比べてほとんど変化がなく、従って、結婚しない・できないことが少子化の原因となっているという視点から、結婚できない人たちの背景について考えてきた。だが、ここ数年の間で、結婚した後に子供を持つことに対する意識の変化が起きている。最後にその点について触れておきた

図表60　賃金カーブ（時給ベース）

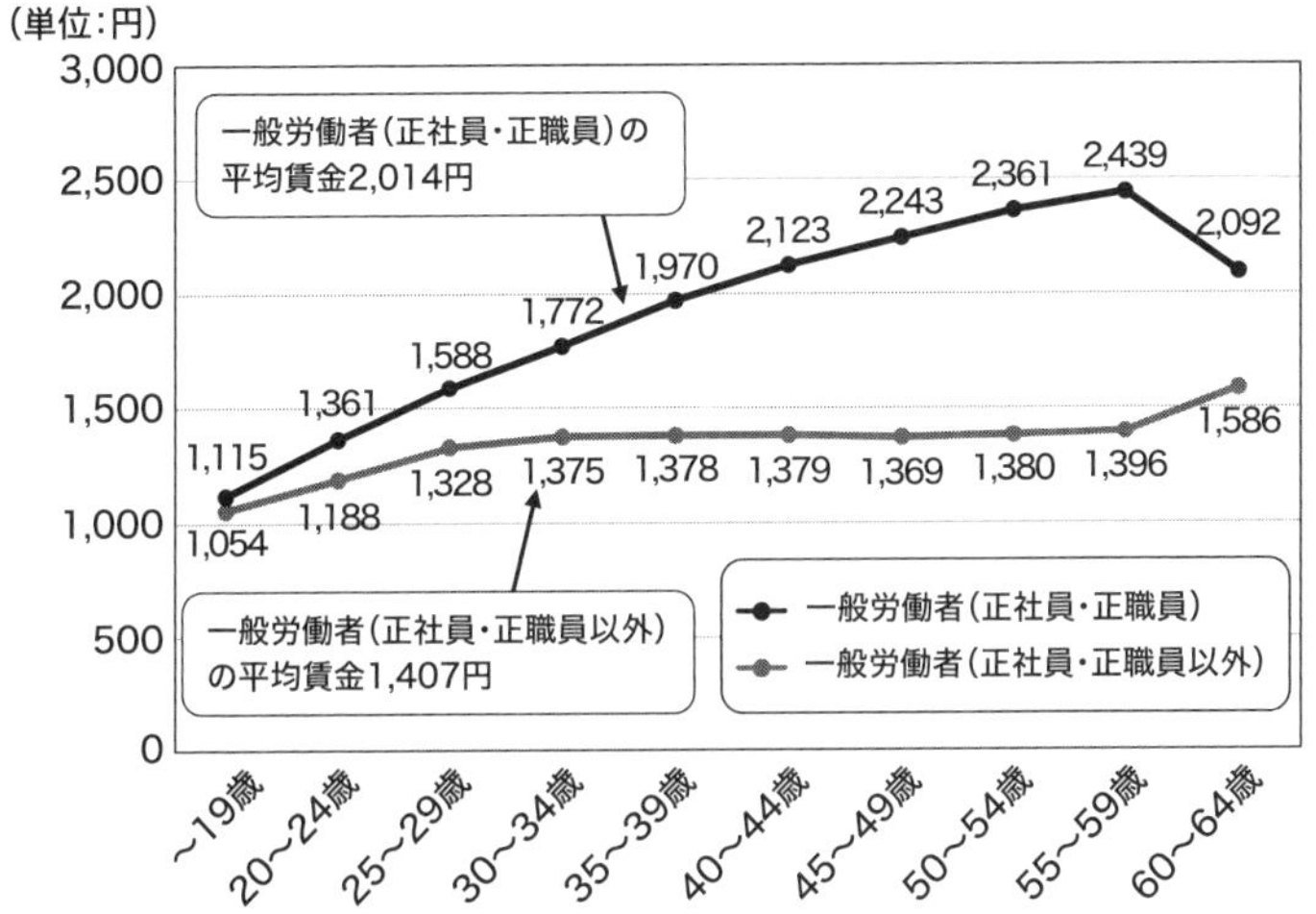

（出典）厚生労働省

図表61　性別、雇用形態別生涯賃金

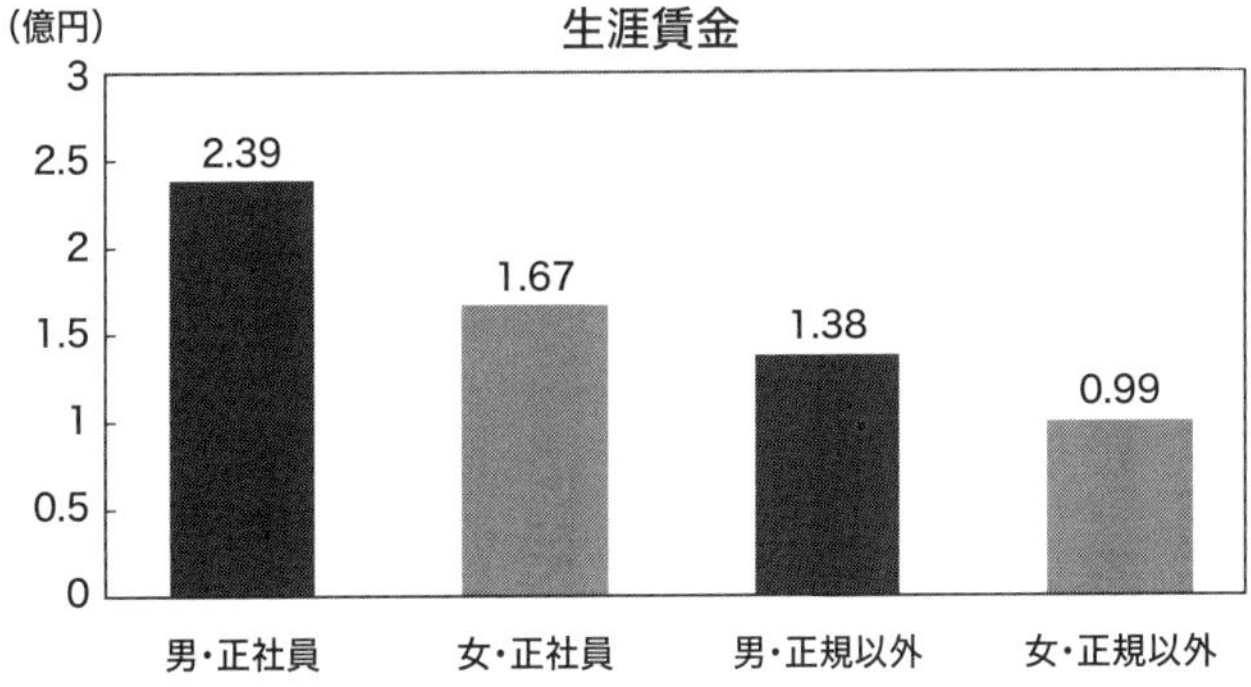

備考１）厚生労働省「平成１９年賃金構造基本統計調査」より内閣府作成
（https://www5.cao.go.jp/j-j/wp/wp-je09/09f31050.html）。
２）平均年収は、きまって支給する現金給与額+年間賞与その他特別給与額。
３）生涯賃金は、各年齢階層の中央値が当該年齢層を代表するものとみなし、
直線補完によって間にある各年齢の賃金を計算し、うち18歳~60歳の賃金を合算したもの。

い。図表62は「結婚したら、子供は持つべきだ」という考えに賛成する未婚者の割合である。1997年には男性の約80%、女性の約70%がこの考えを支持しており、2015年までは比較的高い支持を得ていたが、2021年になるとぐっと減り、男性は55%、女性は36・6%となっている。「結婚したら子供を持つ」という考え方自体がすでに過去のものになりつつあるのだろうが、これだけ子供を作ることに消極的であれば、子供の数が増えないことも当然である。社会のために子供を持てというつもりは毛頭ないし、子供を持つ、持たないという選択はどちらも尊重されるべきものだが、ここまで述べてきた通り、少子化が進めば経済活動は縮小し、社会保障の持続性にも無理が生じてくる。若い世代の方々が自ずから子

図表62 「結婚したら子どもを持つべき」という考えを支持する未婚者の割合

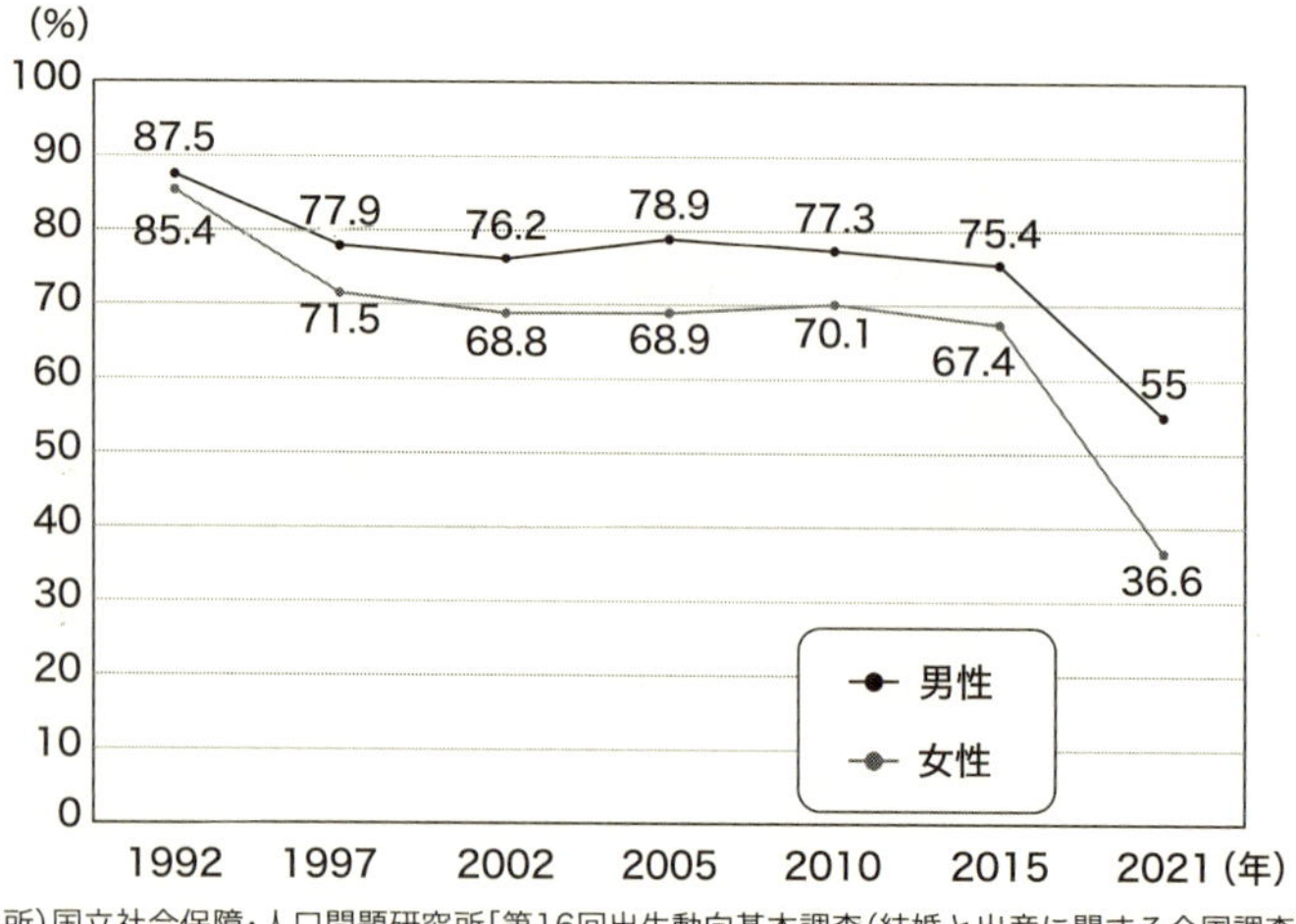

（出所）国立社会保障・人口問題研究所「第16回出生動向基本調査（結婚と出産に関する全国調査）」

供を持ちたいと思えるようになるにはどうすればいいかを考えていくことが重要である。

そうはいっても、結婚する気がない人、あるいは結婚しても子供を持つ意欲がない人に対して、政治ができるアプローチは限定的である。一方、交際や結婚願望があり、将来的に子供を持ちたいと思っているにもかかわらず、金銭的な理由によって、それらの希望が果たせずにいるという問題については、政治での解決が可能である。非正規社員から正規社員への雇用形態の転換や、若年層の賃上げ、奨学金の返還免除等、考えられる政策は多い。少子化という最大の社会課題を乗り越えるため、打てるだけの手を講じていかなければならないと考えている。

第四章 これからの教育方針

（1）文部科学省の教育方針

教育は社会の基礎であり、将来を担う子供たちを育てる非常に意義のある取り組みであることは言うまでもないが、少子化が加速する日本社会において、教育の重要性はこれまで以上に高まっていると考えている。また、世界で通用するような人材育成は、日本が今後、世界における存在感を保ち続けるためにも非常に重要である。このように、日本の再生には、教育に力を注ぐということが必要不可欠なのである。

勘違いしないでいただきたいのだが、国のためになる人材を育成しろといっているわけではない。ただ、子供たちがそれぞれの能力を伸ばし、社会で活躍していけるような教育が行えなければ、日本の今後の発展は見込めないのだろうと考えている。そのためには、社会が求める人物像と教育の方向性が合致しているかどうかを検討することが必要である。

そこで、この章では、文部科学省が打ち出している教育方針に触れながら、日本の教育が目指すものと、社会が求める人材にどのような乖離があるのかを検証する。さらに私は、以前から文科省の教育方針には問題があるとの立場であり、この点に関しては、心療内科医としての視点から触れていきたいと思う。

図表63が、文科省の基本的な教育への考え方である。『令和の日本型学校教育』の構築を目指して」と題されており、これからの時代の子供たちにどのような能力を育むべきか、そのために何を行うべきかをまとめた資料となっている。

図表63の左上にまず示されているのは、今の時代の変化への言及である。「Sosiety 5.0の時代」であること、コロナ禍等が起こりうる「予測困難な時代」であること、そして、デジタル化、オンライン化、ＤＸ化が加速していくことが記されている。

「Sosiety 5.0」とは、狩猟社会（Society 1.0）、農耕社会（Society 2.0）、工業社会（Society 3.0）、情報社会（Society 4.0）に続く新たな社会として政府が提唱した、これから我が国が歩んでいくべき社会の姿のことである。正確には、「サイバー空間とフィジカル空間を高度に融合させたシステムにより、経済発展と社会的課題の解決を両立する人間中心の社会」だと定義されている。これだけではよく分からないが、要するにデジタル革新や技術革新によってこれからの社会を作っていこうということであり、その方針のもとで、社会が大きな変化の局面にあるということである。

右上には、こうした社会に対応するために、子供たちにどのような能力を身につけさせるべきなのかが書かれている。全文を書き起こしてみると、「一人一人の児童生徒

図表63　中央教育審議会「「令和の日本型学校教育」の構築を目指して（答申）」【総論解説】

1．急激に変化する時代の中で育むべき資質・能力

社会背景

【急激に変化する時代】

■社会の在り方が劇的に変わる**「Society5.0時代」**

■新型コロナウイルス感染症の感染拡大など先行き不透明な**「予測困難な時代」**

■社会全体の**デジタル化・オンライン化、DX加速の必要性**

子供たちに育むべき資質・能力

一人一人の児童生徒が、自分のよさや可能性を認識するとともに、あらゆる他者を価値のある存在として尊重し、多様な人々と協働しながら様々な社会的変化を乗り越え、豊かな人生を切り拓き、持続可能な社会の創り手となることができるようにすることが必要

【ポイント】

✓これらの資質・能力を育むためには、**新学習指導要領の着実な実施**が重要

✓これからの学校教育を支える基盤的なツールとして、**ICTの活用**が必要不可欠

2．日本型学校教育の成り立ちと成果、直面する課題と新たな動きについて

「日本型学校教育」とは？

子供たちの知・徳・体を一体で育む学校教育

■学習機会と学力の保障

■全人的な発達・成長の保障

■身体的・精神的な健康の保障

【成果】

- 国際的にトップクラスの学力
- 学力の地域差の縮小
- 規範意識・道徳心の高さ

【今日の学校教育が直面している課題】

- 子供たちの多様化
- 情報化への対応の遅れ
- 生徒の学習意欲の低下
- 少子化・人口減少の影響
- 教師の長時間労働
- 感染症への対応

【新しい動き】

- 新学習指導要領の着実な実施
- 学校における働き方改革
- GIGAスクール構想

「正解主義」や「同調圧力」への偏りからの脱却

一人一人の子供を主語にする学校教育の実現

＼「日本型学校教育」の良さを受け継ぎ、更に発展させる／
新しい時代の学校教育の実現

（出典）文科省

が、自分のよさや可能性を認識するとともに、あらゆる他者を価値のある存在として尊重し、多様な人々と協働しながら、様々な社会的変化を乗り越え、豊かな人生を切り拓き、持続可能な社会の創り手となることができるようにすることが必要」ということだ。

さて、この文章を読んで、一体どれだけの人が文科省の考え方を理解できるだろうか。確かに、基本理念としては立派なものだと思うし、先に述べられていた社会背景から考えられる要素を網羅してみると、このような書きぶりになってしまうのかもしれない。しかし、この方針に則った教育が、子供たちが社会に出たときにどれだけ役に立つのだろうか。

これからの教育において、私が欠かせないと考えている事は、社会のグローバル化という視点である。文科省の指針においても、グローバル化は大前提として考えられているのかもしれないが、この視点を特に重視する必要があると感じている。さらにいえば、教育の指針を立てるうえで、社会の変化への対応が必要であるとするのであれば、まずは少子高齢化による社会構造の変化という、日本が抱える最大の課題にも言及するべきではないだろうか。

これまで述べてきた通り、日本経済の鈍化は明らかであり、日本はすでにかつてのような経済大国ではなくなりつつある。今や、国内のマーケットだけを見ていても企業が成長できないことは、企業経営に携わる方々であれば誰もが理解していることである。企業が生き残るため、成長し発展していくためには、世界のマーケットを相手にしていかなければならない。だからこそ、企業の経営者の方々は世界を目指しているのである。

子供たちにも、そのような社会になっていくのだということをきちんと伝え、世界に目を向けられるよう教えていくことが大切ではないだろうか。文科省の問題意識は、こうした実社会の問題を十分に捉えきれていないように感じている。

また、文科省は、２０２０年代を通じて実現を目指す「令和の日本型教育」の姿を、「全ての子供たちの可能性を引き出す、個別最適な学びと、協働的な学びの実現」という言葉で括っている。この目標は、今の学校教育で、本当に実現できるものなのだろうか。

（2）「普通」とは何か

古い時代の話を持ち出して申し訳ないが、私自身が知る限りの学校教育は、「できないところをできるようにして、苦手をなくそう」、「全てのことを、まんべんなくできるようにしよう」というものであった。通信簿の5段階評価でいうと、全員がオール3以上を取ることが求められ、少しでも躓くことがあると厳しく注意されたため、子供たちが自信を持てるような教育環境ではなかった。私は心療内科医として今も診療を続けていて、患者さんの中には小学生や中学生もいる。彼らと話をしていると、今の学校教育にも、そのような閉塞的な雰囲気がしぶとく残っているような気がしている。

実際の社会では、なんでもそつなくこなせる平均的な人材ばかりが活躍しているわけではない。むしろなにか一つ特異なものを持っている、そんな尖った人間が活躍している例は多いし、そういった人材を必要としている企業もたくさんある。

だからこそ、私はオール3を目指すような教育はやめてしまったほうがいいと思っている。極端かもしれないが、一つの科目で5を取れるのであれば、あとは全部1でも構わない。その子供の得意なことや、興味があって熱心に取り組めることを見つけ、その部分を伸ばす教育を行うべきだと考えている。

魚類学者で芸能人のさかなクンは、おそらく小学校や中学校ではちょっと変わった子供という位置づけだったと思う。今でいえば、発達障害だと診断されるだろう。しかし、魚に関する並々ならぬ興味関心があり、深い知識を持っていて、学者としても、タレントとしても活躍されている。たとえ苦手なことがたくさんあっても、さかなクンのように長所を伸ばしていければ、活躍できる場所はいくらでも見つけることができるのである。

私の外来の患者さんの中には、鏡文字といって、漢字の偏と旁が逆に見えてしまうお子さんがいる。「桜」という漢字であれば、木へんが右側に来るようなイメージである。幼い頃には、靴の左右がよく分からず、右と左を間違って履いてしまっていたこともあるという。

彼が文字を書けば、当然それも鏡文字になる。担任の先生もそのことを分かっているはずなのだが、漢字テストで偏と旁が反対になっている答案を提出すると、容赦なくバツをつけられてしまう。本来ならば、彼の特徴を理解して採点するべきなのだが、そのような配慮は見られないそうだ。そのため彼はやる気をなくし、国語や社会といった、漢字を用いる科目への熱意を失ってしまった。

ところが、面白いことに、彼は英語は得意なのである。英語には偏も旁もなく、たった26個の単純な文字しかない。そのため、問題なく読み書きできるそうで、彼は中学3年生で見事英検2級に合格した。これは相当すごいことで、中学生の中では上位5%に入れるほどの英語の実力があるはずだが、学校の成績は5段階評価のうちの3でしかない。なぜかといえば、提出物を出さない、忘れ物が多いなどといった、日ごろの学習態度が反映されているからだ。能力があるにもかかわらず、それ以外の部分で点を引いていくような評価の仕方が、適切であるといえるのだろうか。私には、子供のやる気を削いでしまうようにしか思えない。

私は彼の母親に、「普通を捨てましょう」と伝えている。彼はいわゆる普通の子供たちとは異なる病気を持っているのだから、まずはその特徴を受け入れ、限界を知ることが大切である。一方で、彼自身が持っている素晴らしい能力については、さらに伸ばしていきましょう、と話している。

そもそも、「普通」とは何だろうか。彼にとっては、偏と旁が逆に見えることが「普通」であり、その中で自分の得意なことを見つけて一生懸命取り組んでいる。親御さんも、それを受け入れようと努力されている。それなのに、学校の先生にとっての「普通」を押し付けられてしまっては、子供も親も大変である。

学校側の対応はかたくなで、あるとき、親御さんは学校の先生から、英語以外の科目を伸ばすために、お子さんを塾に通わせることを勧められたそうである。それに対し、私はやめたほうがいいと反対した。仮に塾に通って、数学の点数が20点から30点になったところで、彼にとって意味のあることだとは思えなかったからである。

皆さんは、中学校で学んだことをどれくらい覚えているだろうか。日本史の年号や数学の公式など、忘れてしまったことも多いと思う。しかし、だからといって日常生活で困っているわけではない。だから勉強には意味がないというつもりはないが、学校の先生にとっての「普通」になるための努力よりも、彼が得意とする英語を伸ばすための努力をさせたほうが、私は彼の将来には役に立つだろうと考えている。彼は今、プログラミングにも興味を持って、英語とプログラミングの塾に通っている。将来は優秀なプログラマーになれるのではないだろうか。

繰り返しになるが、大切なのは、「普通」を目指すことではない。子供一人ひとりの能力をいかに引き出し、伸ばしていくのかということである。それを妨げている現行の教育の在り方は、変えていかなければならないと考えている。

さて、改めて、文科省の教育方針に触れていきたい。図表64には、幼児教育、義務教育、高等教育の各段階において目指すべき学びの姿勢が記載されている。幼児教育には、「小学校との円滑な接続、質の評価を通じたＰＤＣＡサイクルの構築等による、質の高い教育が提供されている」とある。要するに、小学校への入学準備をきちんと進めるべしという目標があり、そのために、PDCAサイクルを用いて質の高い教育を提供する、ということなのだろうが、では、そのPDCAサイクルは何を指標にしながら進めていくのか。率直に言って、幼稚園の先生がこれを理解し、実践していくことは難しいのではないかと思う。能力の問題ではなく、求められていることが漠然としすぎているからである。

続いて、「身近な環境に主体的に関わり様々な活動を楽しむ中で達成感を味わいながら、全ての幼児が健やかに育つことができる」と書かれている。言わんとしていること

図表64　各学校段階において目指す学びの姿

幼児教育

- ■ 小学校との円滑な接続、質の評価を通じたPDCAサイクルの構築等による、質の高い教育が提供されている
- ■ 身近な環境に主体的に関わり様々な活動を楽しむ中で達成感を味わいながら、全ての幼児が健やかに育つことができる

義務教育

- ■ 基礎的・基本的な知識・技能や学習の基盤となる資質・能力等の確実な育成が行われるとともに、多様な一人一人の興味・関心等に応じた学びが提供されている
- ■ 児童生徒同士の学び合いや探究的な学びなどを通じ、地域の構成員や主権者としての意識が育まれている
- ■ 全ての児童生徒が安全・安心に学ぶことができる

高等学校教育

- ■ 社会的・職業的自立に向けて必要な基盤となる資質・能力や、社会の形成に主体的に参画するための資質・能力が育まれている
- ■ 多様な関係機関との連携・協働による地域・社会の課題解決に向けた学びが行われている
- ■ 探究的な学びやSTEAM教育など教科等横断的な学びが提供されている

（出典）文科省

は理解できるが、私は、子供の仕事は遊ぶことであると考えている。幼児教育に求めるべきは、子供たちが「遊び」の中から、自分の好きなことや得意なことを見つけ、一生懸命それに取り組めるようにすることではないだろうか。

なにか一つの物事に集中して一生懸命取り組むという経験は、「努力する力」を培うことにつながり、将来勉強をしたり、社会に出て働くうえで、とても貴重なものとなるはずだ。

プロ野球の大谷選手やイチロー選手の活躍は、彼らが身体的に恵まれているということ以上に、すさまじいほどの努力に裏打ちされている。その努力は、「毎日同じ練習を繰り返し繰り返し続ける」という地道なものであり、彼らには同じことをずっと続けられるという力が備わっている。それが、彼らが天才といわれる所以である。

私のような凡人は、彼らのように1日も絶やさず努力を続けることはできない。自分なりに努力しているつもりではあるが、努力の量も質も彼らには遠く及ばない。一見地味な「努力する力」が何によって培われるのかといえば、子供時代に遊びを通じて、ひとつのことに集中して取り組んだ経験であると考えている。

次に、義務教育が目指す学びの姿は、「基本的な知識技能や学習の基盤となる資質・

能力等の確実な育成が行われるとともに、多様な一人一人の興味・関心等に応じた学びが提供されている」こと、そして「児童生徒同士の学び合いや探究的な学びなどを通じ、地域の構成員や主権者としての意識が育まれている」、さらに「全ての児童生徒が安全・安心に学ぶことができる」とある。

「基本的な知識・技能」とは、一体なんだろうか。文字の書き方、文章の読み解き方、足し算や引き算のような基本的な算数など、小学校で学ぶ内容のイメージをつけることは簡単だが、ＩＴ化が進んだ現代社会において、足し算や引き算の重要性は、昔と比べて変化してきていると思う。

例えば、おつかいをする場面である。私が子供の頃は、まだ１００円「札」の時代であったが、親からお金を預かり、おつかいに行った時には、頭の中で足し算や引き算を駆使し、お金が足りなくならないように気をつけ、また受け取ったお釣りが間違いではないことを確かめながら買い物をしたものだ。しかし、今の時代はキャッシュレスが進み、手持ちの現金が足りないから買い物ができないというシーンは非常に少なくなった。買い物の時に、お子さんに現金を持たせるご家庭もあるかもしれないし、プリペイドカードを使うこともあるかもしれないが、どちらにしても、お金の計算が必要な時には、スマホの電卓アプリに数字を打ち込めば済む時代になっている。

足し算や引き算といった計算の方法を知っていることは必要だが、計算結果は機械に任せてしまえるのである。もちろん、「だから足し算や引き算の勉強はしなくていい」だとか、「暗算はできなくていい」といっているわけではない。ただ、たとえ暗算ができなくても、外部のツールに頼れば十分に生活していける時代になってきたということである。要するに勉強を通じて身につけるべき能力の重点項目が変化しているのである。文科省も考えているとは思うが、現代社会における「基本的知識技能」とは何なのかを、改めて考え直す必要があると感じている。

最後に、高等学校教育では「社会的・職業的自立に向けて必要な基盤となる資質・能力や、社会の形成に主体的に参画するための資質・能力が育まれている」こと、「多様な関係機関との連携・協働による地域・社会の課題解決に向けた学びが行われている」こと、「探究的な学びやSTEAM教育など教科等横断的な学びが提供されている」ことであると記載されている。

総じて、高校は社会に出るために必要な知識を習得する場であると捉えられる。この点に関して異論はないが、実社会において必要とされている能力が何なのかをきちんと認識できているのかどうか、それを踏まえた教育が行えているかどうかについては、見直す余地がある。私が特に重要であると考えているのはコミュニケーション能力である。

ここで、新卒採用に関するアンケートを紹介したい。図表65は、経団連が実施している、企業を対象としたアンケート調査の結果である。新卒採用選考で企業が何を重視しているのかを聞いており、第一位がコミュニケーション能力となっている。複数回答ではあるが、82％の企業がコミュニケーション能力を重視しているのである。その後には、主体性、チャレンジ精神、協調性と続いていく。2019年の調査からは「ストレス耐性」という項目も加わっているが、確かに、ストレス社会といわれる現代社会において、企業が採用段階からストレス耐性を見極めようとするのも頷ける話である。

一方、あまり重要視されていないのが、一般常識、語学力、履修履歴・学業成績といった項目である。大学時代の成績はコミュニケーション能力等と比べて重要視していないというだけで、「不要だ」といっているわけではないことには注意が必要だが、実社会で必要とされる能力が学力に限らないという点は、高校教育の段階から、先生方も含めて知っておくべきことではないだろうか。

社会＝企業と言い切ってしまうのは乱暴かもしれない。しかし、自立した生活を送る

図表65　新卒採用選考で企業が重視すること

(%)

項目＼入社年月	2019年4月	2015年4月	2010年4月
コミュニケーション能力	82.4	85.6	81.6
主体性	64.3	60.1	60.6
チャレンジ精神	48.9	54.0	48.4
協調性	47.0	46.3	50.3
誠実性	43.4	44.4	38.9
ストレス耐性	35.2		
論理性	23.6	27.2	21.2
責任感	22.1	27.4	32.9
課題解決能力	19.8		
リーダーシップ	17.1	20.5	16.3
柔軟性	15.0	16.8	15.8
潜在可能性(ポテンシャル)	13.5	20.8	25.6
専門性	12.0	10.7	19.2
創造性	11.1	14.2	14.5
信頼性	10.9	12.5	13.7
一般常識	6.5	8.0	13.5
語学力	6.2	5.4	2.6
履修履歴・学業成績	4.4	4.8	5.4
留学経験	0.5	0.4	

(出所)日本経済団体連合会「新卒採用に関するアンケート調査(各年)」

(注) 1.調査対象は経団連会員企業

2.2018年度調査(2019年4月入社対象)の「その他」を除く選択肢19項目について表示した。過年度の空欄は調査項目自体がない

ためにはお金を稼ぐ必要があり、そのためには社会の一員として働いていかなければならない。仮に個人事業主になったとしても、企業とのお付き合いはほぼ必須である。こうしたことを踏まえれば、コミュニケーション能力を意識して身につけさせていくことが重要であることは言うまでもない。

(3) 教育現場の認識

ここまで、文科省の基本的な教育方針に触れてきたが、ここからは教育の現場に携わる先生方の認識を確認していきたい。図表66は、小学校・中学校の先生方を対象として文科省が実施した調査の結果である。

「学習指導のなかで心がけていること」については、「基本的な知識・技能をきちんと定着させる」ことを重視している先生が最も多い。この回答は文科省が示す方向性とも合致している。前述の通り、「基本的な知識・技能」の定義には見直しの余地があるが、それらを子供たちに身につけさせる役割を義務教育が担っているという点に異論はない。

続いて、「自ら思考・判断・表現する活動を取り入れる」こと、そしてその次に「子

図表66　学習指導のなかで心がけていること

あなたが学習指導のなかで心がけていることについて、以下の項目に関してそれぞれあてはまる項目1つを選んでください。

	とてもあてはまる＋少しあてはまる
基礎的・基本的な知識・技能をきちんと定着させる	98.1%
子供たちが自ら思考・判断・表現する活動（子供たち同士の議論や発表の機会を設けるなど）を取り入れる	95.8%
子供のつまずきを把握し、それに応じて授業の進め方を改善する	94.4%
子供の興味や関心に応じ、それにあった学習活動を取り入れる	88.4%
子供の日々の生活とのつながりを意識した学習を取り入れる	88.3%
疑問や課題をもたせて追求させる学習を取り入れる	85.0%
調べ学習や議論、表現の活動に端末を活用する	74.6%
補充的な学習を授業に取り入れる	74.5%
子供自身の将来とのつながりを意識させる学習を取り入れる	73.3%
発展的な学習を授業に取り入れる	69.4%
子供たちが自分で学び方を工夫したり、学習進度を調整したりする活動を取り入れる	68.6%
子供が習熟の程度に応じて学べるよう端末を活用する	56.7%
地域の教材や学習環境を活用したり、地域の人材に授業に関わってもらったりする活動を取り入れる	51.4%

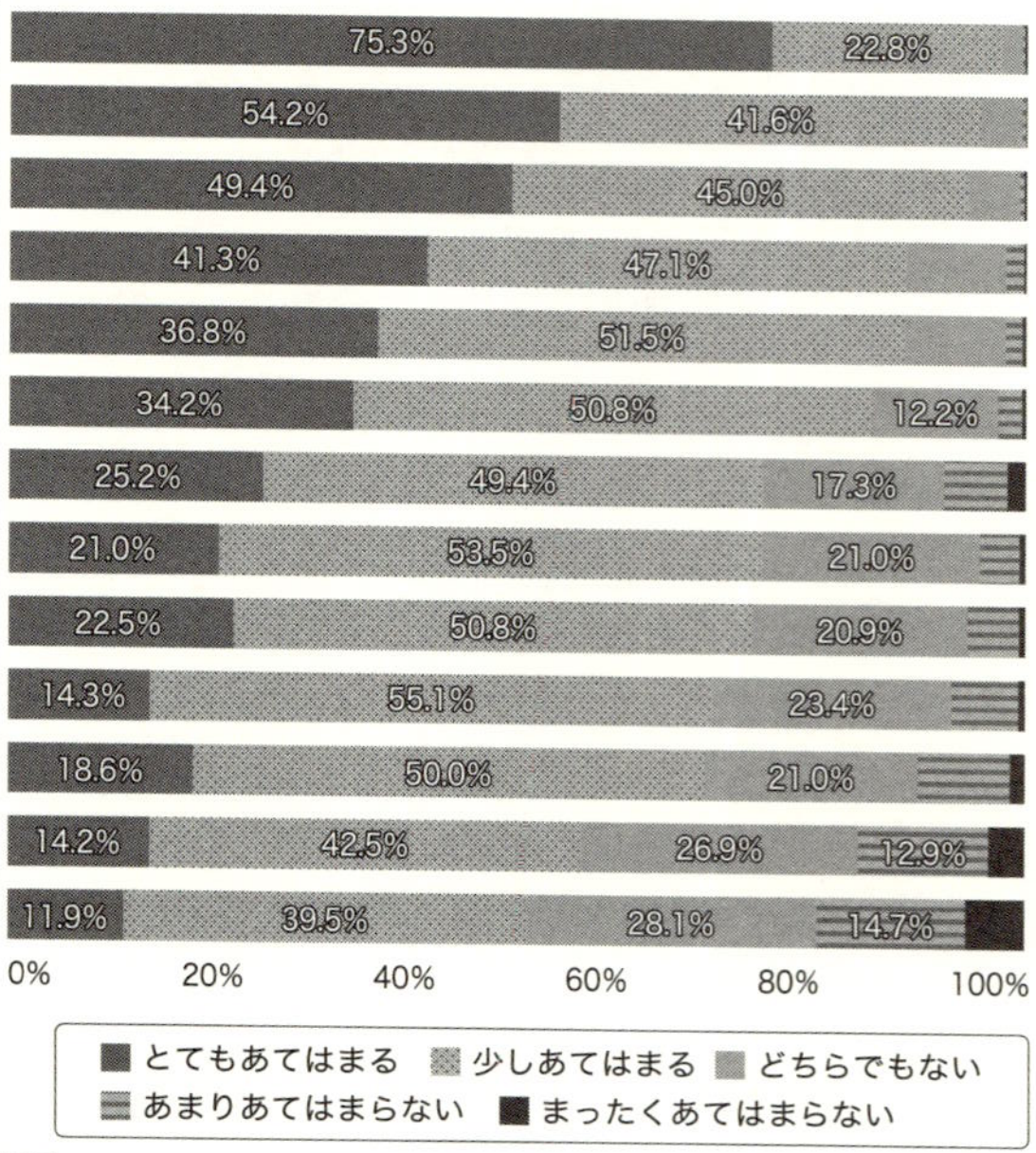

※回答割合が10%未満の場合は数値の記載を省略

（出典）文科省「義務教育に関する意識に係る調査（令和4年度実施）」

供のつまずきを把握し、それに応じて授業の進め方を改善する」とある。噛み砕くと、子供たちの「できないこと」を見つけ、できるように手当をするということだろう。義務教育の場で、平均点を目指す教育がいまだに重要であると捉えられていることの証左のような気がする。

余談だが、直木賞作家の井上ひさしさんは、我が母校、仙台一高の大先輩である。彼は大の映画好きで、仙台で上映される映画を全て観たかったが、高校の授業と重なってどうしても観られないものが出てきてしまった。そこで、担任の先生に、映画を観るために午後の授業を欠席させてもらいたいと直訴した。すると先生は、映画の半券と内容のあらすじを提出すれば、午後から休んでもいいと言ったそうだ。当時の一高は進学校だったにもかかわらず、である。井上ひさしさんのような作家を育てたのは、このような教育環境があったからこそなのだろう。何かに秀でた人を育てるためには、教育する側にも柔軟さが必要なのだと思う。だが、今の時代、悲しいかな、そのようなことはなかなか認められない。

図表67も、同じ調査への回答である。義務教育終了時に身につけておくべき能力・態度について、最も重要視されているものは、「基礎的・基本的な知識・技能」となって

図表67　義務教育終了時に身につけておくべき能力・態度

子供たちが義務教育修了時に身に付けておくべき能力や態度として特に重要だと思うものを5つ選んでください。

	教師(全体)	小学校	中学校
基礎的・基本的な知識・技能	73.4%	75.7%	7.13%
自ら判断する力	45.4%	46.8%	44.2%
相手に伝わるように自分の考えを表現する力	44.5%	44.9%	44.1%
他者の大切さを認め、多様な意見や考えを尊重する力	44.5%	44.8%	44.2%
自ら学ぼうとする意欲	37.4%	39.8%	35.3%
社会生活に必要な常識やきまりを守る力	36.5%	34.4%	38.5%
自分には良さがあると認める力	36.1%	41.1%	31.6%
自分の良さを生かし、他者と協力して取り組む力	28.8%	29.1%	28.6%
自分が困ったときに他者に助けを求める力	26.9%	27.7%	26.2%
ものごとをやりとげるねばり強さ	26.7%	26.4%	27.0%
失敗を恐れず挑戦する力	22.5%	24.3%	20.9%
情報等を活用し、多様な観点から論理的に考える力	19.6%	18.4%	20.6%
ものごとに見通しをもって計画的に取り組む力	12.0%	7.7%	15.9%
自分の生き方や進路について考える力	10.6%	5.8%	14.9%
新しいものや考えを生み出す創造的な力	7.1%	6.7%	7.4%
他者との衝突を避け、調和を重んじる力	6.1%	6.1%	6.2%
求められることを正確に行う力	2.6%	1.8%	3.3%
集団の中で意見をまとめていくリーダーシップ	2.0%	1.5%	2.6%
1人1台端末(タブレットなど)を活用する力	1.6%	2.3%	0.9%

(出典)文科省「義務教育に関する意識に係る調査(令和4年度実施)」

いて、小学校、中学校ともに7割以上の先生方が重要だと回答している。その次が「自ら判断する力」、「相手に伝わるように自分の考えを表現する力」、「他者の大切さを認め、多様な意見や考え方を尊重する力」であり、これらはコミュニケーション能力に相当するものになるのだろう。半数程度の先生方が重要だと思っているようだが、社会に出たときのことを考えれば、これらの比率をさらに高めていくことが必要になると思う。

社会の中で公立学校が果たすべき役割は何だと思うか、という問いでも、ほぼ同じ結果が見て取れる(図表68)。「基礎的・基本的な知識・技能をきちんと定着させる役割」だと考えている先生が最も多く、コミュニケーション能力に相当するであろう、「他者とのかかわりを通じて子供の社会性を育む役割」はそれには劣っている。

これからの教育に求められる役割とは何だろうか。教育は、言うまでもなく子供たちを育てるために行われるのだが、何を指針にするかによって、そのあり方は変わっていく。子供たちはいずれ自立し、社会に出て行くことになるが、その社会とは日本社会にはとどまらない。これからの子供たちはこれまで以上に世界に目を向けていく必要に迫られるわけであり、その意味でも、コミュニケーション能力の向上が重要である。その

図表68　公立学校が果たすべき役割

あなたが学習指導のなかで心がけていることについて、以下の項目に関してそれぞれあてはまる項目1つを選んでください。

	とてもあてはまる＋少しあてはまる
基礎的・基本的な知識・技能をきちんと定着させる役割	97.6%
子供たちが社会の規範を知り、身に付けることができるようにする役割	96.1%
子供たちが安心して過ごせる居場所としての役割	95.3%
子供の変化等から虐待等の児童生徒が抱える困難に気づき、心理面などの支援を行う役割	86.0%
他者とのかかわりを通じて子供の社会性を育む役割	82.4%
同学年での学びにこだわらず、一人ひとりの子供の意欲や特性、習熟の程度等に応じた教育を提供する役割	77.1%
学習進度や内容などの面で、同学年の全ての子供たちに同じ教育を提供する役割	75.9%
社会経済的に困難な家庭環境にある子供に対して特に手厚い支援を行う役割	67.9%
地域住民のコミュニティの拠点としての役割	63.8%

※回答割合が10％未満の場合は数値の記載を省略

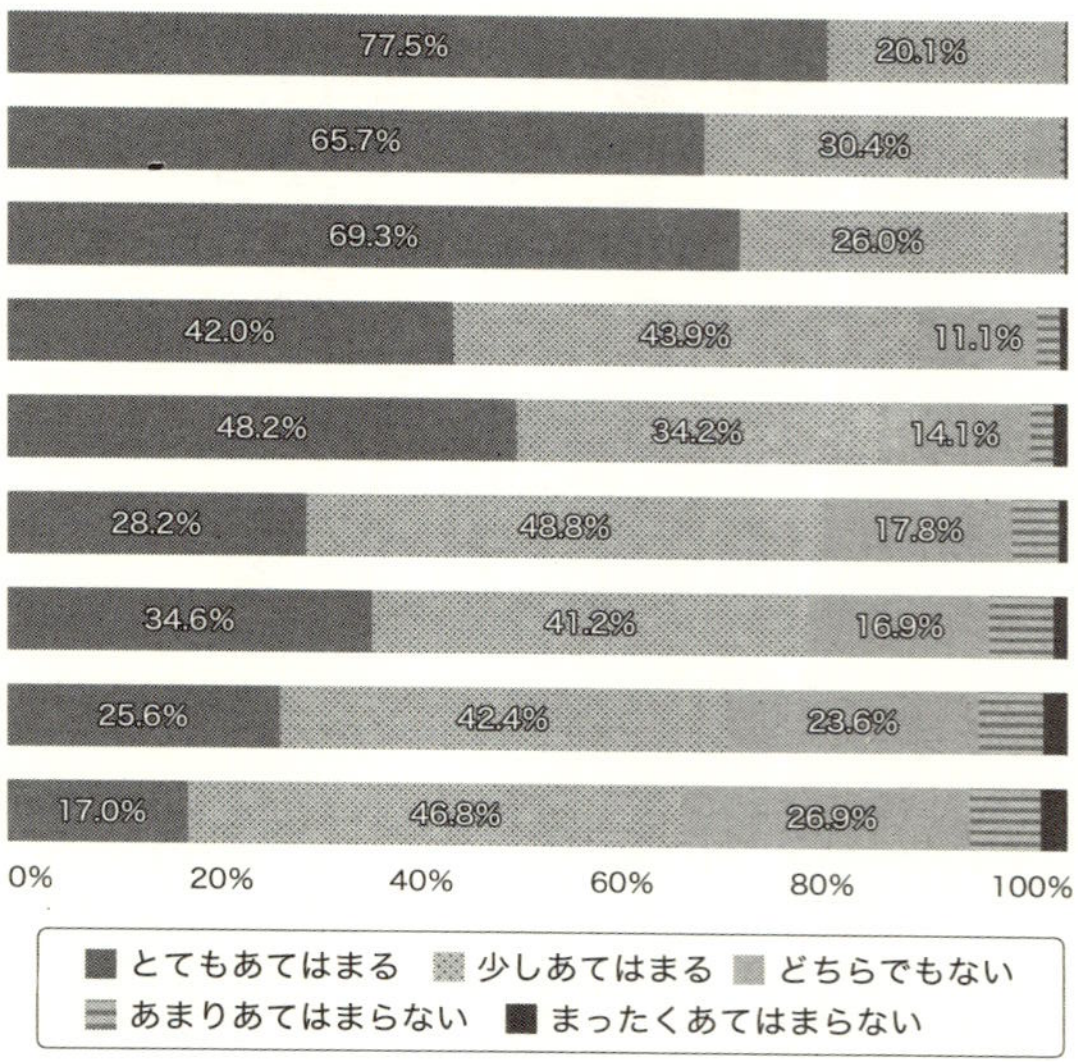

（出典）文科省「義務教育に関する意識に係る調査（令和4年度実施）」

ような教育を行えるように、学校の現場から考え方を変えていく必要があるのだと思う。

一点、留意していただきたいのは、「世界に目を向けていく」ということには、「世界に飛び立つ」ということには限らない点である。世界の動向を把握しながら、地域社会を活性化させていくことも非常に重要であり、そのうえでもやはりコミュニケーション能力は必要なのである。

私は、参議院議員という仕事に就かせていただき、仕事をする中で、地域社会における人材不足を特に強く感じるようになった。地域の活性化には人材の力が不可欠なのだが、今はその人材が不足しているのである。

ところで、皆さんは、島根県の海士町という町をご存じだろうか。人口わずか2200人ほどの小さな町で、日本海に浮かぶ隠岐諸島に位置している。1950年頃には6000人ほどの人口がいたのだが、少子高齢化や若年層の流出によって、60年間で三分の一にまで減ってしまった。

しかし、この町では、志のある若者が中心になって移住促進等の取り組みを広げ、人口減少を食い止めることができている。2010年以降人口は横ばいであり、この大きな問題を解決しつつある今、次の取り組みとして、故郷を活性化するための人材育成に力を入れている。

私は、物事を考え、議論する力を育てるのだとしたら、海士町で行われているように、自分たちが暮らす地域の課題を見つけ、解決の方法を考えさせる教育を行っていくべきだと考えている。例えば、今後少子高齢化が進むと自分たちが生活しているこの地域にはどんな影響が出るのか、あるいは自分たちの生活はどう変わるのか、といった問題を議論させるのである。答えのない問題であるし、指導する先生方の負担もあるだろうが、このような議論を通じて思考力が身につくだけでなく、自分が暮らす町や社会課題について、真剣に考えてくれるようになると思っている。国づくりは人づくり、今こそ教育が最も大切だと考えている。

ここまで紹介してきた調査は、あくまでも教育を提供する側である先生方を対象としたものである。先生方が、どんな教育を行うべきだと考えているかを知ることはできるが、教育を受ける側である子供たちがどんなことを学びたいと考えているか、あるいは親御さんが子供にどんなことを学ばせたいと考えているかは分からない。教育を行う側だけでなく、教育を受ける側の人たちの声を聞かなければ、ある種の自己満足に陥る恐れがある。学んでいる人たちの声に耳を傾けてこそ、良い教育ができるのではないだろうか。

(4) 心の病を抱える先生たち

心療内科医として、また国会議員としての視点を織り交ぜながら、学校教育のあるべき姿を述べてきたが、現実的に、今の学校で私が述べてきたような教育を行えるのかに関しては、また別の問題が立ちはだかってくる。

なぜならば、教育現場で働く方々は、ただでさえ大きな負担を強いられているからである。学校の先生を取り巻く環境は悪化しており、教員のなり手が不足し、人手が足りない中で、一人の先生にかかる負担はさらに重くなっている。

そのような中で私が最も問題視しているのが、精神的な疾患を抱え、休職する先生方が増えていることである。文科省が公表した令和4年度の調査によれば、精神疾患を理由に病気休職した先生の人数は過去最多の6539人、全体の0・71％にのぼる（図表69）。これは休職者として数字に表れている人数であり、実際に心の不調を抱える先生方はさらに多くいらっしゃるのだろう。

私は、心療内科医として診療を行うとき、いつも「自分が幸せでなければ、患者さんを幸せにすることはできない」という考えを念頭に置いている。私が不安や心配ごとを抱えていれば、患者さんにもそれが伝わってしまうし、診察内容にも影響が出るからである。

この点からいうと、メンタルに問題を抱えている先生方が、子供たちをきちんと指導し、コミュニケーション能力を高める教育を行っていけるのかというと、かなり難しいのではないかと思う。

心療内科を受診する患者さんの特徴の一つに、「真面目さ」がある。彼らはとても真面目で、一つ一つの仕事をきちんとこなすのだが、きちんとしなければという考え方に捕らわれ、結果的に心を病んでしまう

図表69　教育職員の精神疾患による病気休職者数

○ 教育職員(※)の精神疾患による病気休職者数は、6,539人（全教育職員数の0.71％）で、令和3年度（5,897人）から642人増加し、過去最多。

（※）公立の小学校、中学校、義務教育学校、高等学校、中等教育学校、特別支援学校における校長、副校長、教頭、主幹教諭、指導教諭、教諭、養護教諭、栄養教諭、助教諭、講師、養護助教諭、実習助手及び寄宿舎指導員（総計918,987人（令和4年5月1日現在））

教育職員の精神疾患による病気休職者数の推移（平成25年度～令和4年度）

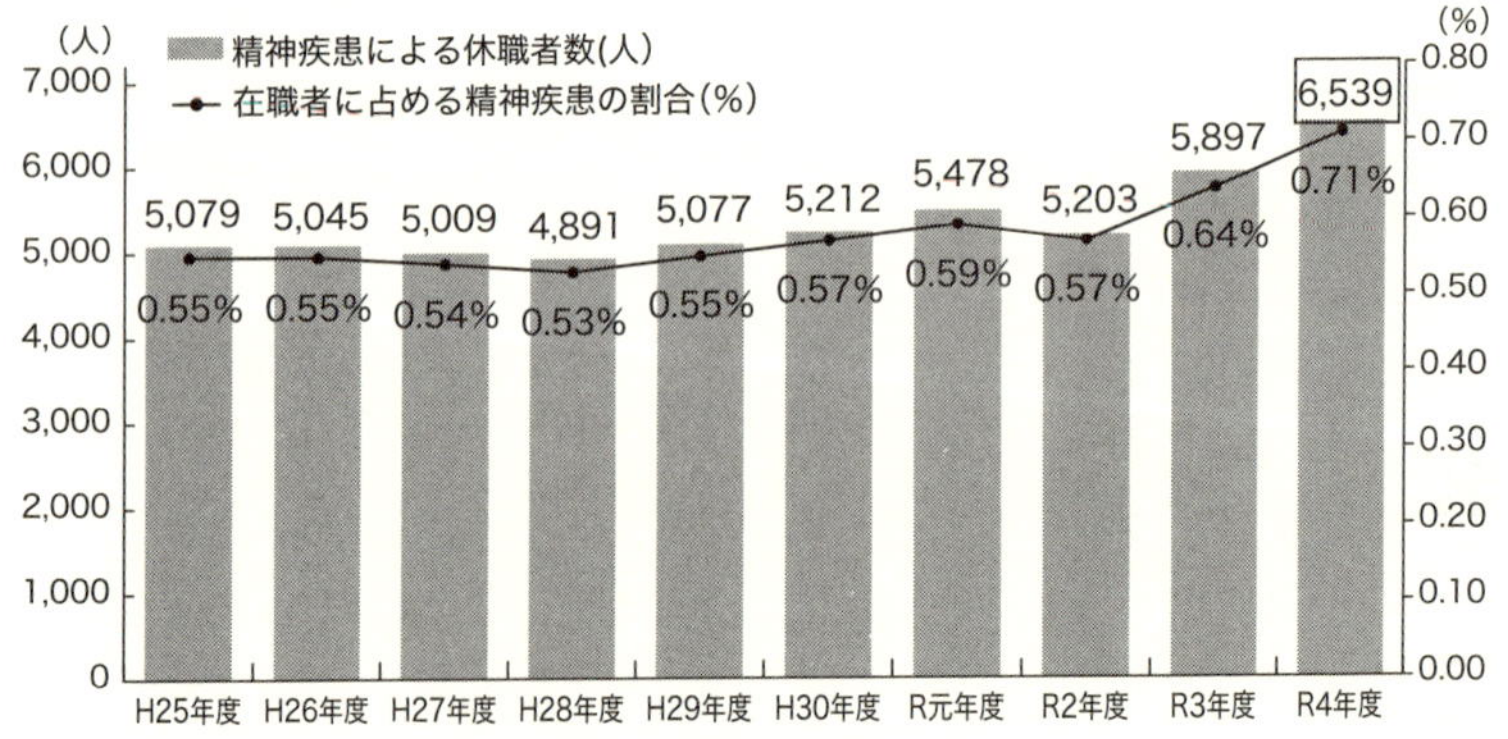

（出典）文科省「令和4年度公立学校教職員の人事行政状況調査」

のである。心の問題を抱える先生方も同様で、一つ一つの仕事に対して真面目であるため、コミュニケーション能力の向上という新しい仕事が増えたとき、手に負えなくなる可能性がある。その意味で、今抱えている以上の仕事を要求することは、かなり難しいだろうと感じている。

教育を変えていくためには、まず先生方の労働環境を変えていかなければならない。効率化等によって仕事量を減らし、負担を軽減することが必要である。そのうえで、今後のことを考えるのならば、採用の段階における適性評価を見直す必要もあるのではないかと思う。これまでは、子供たちに基本的な知識技能を身につけさせるため、真面目に指導できる人材が求められていたと思うが、ストレス耐性や柔軟性など、今の時代にあった能力があるかという点を見極めていくべきである。

当然のことながら、人には向き不向きがあり、教育現場の在り方も変化していく。かつては学校の先生に向いているといわれていた方であっても、これからの学校教育には不向きである場合も十分ありうると思う。図表70は、休職した先生方が働き始めて何年目に休職したのかということを調査したもので、一番多い休職の時期は1年以上2年未満である。多くの方が、働き始めてから短い期間で休職している傾向があり、もともと学校の先生に向いていなかった方や、理想と現実の隔たりの大きさに苦しんでいる方が相当数いらっしゃるのではないかと思われる。

この問題を解決していくためには、教員採用の場においては、教職を志す方々の中から、向いている人材を見つけ出す新たな基準を設けることが必要である。

（5）ストレスに打ち勝つために

心の病を抱えているのは、学校の先生ばかりではない。ストレス社会といわれる現代社会では、うつ状態になって会社に行けなくなる人たちも増えている。そのような方々の多くは非常に真面目な方で、会社にとってはなくてはならないと思われるぐらい、仕事がよくできる。会社側からも復帰を望まれ

図表70　精神疾患による休職発令時点での所属校における勤続年数

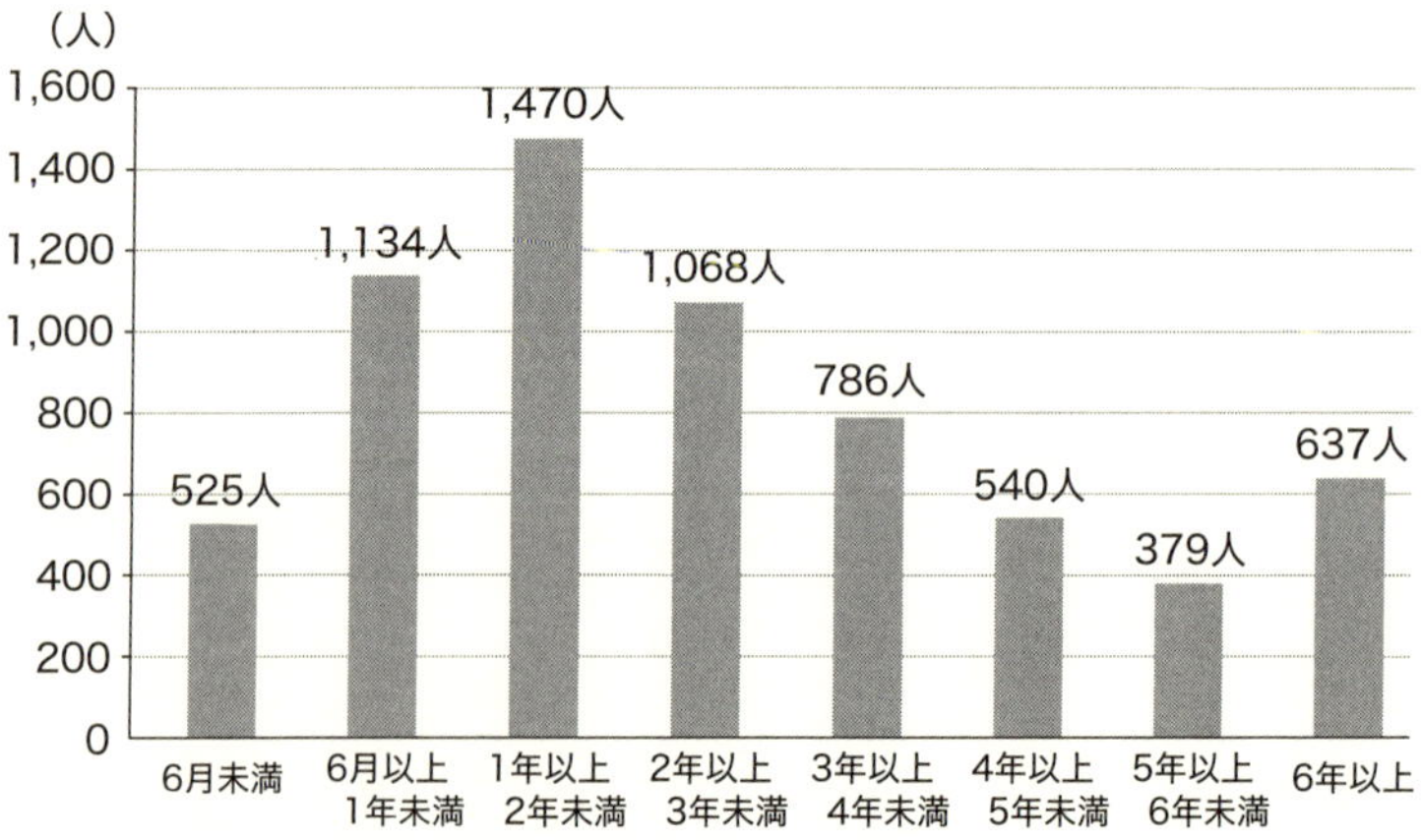

（出典）文科省「令和4年度公立学校教職員の人事行政状況調査」

ているのだが、必ずしも社会復帰できるわけではない。

先ほども少し触れたが、ここからは心療内科医として、ストレスによって心の病を抱えてしまう方々の傾向について述べていきたいと思う。

私が診療を行う際には、エゴグラムという性格分析の手法を用いて、患者さんの自我の状態を判定していくことがある。自我とは、心理学的には自己や自分のことで、心理的な面でいうと、自分自身に対する個人の意識や観念である。自我の状態から、その人の考え方の傾向を推測していくのが、エゴグラムを行う目的である。

自我は、大きく3種類に分かれている。親の自我（P）と大人の自我（A）、そして子供の自我（C）である。親の自我は、さらに父親の自我（CP）と母親の自我（NP）に分かれ、子供の自我は、自由な子供の自我（FC）と、周囲に適合しようとする子供の自我（AC）に分かれる（図表71）。

テスト自体は簡単な質問に答えるもので、採点も含めて30分程度で

図表71　自我

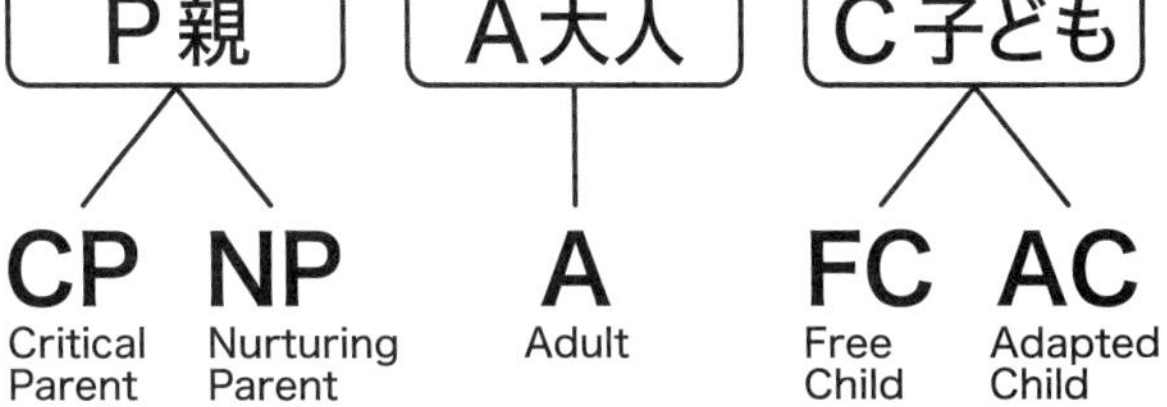

終了する。前述した5つの自我ごとに点数がつき（私が使っているテストは20点満点で評価される）、どの自我の点数が高いかによって、その人の考え方を判断していく。今は無料でエゴグラムのテストを受けられるウェブサイトもあり、自分自身を知るうえで参考になるので、やったことがないという方も、一度試してみていただければと思う。

各々の自我には特徴がある。父親の自我（CP）は、基本的には批判的な精神を表している。この自我が強い場合、良い意味では真面目で、悪い意味では頑固で融通が利かない。また、「こうあらねばならない」と考えがちで、ものごとに否定的な傾向がある。自分にも他人にも厳しく、いい加減なことを許さない。母親の自我（NP）は、優しさを表している。誰にでも優しく、愛情深く、他者に合わせることができる。その反面、自分で決めることができず、優柔不断である。次に大人の自我（A）だが、これが高い人は論理的にものを考えることができるが、情に流されることもない。人間関係を割り切って考えてしまうので、ある種、人間性に欠けるともいえるだろう。最後に子供の自我であるが、自由な子供の自我（FC）は、駄々っ子を想像していただければいいかと思う。実はスポーツ選手や芸術家には、このFCの高い人たちが割と多く、自由な発想を持っていることが、成功への助けになっているのかもしれない。周囲に適合しようとする子供の自我（ＡＣ）が高いと、「人に迷惑をかけてはいけない」と考える。周りからみれば、とても良い人ということになるが、本人はやりたいことも我慢して自分を「よい人」に見せようとしているので、ストレスをものすごくため込むことになる。誰に向けて「よい人」であろうとしているのかというと、それは親である。親の喜ぶ顔を見たいと思うのは子供の本能でもある。

心療内科で、不登校や引きこもり、摂食障害の患者さんの治療を行っていると、ある共通項が見えてくる。それは、性格が良く似ているということである。多くの患者さんに共通している性格的な特徴は五つあり、真面目であること、否定的であること、自分に自信がないこと、周囲の評価を気にすること、そして物事に白黒決着つけたがることである。

彼らは真面目で、「こうしなければ」、「こうあるべきだ」という考えが強い。また、否定的であるため、自分の良いところを見つけることができず、自分に自信を持つことができない。向上心は強いのだが、自分自身を、自分よりも優れている人と比べてしまうため、さらに自信を失ってしまうのである。また、人からよく思われたい、あるいは変な人だと言われたくないという思いが強く、周りの目を気にしがちである。考え方が極端で、一つのことを失敗しただけでも、「自分は駄目な人間だ」と全人格を否定してしまう。

「真面目」と「否定的」という考え方は、エゴグラム上のCPにあたり、「周囲の評価を気にする」という考え方はACにあたる。つまり、エゴグラムにおいて批判的な親の自我（CP）と適合しようとする子供の自我（AC）が高い場合には、心の問題を抱え、心療内科を受診する可能性が高くなると考えられる。批判的な親の自我が強い場合には、厳格であるので、自分に対してこうあらねばならないと考え、結果的に自分自身の行動を制限してしまう。また、物事に対して批判的であり、その姿勢が自分自身にも向けられるため、自分の行動の駄目な点ばかりを見てしまい、自信を持つことができないのである。

適合しようとする子供の自我が強い場合、周囲の人に気を遣い、相手に気に入られたい、いい人だと思われたいと考えて、自分がやりたいと思うことをできなくなってしまう。周囲の評価を気にするため、期待に応えなければと努力するのだが、少し失敗しただけで自分を全否定し、「自分は駄目な人間だ」と思い詰める。それが仕事での失敗であれば、自分は会社の役には立たないから辞めてしまったほうがいいのではないかと、極端に考えてしまうのである。

ところが実際は、真面目で仕事にも熱心に取り組んでいることから、周囲の評価は高い。そうであるにもかかわらず、自己評価が低く、ストレスを感じやすく、そのため些細なことがきっかけでひどく落ち込み、病気になってしまう。

もちろん、エゴグラムのCPとFCが高いパターンを取っているからといって、すべての人が病気になるわけではない。エゴグラムの理想型と呼ばれるものもあるが、必ずしもそうなることを目指す必要もない。エゴグラムはあくまでも目安であり、エゴグラムにおける様々なパターンはそれぞれの個性でもある。

とはいえ、企業においてエゴグラムを実施し、その結果を参考にしていくことは、意義のあることだと考えている。働く方々の身体的な健康の維持に気を遣っている企業は多いと思うが、心の健康を保つことも同様に大切であり、否定的な考え方に陥りがちかどうか、仕事でストレスを溜めやすいかどうか、といった傾向が掴めていれば、働くうえでの環境整備に役立つし、いざとなったときには医師との連携等も行いやすい。

いろいろと述べてきたが、私たちはこのストレス社会において、ストレスに潰されないためにはどうすればいいのかということを考えないわけにはいかない。ストレスそのものを全て消し去れればいいが、それは不可能であるのだから、ストレスがかかる状況であっても心の問題を抱えずに済むよう、教育できることは教育し、社会で支えられることがあればその手立てを講じていくべきである。

ストレスに強い人を育てるということは、病気になりにくい考え方を培っていくということでもある。この役割は、本来家庭教育が担うべきものかもしれないが、家庭ごとにさまざまな事情があり、親子関係や夫婦関係が良いとはいえない家庭も多い。その点をカバーするためにも、学校教育はますます重要になっていくと考えている。

第五章

我が国の将来展望

(1) 日本はどこに向かうべきか

日本はこの先、どこへ向かっていくべきなのだろうか。それを考えるためには、今の日本の強みを知り、その領域をさらに高めていくことが大切である。社会が必要としている分野で、日本が不得意としているところを改善していくべきだという考え方もあるかもしれない。だが、教育の中で述べたように、できない部分を補うより、できることを伸ばしていったほうが利点は多いと考えている。

では、日本の強みは何だろうか。それは第一に、メイドインジャパンへの信頼性である。例えば、日本国内における薄型テレビの生産は現在ほぼ行われていないが、完全にゼロにはなっていない。それは、ソニーが中東向けの製品を国内生産しているからである。中東をターゲットとしたのはソニーの企業戦略だが、それを可能にしているのは「メイドインジャパン」というブランド力があるからである。新型コロナの感染拡大が起こるまでは、中国の観光客が日本で爆買いしていたが、これも日本の製品の質の高さを信頼していたからである。日本製というブランド価値はいまだ高い。この価値を、日本人は正しく把握しきれていないのではないかと思う。

今後、人口減少に伴って、日本国内のマーケットは否応なく縮小していく。たとえ少子化対策が功を奏したとしても、その成果が表れるのは十年以上先のことになる。そのような中で、企業にとって、海外マーケットの取り込みはこれまで以上に重要となる。その際、メイドインジャパンを強みとして売り出すのであれば、生産拠点を国内に戻すことは現実的な選択肢の一つとなるだろう。

第二は、日本の技術力である。ここでは、半導体を例に出したいと思う。日本は半導体競争に出遅れ、ごく小さな先端半導体を国内で製造することはできない状況にある。しかし、半導体を製造するための機械（半導体製造装置）の製造においては、日本のメーカーへの評価はいまだ高い。**図表72**に示されているように、世界のトップ15の企業のうち、半数を日本のメーカーが占めているのである。他にも、電子部品においては、日本電産のＨＤＤモーターや日東電工のＩＴＯフィルム等、世界第一位のシェアを有している企業は多い。医療分野においても、例えば内視鏡は、オリンパス、富士フイルム、ペンタックスの3社で世界シェアの9割を占める。

第三に素材である。京セラはセラミックや炭素繊維で、信越化学工業は半導体の素材であるシリコンウエハーの分野で世界一である。日本は貿易収支では赤字であり、かつてのように、白物家電をどんどん輸出するものづくり国家ではなくなった。しかし、ものづくりの技術はいまだ健在であり、強みを活かせている分野では、きちんと世界と勝負できている。

日本は貿易収支から第一次所得収支で稼ぐ国に代わってきており、第一次所得収支の黒字を増やすための方策を講じていくことは大切であるが、それはものづくりを諦めるということではない。付加価値の高い商品を作るという点で日本は世界と戦って行けるのであり、この分野をさらに強くしていくために、国内産業の振興に努めるべきである。そして、そのためには、なんといっても研究開発が重要である。では次に、

図表 72　半導体製造装置産業における日本の立ち位置

半導体製造装置産業は、半導体が普及していくほど大きく成長した分野であり、半導体メーカーにとっては極めて重要なパートナー。

半導体製造装置に関する日本のメーカーへの評価はいまだ高く、トップ15の半数を日本のメーカーが占めている。

半導体装メーカーランキングトップ15(2020年)

順位	国	社名	2019	2020	成長率	シェア
1	USA	Applied Materials	13.468	16.365	21.5%	17.7%
2	Europe	ASML	12.770	15.396	20.6%	16.7%
3	USA	Lam Research	9.549	11.993	24.9%	12.9%
4	**Japan**	Tokyo Electron	9.552	11.321	18.5%	13.3%
5	USA	KLA	4.704	5.443	15.7%	5.9%
6	**Japan**	Advantest	2.470	2.531	2.5%	2.7%
7	**Japan**	SCREEN	2.200	2.331	6.0%	2.5%
8	USA	Teradyne	1.553	2.259	45.5%	2.4%
9	**Japan**	hitachi High-Tech	1.400	1.717	15.2%	1.9%
10	Europe	ASM international	1.261	1.516	20.2%	1.6%
11	**Japan**	Kokusai Electric	1.127	1.455	29.1%	1.6%
12	**Japan**	Nikon	1.104	1.085	-1.7%	1.2%
13	Korea	SEMES	0.489	1.056	116.0%	1.1%
14	ROW	ASM Pacific Technology	0.894	1.027	14.9%	1.1%
15	**Japan**	Daifuku	1.107	0.940	-15.1%	1.0%
		Others	14.294	16.034	12.2%	17.4%
		Total	78.032	92.405	18.4%	100.0%

出典：牧本次生『日本半導体復権への道』筑摩書房,2021.

我が国の研究の現状を紹介したい。

（２）研究の現状

世界で最も権威のある総合科学学術雑誌の一つが、英誌『Nature』である。Natureへの論文掲載は非常に狭き門であり、研究者にとって一つの目標ともなっている。**図表73**は、そのNatureに掲載された論文数シェアの推移を国ごとに示したものである。日本の伸び率は世界の国々と比較すると非常に低くなっており、２０１２、１３年頃には中国にも追い抜かれている。中国は国家を挙げて研究を推進しているため、急激な勢いで論文数が増えている。

もう一つのメジャーな科学誌である

図表73　Natureにおける主要国の論文数シェア

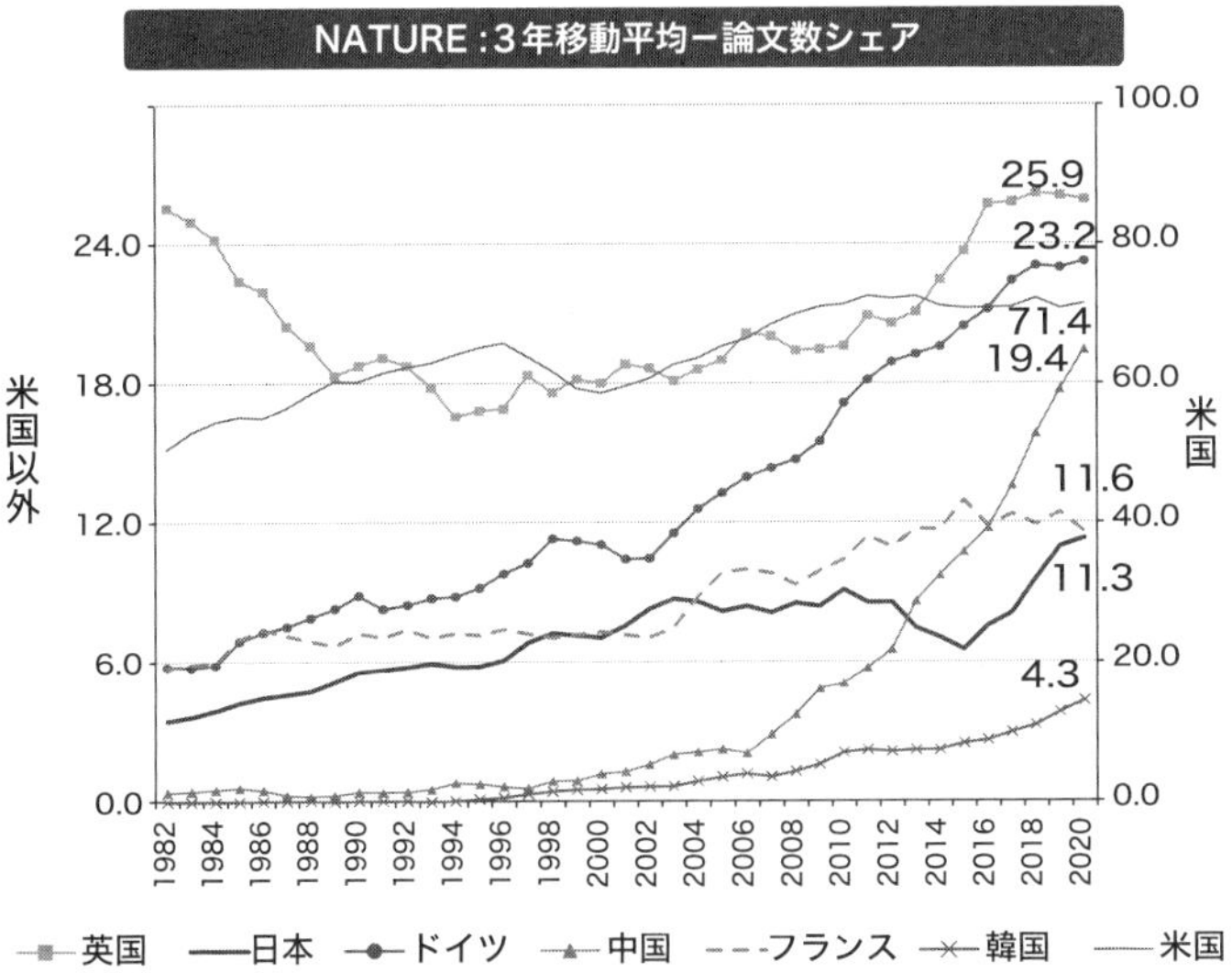

（出所）文科省

『Science』でも同様の状況が見て取れる（図表74）。論文数シェアの推移を見ていくと、日本も増えてはいるが、世界の国々の論文数の増加率のほうが高く、相対的に見て日本のポジションは低下してきている。

それ以上に私が問題視していることがある。それは、アメリカとの共同研究における日本のポジションが、どんどん低下してきていることである。アメリカでの研究が重要であるのは、それが後の研究成果に密接に結びついているからである。ノーベル賞を取れるような研究は、例えばiPS細胞の研究で知られる京都大学の山中伸弥教授にしてもそうだが、

図表74　Scienceにおける主要国の論文数シェア

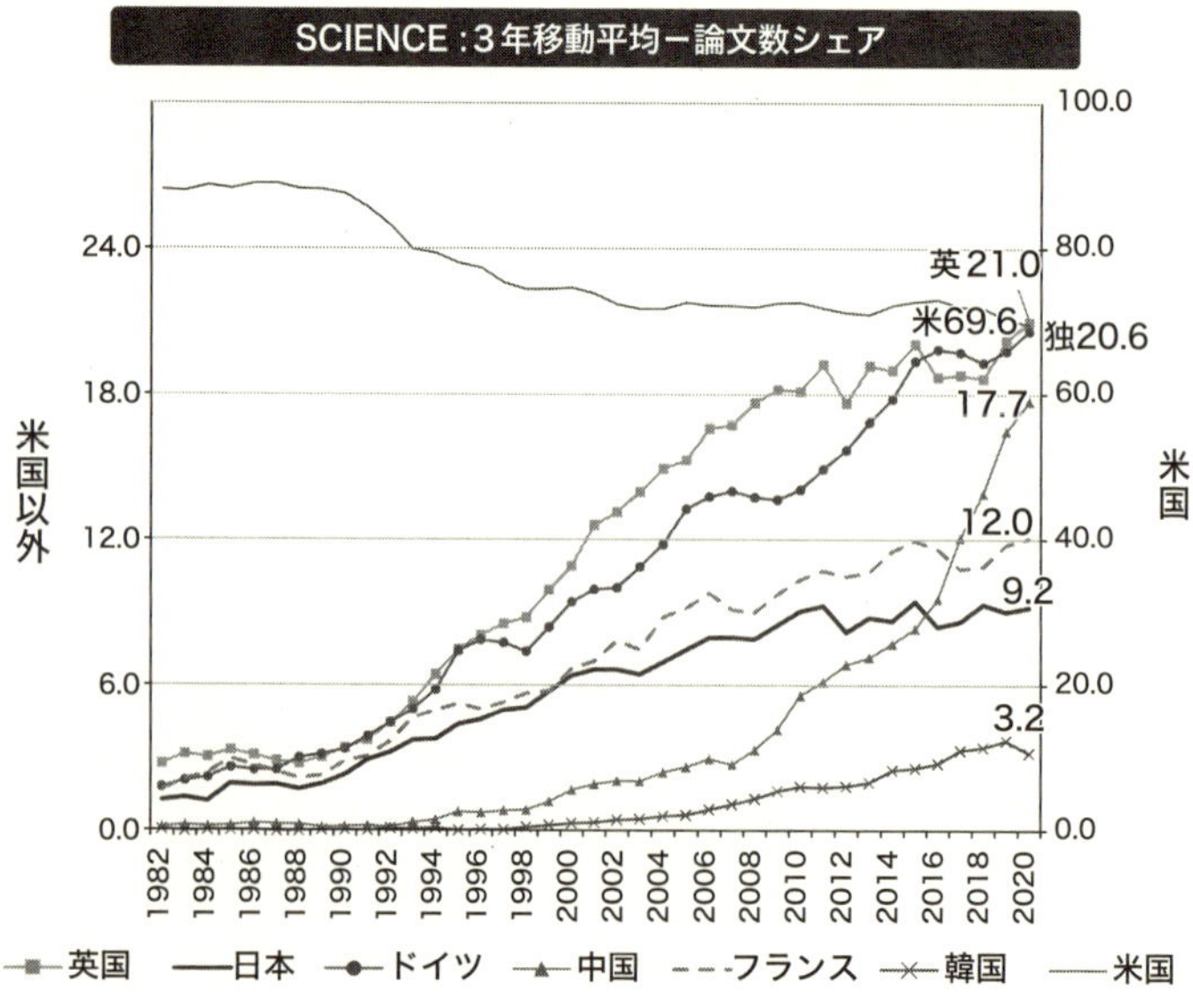

（出所）文科省

まずアメリカで研究を行い、その結果を日本に持ち帰ってさらに研究を重ねることで、大きな成果へと繋げているのである。

図表75は、アメリカにおける国際共著相手国を分野別にまとめたものである。アメリカとの共同研究を盛んに行っている国ほど順位が高く、そうでない国の順位は低い。日本の順位は総じて低いが、10年前との変化を見ていただくと、その凋落の深刻さがよりよくお分かりいただけると思う。

10年前には全分野での順位は7位だったが、今回は順位を一つ落として8位となった。「ひとつしか下がっていない」と捉えられるかもしれないが、実は20年前には、全分野での日米の共著論文数は4位に位置していた。だから深刻なのである。

分野別に細かく見てみると、例えばソフトの開発のためには「計算機・数学」の分野が重要なのだが、これはランク外の12位となっている。工学系の機械を作っていくうえで必要な「工学」の論文も、10年前は8位だったものが、11位にまで落ちている。環境・地球科学も7位から11位に転落し、臨床医学に関しても10位になってしまった。今回の調査で、日本の順位が上がった分野は一つもなく、アメリカとの研究の中で日本の存在感はどんどん薄くなっている。

図表 75　米国における主要な国際共著相手国・地域 (2019-2021 年)

	1位	2位	3位	4位	5位	6位	7位	8位	9位	10位	
全分野	中国 27.6%	英国 14.5%	ドイツ 11.8%	カナダ 11.0%	フランス 7.7%	オーストラリア 7.2%	イタリア 7.2%	日本 5.7%	スペイン 5.6%	オランダ 5.2%	
化学	中国 35.3%	ドイツ 9.7%	英国 8.3%	韓国 5.9%	インド 5.6%	フランス 5.6%	カナダ 5.3%	イタリア 5.0%	日本 4.8%	スペイン 4.2%	
材料科学	中国 49.8%	韓国 8.9%	ドイツ 7.4%	英国 6.5%	日本 4.6%	インド 4.5%	カナダ 4.4%	フランス 4.0%	オーストラリア 4.0%	イタリア 3.1%	
物理学	中国 27.1%	ドイツ 24.2%	英国 21.7%	フランス 16.3%	イタリア 13.1%	日本 11.8%	スペイン 10.4%	カナダ 10.4%	スイス 8.7%	ロシア 8.4%	
計算機・数学	中国 38.6%	英国 9.6%	カナダ 7.8%	ドイツ 7.1%	フランス 5.6%	韓国 4.5%	インド 4.3%	オーストラリア 4.1%	イタリア 4.1%	スペイン 3.1%	日本 12位
工学	中国 46.5%	英国 6.6%	韓国 6.5%	カナダ 5.7%	ドイツ 4.8%	インド 4.3%	イタリア 4.2%	オーストラリア 3.9%	イラン 3.7%	フランス 3.6%	日本 11位
環境・地球科学	中国 32.5%	英国 15.0%	カナダ 12.0%	ドイツ 11.5%	オーストラリア 9.3%	フランス 8.9%	スイス 5.2%	スペイン 5.2%	イタリア 5.0%	オランダ 4.5%	日本 11位
臨床医学	英国 18.6%	カナダ 16.7%	中国 16.5%	ドイツ 13.0%	イタリア 11.1%	オーストラリア 9.4%	オランダ 8.5%	フランス 8.3%	スペイン 7.1%	日本 6.9%	
基礎生命科学	中国 22.4%	英国 14.6%	ドイツ 11.6%	カナダ 10.9%	オーストラリア 7.2%	フランス 7.1%	ブラジル 6.2%	イタリア 6.2%	日本 5.6%	スペイン 5.4%	

(注) 整数カウント法による。矢印始点●の位置は、2009-2011年の日本のランクである。矢印先端が2019-2021年の日本のランクである。シェアは、米国における国際共著論文に占める当該国・地域の割合を指す。
クラリベイト社 Web of Science XML (SCIE, 2022 年末バージョン)を基に、科学技術・学術政策研究所が集計。
(出所) 文科省

なぜこのようなことが起こっているのかというと、医療分野に関していえば、アメリカに留学する研究者が減ってきているからである。医学部の新設や医師定数の増加により、医師の数は増え続けているのだが、大学に残って研究を行う医師は必ずしも増えていない。その背景には専門医制度が関係している。この制度のもとでは、専門医の資格を取らなければ地域の中核病院の部長になることができない。医師としての将来を見据えれば、専門医資格を取ることこそが重要であり、資格取得のためには大学に残って研究を行うよりも、市中病院で働いたほうが有利である。そのため、医師は大学病院には戻って来なくなってしまったのである。

我々の時代には、医学博士を取らないと市中病院の部長にはなれなかった。そのため、研究への意欲があまりなくても、学位を取るために大学病院に戻っていたのだが、専門医制度によって、臨床医として医学博士を取得するよりも専門医を取った方が価値がある時代に変化した。このことが、研究者数の減少に繋がり、全体的な研究のレベルの低下を引き起こしている一因である。

もう一つの大きな問題は賃金である。私も大学病院に居たので良く分かるが、大学で研究している医師の給与は非常に低く、市中病院で働いている方がはるかに給与は高い。仮に専門医制度を変えたところで、給与水準の問題を改善しなければ、研究者は集まらないだろう。これは、企業の研究開発においても同様であり、研究者の処遇を改善しなければ、より良いものづくりは実現できない。

さて、話を共著論文数に戻したいと思う。注目すべきは中国の存在感である。全分野におけるアメリカの共著論文数の相手国の1位は中国であり、分野別に見ても、臨床医学を除き、全て中国が一位を占めている。ここまで圧倒的であると、臨床医学の分野だけが弱いのがかえって不思議に思われるが、そこには中国での医療事情が関係している。信じられないことだが、中国ではちょっとした医療ミスを起こしてしまっただけで、その医師が危険に晒される可能性がある。そのために、病院に警察や警備員などがいて、監視の中で治療を行っているのである。そのような背景から、中国では優秀な人があまり医者になろうとせず、研究開発においても他分野に一歩遅れを取っているのではないかと思われる。

しかし、その他の分野では、世界の国々の中で最もアメリカと共同研究を行っていることは間違いない。アメリカと中国は表向き対立しているように見えるかもしれないが、研究の場ではこのように協力しあっている。重要な分野ではタッグを組んでいるのがアメリカと中国なのである。

いずれにしても、日本の研究は危機的状況にある。財務省は研究開発に予算を付けることには消極的であった。それは、かつてバブルの時代に手痛い失敗を経験し、不確実なものにはお金を付けないということを基本的な方針としているからである。しかし、今勝負をしなければ、遠からず我が国は二流国家に成り下がってしまうだろう。

その危機意識から、私は今、様々な研究分野がある中で、医学研究に関する大改革を行っている。それについて紹介したいと思う。

(3) 医学研究体制の強化

医学研究を充実させるためには、研究の現場である国立大学の改革が必要である。これまでの文科省は、大学ごとに差をつけることをよしとせず、結果として全ての大学が東大の縮小版、いわゆる「ミニ東大」を目指す形となっていた。

しかし、これには意味がないだけでなく、むしろ大学ごとの特性を活かすことができないわけであり、弊害のほうが大きかった。医学部の成り立ちも大学ごとに様々であり、地域の医師不足対策のために作られた医学部もある。このような大学にまでミニ東大を目指させた文科省の方針は誤りであったと考えている。

さらにいえば、医学部の医局の医師の数も大学によって大きく異なっている。東北地区であれば、東北大学の医局員の数が最も多く、他の大学は卒業生の半分が医局に残ればいい方である。医局員が多いということは、イコール研究者が多いということであり、当然だが研究範囲も違ってくる。このように、大学によって状況が異なっているにもかかわらず、全て横並びでミニ東大を目指すことには無理がある。その反省から、私は文科省と協力して、大学の医学部が効率的に研究や臨床を行えるように、医学部改革に着手している。

そのための第一歩として、大学病院を大きく二種類に分けることにした（図表76）。一つは、基礎・卓越臨床研究拠点といって、Science や Nature といった世界的な研究誌に掲載されるような研究を目指す拠点大学であり、もう一つは、特色臨床研究拠点といい、臨床を行ううえで発生した問題を解決する、臨床研究に取り組む大学である。

前者は、例えば人間の基本的機能に関する研究や、癌や認知症の発症メカニズムといった基礎研究を主に行い、後者は、薬の治験や病気の治療のガイドラインを作成するといったような、臨床に特化した研究を行う。それだけではなく、例えば難病の患者さ

図表76　大学病院における研究補助員の確保

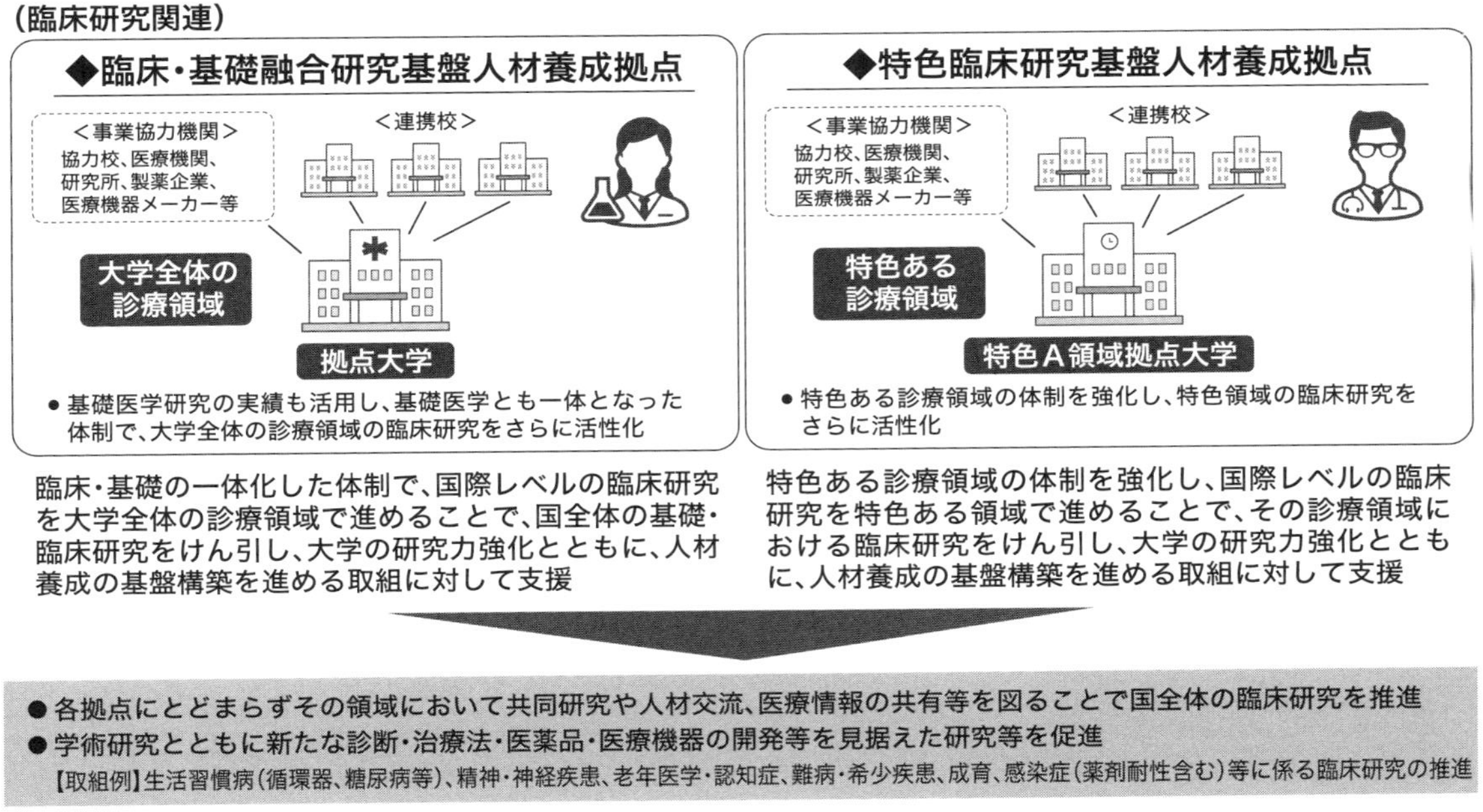

（臨床研究関連）
◆臨床・基礎融合研究基盤人材養成拠点
＜事業協力機関＞
協力校、医療機関、研究所、製薬企業、医療機器メーカー等
＜連携校＞
大学全体の診療領域
拠点大学
● 基礎医学研究の実績も活用し、基礎医学とも一体となった体制で、大学全体の診療領域の臨床研究をさらに活性化
◆特色臨床研究基盤人材養成拠点
＜事業協力機関＞
協力校、医療機関、研究所、製薬企業、医療機器メーカー等
＜連携校＞
特色ある診療領域
特色A領域拠点大学
● 特色ある診療領域の体制を強化し、特色領域の臨床研究をさらに活性化
臨床・基礎の一体化した体制で、国際レベルの臨床研究を大学全体の診療領域で進めることで、国全体の基礎・臨床研究をけん引し、大学の研究力強化とともに、人材養成の基盤構築を進める取組に対して支援
特色ある診療領域の体制を強化し、国際レベルの臨床研究を特色ある領域で進めることで、その診療領域における臨床研究をけん引し、大学の研究力強化とともに、人材養成の基盤構築を進める取組に対して支援
● 各拠点にとどまらずその領域において共同研究や人材交流、医療情報の共有等を図ることで国全体の臨床研究を推進
● 学術研究とともに新たな診断・治療法・医薬品・医療機器の開発等を見据えた研究等を促進
【取組例】生活習慣病（循環器、糖尿病等）、精神・神経疾患、老年医学・認知症、難病・希少疾患、成育、感染症（薬剤耐性含む）等に係る臨床研究の推進

（出所）文科省

んたちの遺伝子情報を集めて、製薬メーカーとタッグを組んで薬を開発していくというような役割も担っていただきたいと思っている。

このような大学の機能分化について、文科省は当初嫌がっていたが、その気持ちが分からないわけではない。なぜならば、機能を二種類に分けた場合、どちらかが上であるかのような意識が生まれ、大学の格差に繋がってしまう可能性があるからである。基礎研究も臨床研究もどちらも大切であることは言うまでもないが、我が国では歴史的に基礎研究に力点が置かれ、臨床研究は軽んじられてきた傾向がある。そのため、このような区分けをした際に、基礎・卓越臨床研究拠点の方が格が上だと受け取られるかもしれないと感じたのだと思う。本来はこの感覚が間違っているのだが、これまでの慣習から植え付けられた意識というのは根深いものがある。この点も改めていかなければならないと考えている。

大学の機能分化を進めるのと同時に、研究に携わる人員の増強も進めている。先ほど、英誌 Nature や Science に掲載される日本の論文数が相対的に減少していっていることを紹介したが、このように条件を限定せずとも、日本の論文数の世界ランクは明らかに落ちている。**図表77**を見ていただくと分かるように、かつて日本の研究力は世界のトップクラスであったのだが、２０２０年にはランクを6位にまで落としているのである。

さらに、Ｔｏｐ10％補正論文、これは特に質の高い論文のことだが、この論文数に関しても、日本の順位は２００４年頃までは世界第４位だったが、今では12位にまで落ちてしまっている。日本の研究力は世界と比較して相対的に低下しており、今後ノーベル賞を取れるレベルの研究ができるかどうか、非常に危うい状況にある。

日本の研究のレベルがここまで落ちてしまった理由は何なのか、２０２３年10月、その観点からの記事が英誌Natureに掲載された。ここでは簡単な紹介にとどめるが、要するに、「研究補助員の人数が圧倒的に不足しており、非効率である」ことが原因だと結論付けている。

図表 77　主要国の論文数の世界ランクの変動

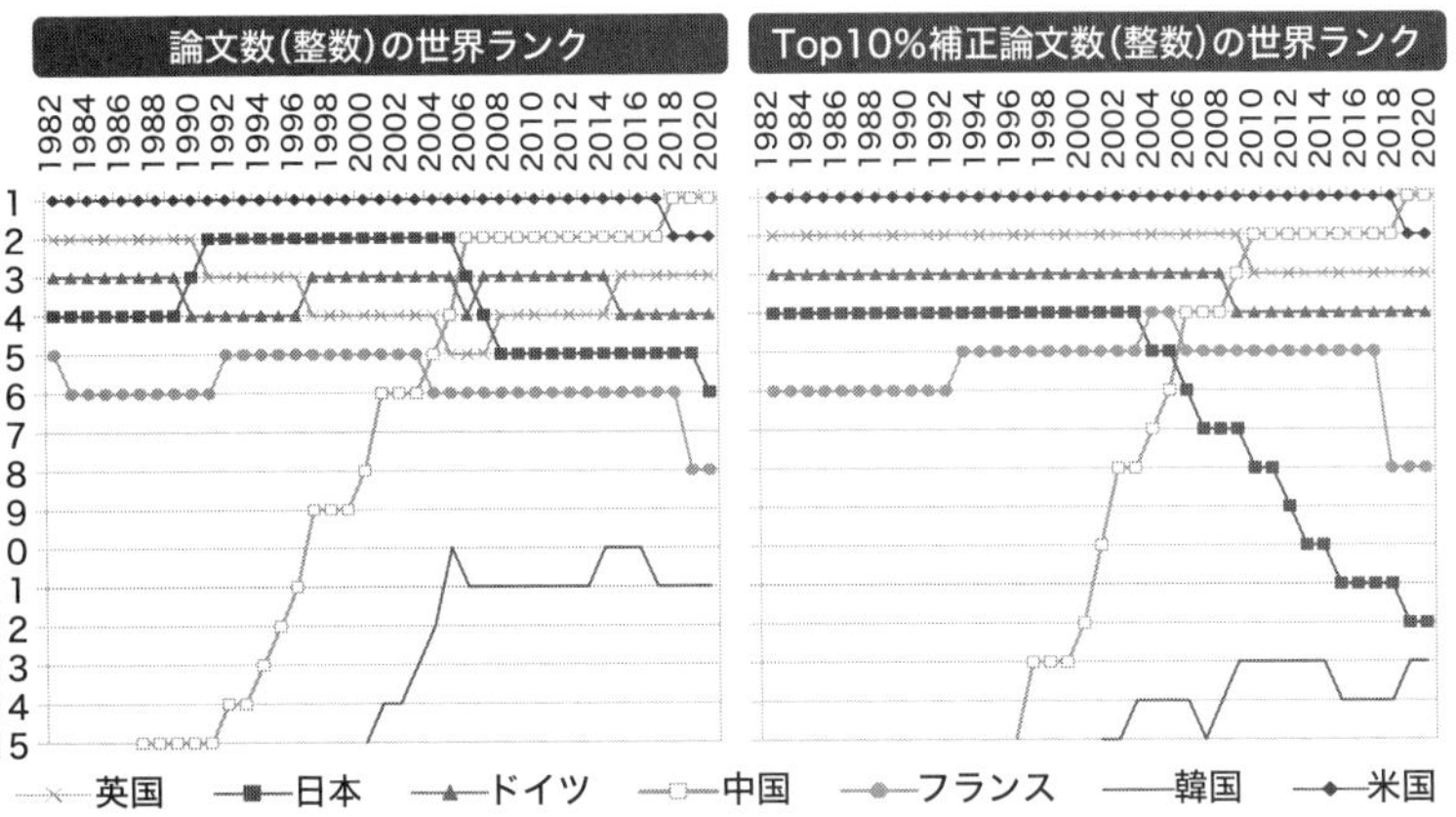

(出所)文科省

この点は、私も以前から指摘していたことであった。図表78を見れば明らかであるが、日本の研究補助員の数は諸外国と比較しても極めて少ない。なぜそうなったのかといえば、国立大学法人に対して国から交付される運営費交付金が毎年減額されているからである（図表79）。資金繰りが苦しくなった結果、大学は苦渋の決断として研究補助員の削減を余儀なくされている。

研究補助員の仕事は、研究に用いる動物の管理や機材のセットアップ、細胞分離や論文に必要なデータ整理等、多岐にわたっている。今は、これらの仕事のほとんどを医師が行っている。大学病院の医師は研究だけではなく、診療や教育も行っている。それだけではなく、大学の経営に携わっている人もいるし、地域医療も担っている人もいる。その合間を縫って研究しているのだから、他の国々の研究者より研究するための条件は厳しい。世界では、日本よりはるかに多い研究補助員を配置しているのだから、論文数で後れを取るのは当然のことである。

そこで、今回の改革では、研究補助員の増員のための予算措置を行った。その際には、基礎・卓越臨床研究拠点大学と臨床研究拠点大学との間で、雇用できる研究補助員の人数に差を設けている。基礎研究と臨床研究では必要となる研究補助員の数に違いが

図表 78　研究者一人あたりの研究支援者数

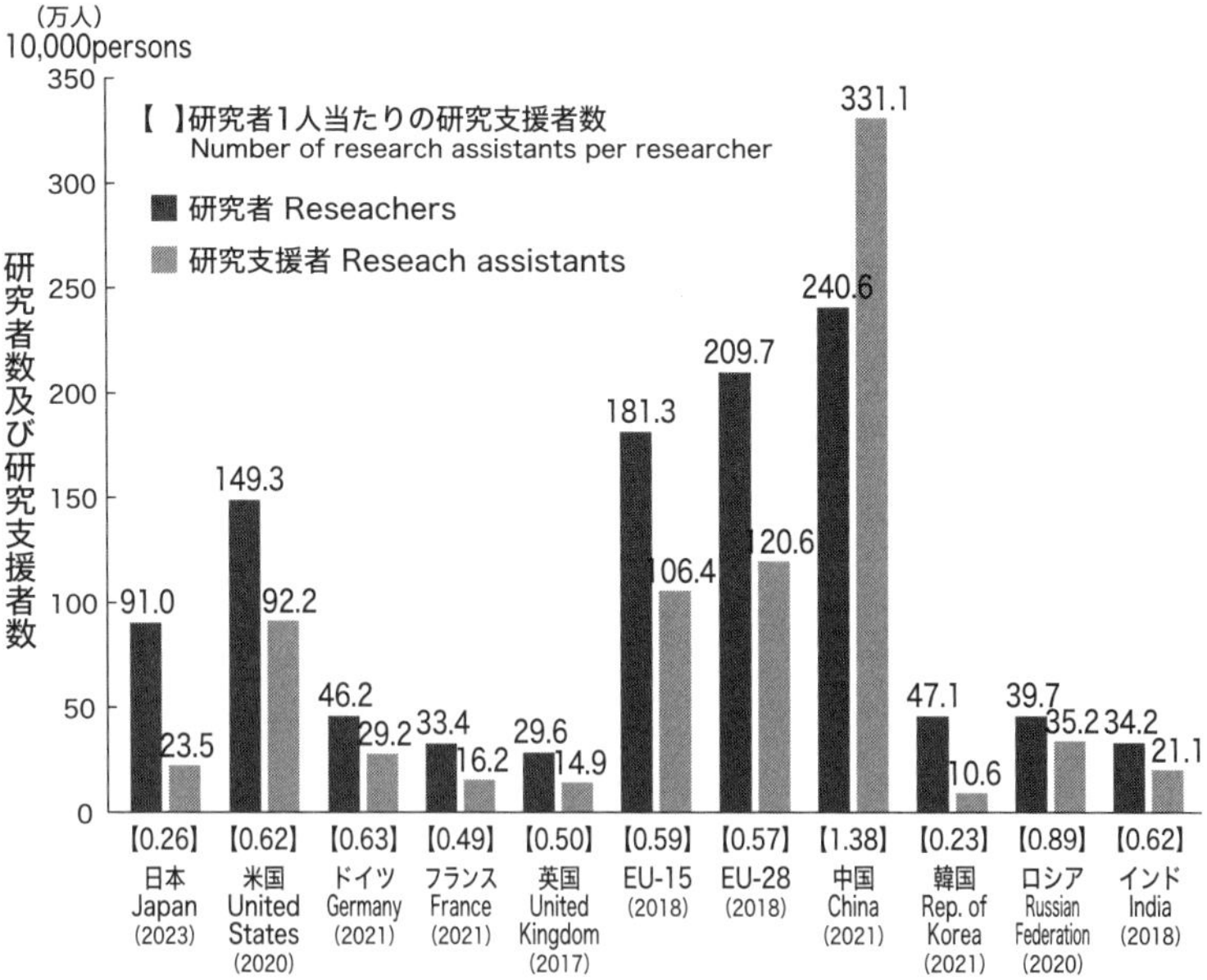

（出典）文科省「科学技術要覧」

図表 79　運営費交付金の推移

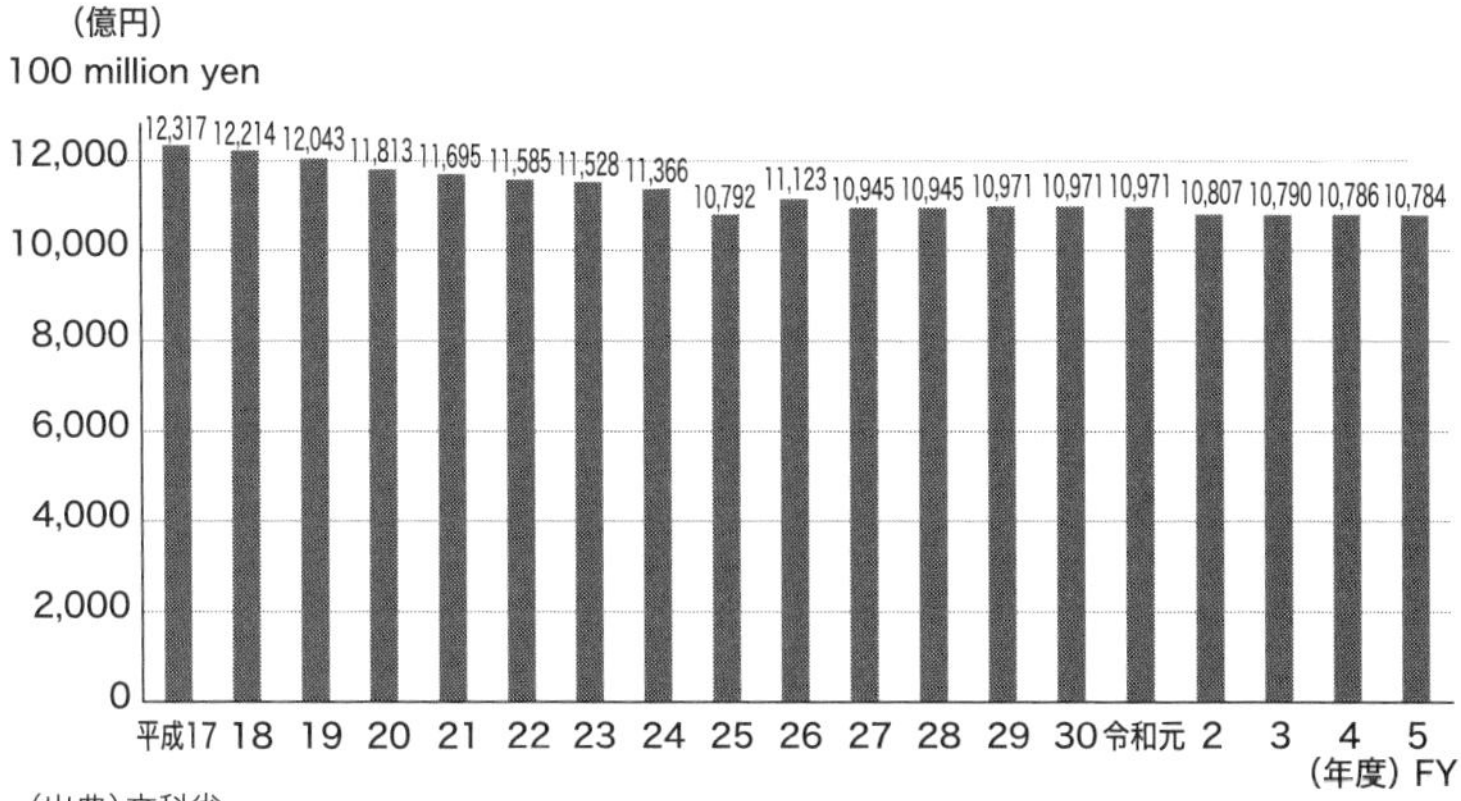

（出典）文科省

あるからである。

研究補助員の配置に関してだが、基礎研究は医局を中心に行われるため、最低でも各医局や診療科に1名ずつ割り振れる程度の人数が必要である。そこで、一つの大学で30名程の枠を割り当てている。一方、臨床拠点大学では、ある特定の疾患に関して研究を行うことになり、さらに全国の臨床拠点大学とネットワークを構築していく予定で、特定の診療科ではなく、大学に研究センターを創設し、そこに研究補助員を配置する形となるため、少ない人数になっている。

令和6年度は研究補助員の予算を24億円確保したが、これをどんどん増やしていきたいと考えている。さらに、大学での研究者を増やすために、臨床研究拠点大学が中心となり、製薬メーカーの研究者と共同で、難病の治療薬やオーファンドラッグを作っていける体制の構築を検討している。これについては、文科省だけではなく、厚労省や経産省を巻き込んで勉強会を発足させた。一筋縄ではいかないかもしれないが、研究現場で働く研究者の方々の意見も伺いながら、前に進めていきたいと考えている。

繰り返しになるが、研究成果は国力であり、国力を取り戻すためにも研究体制の強化が必要である。付加価値の高い新しい製品を作るためには、新しい技術を生み出すことが欠かせない。これはもちろん、医療の分野に限った話ではない。私が今注力しているのは医療の分野ではあるが、全ての分野で研究が活発に行われるよう、継続的に取り組んで行きたいと考えている。

さて、ここまでは研究開発の重要性について述べてきたが、国内の産業振興を行っていくうえでは、製造拠点の国内回帰を進めていくことも大切である。これは、経済安全保障の確立という観点からも意義のある取り組みだと考えている。コロナ禍ではマスクだけでなく、医療用のガウンの確保も大変で、手術ができなくなるのではと懸念されたこともあった。今後、周辺国で有事が起きた際には、マスクやガウンのみならず、医薬品なども手に入りにくくなる恐れがある。こうした事態を回避するためにも、自国内で必要なものを、自国内でまかなえるような体制整備が必要である。次の項では、経済安全保障の視点から、医薬品の安定供給体制の確立について述べていきたい。

(4) 経済安全保障

日本の医薬品産業は、かつては日本経済をけん引する産業の一つであった。今でもその可能性を有してはいるが、長年にわたって薬価が引き下げられ続けてきたことで経営は厳しさを増し、研究開発や設備投資に投じられる資金的な余裕を失っている。人員削減の動きも相次いでおり、このままでは世界と戦っていくことは相当難しい。薬価の引き下げは、製造拠点の海外移転も引き起こしており、国内で流通する医薬品を国内で製造できる体制には程遠い状況である。

これまで、薬価は社会保障費の調整弁として扱われてきた。増大する社会保障費を少しでも抑制しようとして、薬価がターゲットになり続けてきたと言っても過言ではない。そのため、予算が減ることはあっても増えることはほとんどなかったのだが、最近になって、医薬品に対する国の方針に変化が見られ始めている。

図表80は、令和4年6月7日に閣議決定された「経済財政運営と改革の基本方針2022（骨太の方針）」である。「内外の環境変化への対応」という章の中に「国際環境の変化への対応」という項目があり、経済安全保障の強化の必要性が訴えられているのだが、注目するべきはそこに挙げられている特定重要物資である。経済安全保障上、特に重要だとされる物質が名指しで並べられているのだが、半導体、レアアース、電池と並んで、医薬品が指定されているのである。

これは画期的なことである。医師の立場からしても、医薬品が政府から重要物資として認められるようになったことは嬉しい限りである。さらに重要なことは、政府はこれら4品目について、「経済安全保障上国が責任を持って安定供給を行う」と明言している点である。

半導体に関しては、皆さんご承知の通り、熊本に台湾の半導体メーカーであるTSMCの工場が作られているが、この施設の建設にあたっては、5000億円もの国費が投じられている。国の後押しのもと、三交代制で昼も夜もなく建設が進められている。熊本だけでなく、北海道や私の地元の宮城県でも半導体関連企業誘致の話が出ており、宮城県では残念ながら実現には至らなかったが、もし実現していれば、8000億円程度の投資が行われ、1200人の雇用が生まれる予定であった。その中には台湾の研究者250人も含ま

図表80 「経済財政運営と改革の基本方針2022」(抄)
令和4年6月7日閣議決定

第3章 内外の環境変化への対応

1.国際環境の変化への対応

(2) 経済安全保障の強化

経済安全保障推進法を着実に施行すべく、速やかに基本方針を策定し、サプライチェーン及び官民技術協力に関する施策については、先行して可能な限り早期に実施する。

半導体、レアアースを含む重要鉱物、電池、医療品等を始めとする重要な物資について、供給途絶リスクを将来も見据えて分析し、物資の特性に応じて、基金等の枠組みも含め、金融支援や助成などの必要な支援措置を整備することで、政府として安全供給を早急に確保する。(略)

第4章 中長期の経済財政運営

2.持続可能な社会保障制度の構築

(社会保障分野における経済・財政一体改革の強化・推進)

経済安全保障や医療品産業ビジョン2021等の観点も踏まえ、医療品の品質・安定供給の確保とともに創薬力を強化し、様々な手段を講じて科学技術力の向上とイノベーションを実現する。(略)

(出所)厚生労働省

れていた。

労働者が増え、その家族が増え、地域にお金を落としていくことになるので当然のことだが、生産拠点の誘致による地域経済への波及効果は極めて大きい。地域経済の活性化という意味でも、海外に移転してしまった国内企業の生産拠点をふたたび国内に戻すことは、とても大事なことである。

さらに言えば、ここからが肝心なのだが、政府は特定重要物資の一つである半導体には巨額の予算をつけ、国内での工場建設を進めている。であるならば、医薬品に関しても同様に、国が力強く後押しして、国内での製造を推し進めていくべきではないだろうか。

医薬品の安定供給体制の確立は、国民の生命と健康を守るために欠かせないことであり、これを実現することは政府の役割でもある。そのための環境整備は、前述の通り、国内に雇用を創出し、地域経済を活性化させることにもつながっていく。研究開発が進み、新薬を生み出せれば、今も伸び続けている世界の医薬品市場において存在感を示すことも可能となる。**図表81**は世界の医薬品の売上高の推移であるが、先進国はもちろんのこと、新興国でも医療へのアクセスが向上することで医薬品の需要が増えており、今後もマーケットの拡大が期待されている。医薬品産業を我が国の産業の中心に位置づけていくことの重要性は極めて高い。

日本の製薬企業は、これまで、癌や認知症といった、患者数が多く、世界中で解決が目指されている病気の治療薬の開発に力を入れてきた。しかし最近になって、遅ればせながら、難病や希少疾患といった患者さんの数が少ない疾患の治療薬の開発にも力を入れようとしている。これは、社会貢献としてだけではなく、十分に採算性も見込める取り組みなのである。一例挙げると、小児の筋萎縮性側索硬化症（ＡＬ

図表 81　世界の医療用医薬品の販売額推移 (地域・国別)

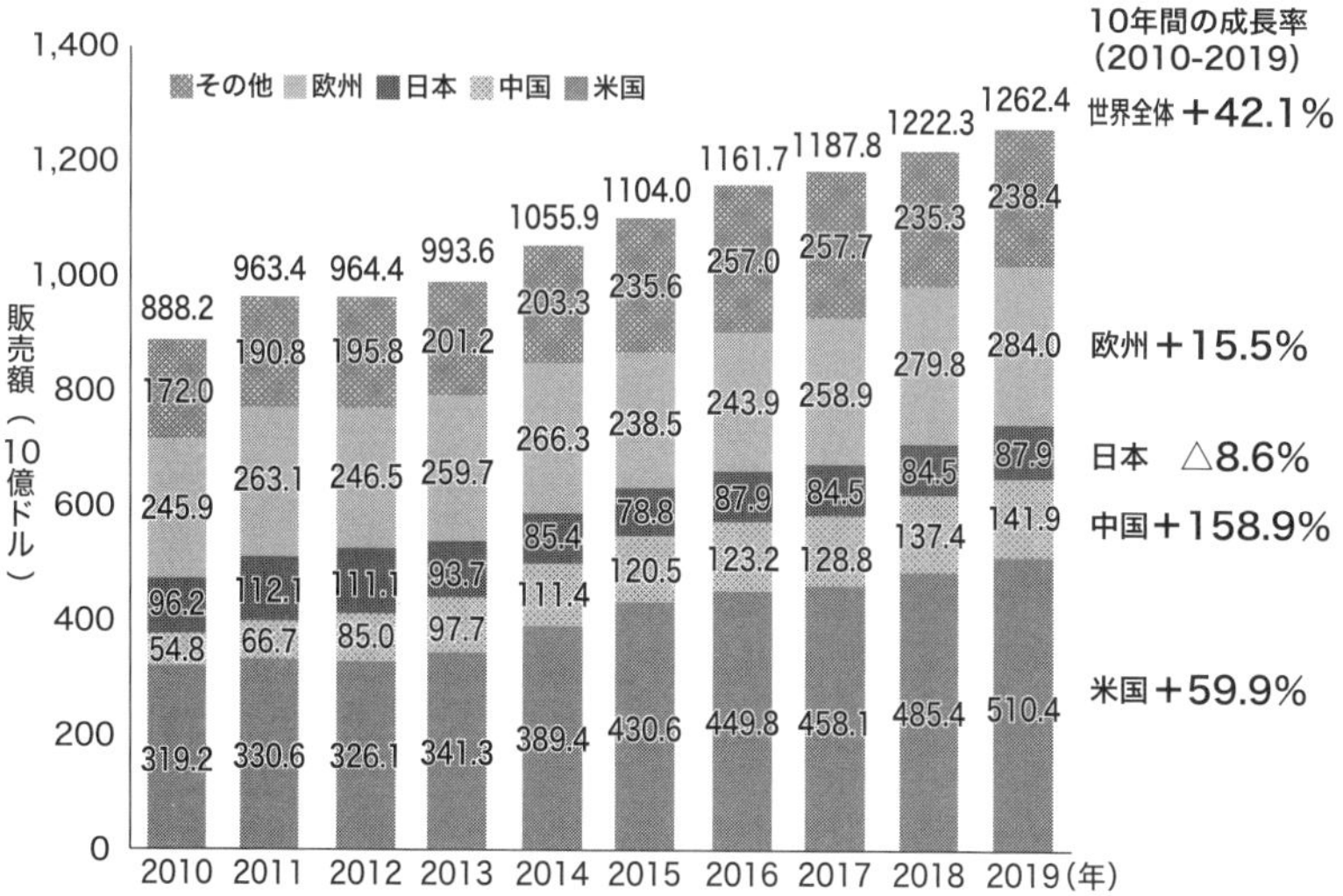

（注）その他は、ブラジル、北米（除く米）、AAA（アジア・アフリカ・オーストラレーシアの略）（除く日中）、中南米（除くブラジル）が該当

（データ出所）厚生労働省 医薬品産業ビジョン2021 資料編

（出典）厚生労働省

S）という難病について、新たに治療薬が開発された。一度の投与で病気を完治させられる画期的な薬なのだが、その一度の投与に一億円の薬価がついている。これを高いと感じるかどうかは人それぞれだと思うが、私は決して非現実的な価格であるとは思わない。この薬によって、一人の子供が救われるだけでなく、家族も含めた多くの方々の人生が大きく変わるのである。それだけで意義があることだが、そのうえ、例えば子供の看病に費やされたはずの家族の時間が、労働などの生産的な活動に充てられることになれば、経済的にもプラスになる。そして何より、家族が一緒に幸せに過ごすことができるのだから、これは金銭的な価値では計ることができないことである。

政府も骨太の方針に「希少疾病である難病の対策を充実する」と盛り込んでおり、これを受けて、製薬企業の団体である日本製薬工業協会では、難病・希少疾患に関する課題解決や環境改善の取り組みを行っていくという方針が打ち出された。

しかし、一つの企業のみでこのような医薬品の開発を行っていくのは困難である。患者数が多い疾患とは異なり、医薬品の開発に必要なデータが集まりにくく、臨床試験も行いにくい。さらに、効果的な薬が開発できれば高額な薬価がつく可能性はあるものの、実際に開発できるかどうかの見通しが立ちにくい薬でもある。このような医薬品開発は、企業にとってのリスクが非常に大きいので、オールジャパンで取り組んで行くことが必要だと思われる。

そこで必要となるのが、大学病院改革の中でも触れた、大学と製薬企業が共同研究できる枠組みづくりである。これまで、薬を作る製薬企業と薬を使う大学病院は利害関係者とみなされ、共同研究がなかなか進んでこなかった。大学病院では治験を行っていることから、企業との癒着を指摘された例もあった。両者が協力することにはハードルもあるが、これからの新薬開発のためには、大学病院と製薬企業の共同研究が避けては通れない道だと考えている。

(5) 新たな挑戦のために

ここまでは、研究開発の推進、医薬品安定供給体制の確立という、日本の得意な分野を伸ばす方法について考えてきた。そのうえで、経済を活性化させていくためには、新しい挑戦にも踏み出さなければならない。

図表82は、我が国のスタートアップを巡る状況である。我が国の国民の皆さんは、世界と比較して起業を望ましい職業選択として考えている方の割合は決して高くない。基

本的に、日本人は安定志向で、挑戦に積極的ではない。終身雇用が原則とされ、勤続年数が増えるほど会社での地位が高くなるという雇用形態がそうさせている面もあると思うし、学校教育のあり方も関係してくるのだろう。与えられた仕事を真面目にコツコツと全うすることは得意でも、リスクを取って起業しようという人たちはかなり少ない。

そんな日本だが、戦後の復興期には、ハングリー精神を持った方々が多数活躍されていた。自分たちの生活を成り立たせていくためにも起業しなければならなかったし、なんといっても「自分たちの力で国をなんとかしなければならない」という思いで焼け野原から立ち上った方が大勢いらっしゃった。それは、今の中国のように、経済

図表82　スタートアップを巡る状況

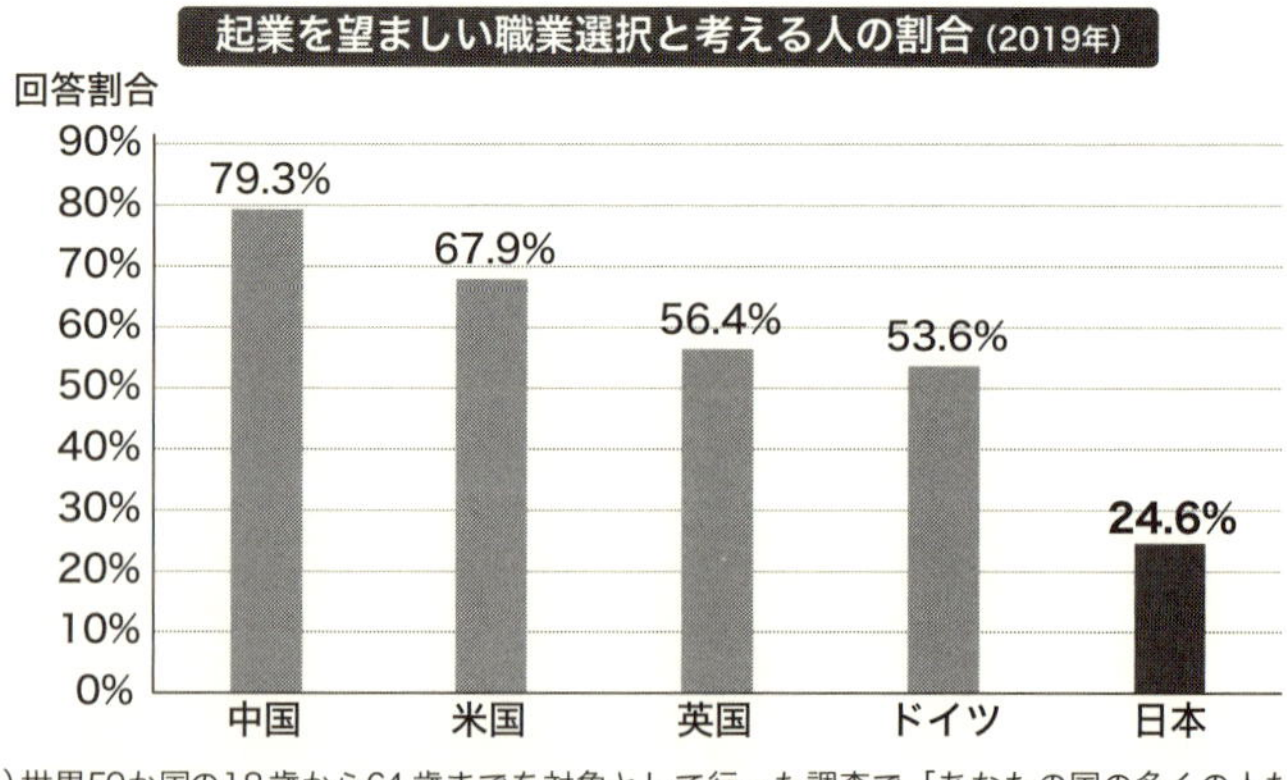

（注）世界50か国の18歳から64歳までを対象として行った調査で、「あなたの国の多くの人たちは、新しいビジネスを始めることが望ましい職業の選択であると考えている」という質問に「はい」と回答した割合

（出所）Global Entrepreneurship Monitor「Adult Population Survey」を基に作成

発展の途上にある国々の状況と似通ったところがあるかもしれない。国を再興させ、発展させていくのだという思いが起業への原動力になったのだと思う。松下幸之助さんや本田宗一郎さんをはじめ、多くの起業家が誕生し、世界に通用する企業を育てあげていった。

　先人たちの努力の結果、日本は豊かな国になり、これ以上多くを望まずとも、現状を維持できればいいという考え方が強くなってきているように感じている。起業というリスクを取らずとも豊かさを享受できる社会において、それでも新しいことに挑戦しようとしている人たちを、私は応援していきたいと思っている。そのためには、

図表83　日本のスタートアップにおける起業の動機

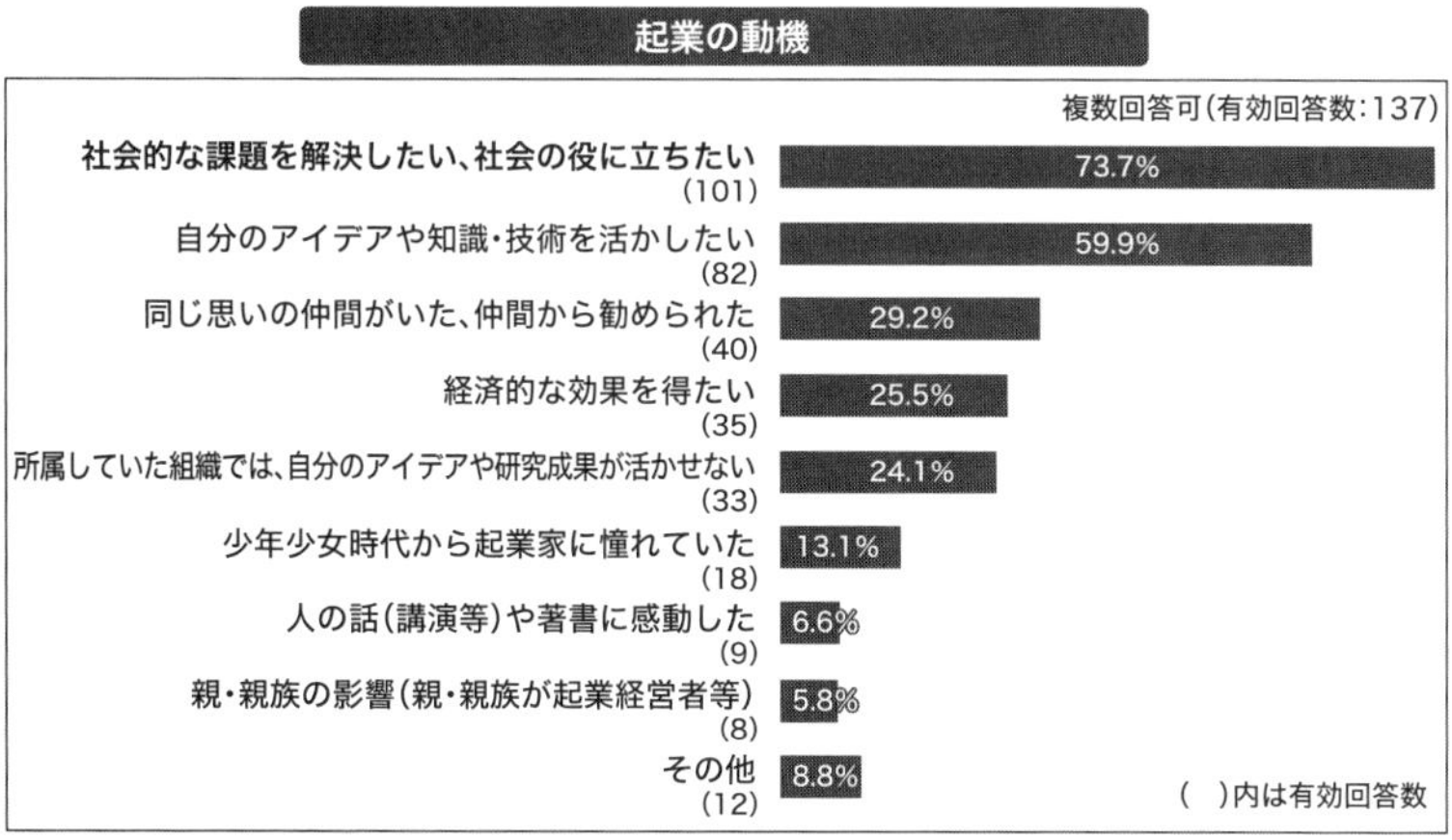

(注１)「2021年」は、2021年5月11日～6月11日にかけて設立5年以内のベンチャー企業を対象としてWebアンケート調査を実施。

(注２)「社会的な課題を解決したい、社会の役に立ちたい」は、2019年においては64.8%で第１位、2020年においては72.3%で第１位。

(出所)一般財団法人ベンチャーエンタープライズセンター「ベンチャー白書2021」

支援の仕組みづくりに加えて、人材育成も課題となる。むしろ、それこそが重要であり、そして難しい課題だろう。

図表83は、起業の動機だが、お金儲けをしたいというよりは、社会的な課題を解決したい、社会の役に立ちたいと考えている方が多いことが分かる。これを見ると、日本人はやはり真面目なのだと思うし、まだまだ捨てたものでもないと思う。

改めて**図表83**を見て頂きたいのだが、この中で興味深いのは、五番目に挙げられている「所属していた組織では、自分のアイデアや研究成果が生かせない」という理由である。複数回答可能な調査なので、起業しようと思った方の四分の一が、これまで勤めてきた会社への不満を理由としているということになる。起業を促すという観点からは外れるが、もしも社内の環境が異なっており、企業の中でやりたいと思う挑戦ができていれば、彼らは会社に残り、会社にとって大きな利益を生み出していたのかもしれない。この点に関しては、会社側が顧みるべきであると感じている。

株式会社マクアケという会社がある。クラウドファンディングとマーケティングを同時に行うことができる会社で、自分の商品をマクアケに持ち込むと、マクアケがその商品をサイトに掲載し、販売してくれる。サイト上では商品の販売ができるだけではなく、消費者が商品をどう感じているのかを知ることもできる。マーケティングの機能を兼ね備えているというのはそういう意味である。

マクアケのサービスはスタートアップ企業を中心に利用されてきたが、最近では大企業に勤めている方々の出品も増加している。大きな企業であるほど、自分のアイディアで新商品を開発しても、上司や会社としての判断によって販売までこぎつけられないことが多い。それに納得できない人たちが、自分たちのアイディアは本当にダメなのか、それとも消費者には魅力的に映るのかを確認するためにこのサービスを利用するのである。そして、サイトを通じて商品の魅力が認められたときには、大企業を辞めて起業に踏み切っていくこともある。

このようなサービスが一般的になる前までは、たとえ不満があったとしても、この会社で生きていくためには仕方がないと諦めていたのかもしれないが、今では自分の力を確かめたうえで、その力を生かせない企業に見切りをつけることができる社会になった。成功の確信を得てから挑戦できるという意味で、安定志向である日本人の気風にも馴染むし、非常に面白い動きだと思うが、企業にとっては優秀な人材を失ってしまうということになる。このことを防ぐためにも、優れたアイディアを評価できる目を、企業側も養っていかなければならない。

改めて、スタートアップを巡る状況を見ていくが、日本の開業率はこの10年間、おおむね5％程度で推移している（図表84）。他の先進国も近年になって開業率が上昇しているわけではないが、日本に比べればもともとの水準が高い。図表85は廃業率の推移だが、直近での日本の廃業率は3％台と低い水準にある。日本では、なかなか起業家が増えないものの、一度起業してしまえば継続した経営が行えている傾向にあることが伺える。やはり、日本人は起業に踏み切る前に、事業が成功するかどうかを相当慎重に検討しているのだろう。

海外は日本とは対照的で、起業率は高いが、廃業率もまた高くなっている。アメリカなどは失敗に寛容で、失敗を経験した経営者のほうが、銀行からの融資を受けやすいそうだ。なぜならば、一度失敗している人たちは、その原因を分析して次に活かすことができるからである。はじめての挑戦に比べ、二度目の挑戦のほうが成功する確率が高いと考えられているのだ。

ところが、日本の場合には、一度失敗しただけで経営者失格の烙印が押されてしまい、次の挑戦のための融資を受けることは非常に難しくなる。だから人々も失敗しない

図表84　開業率の推移

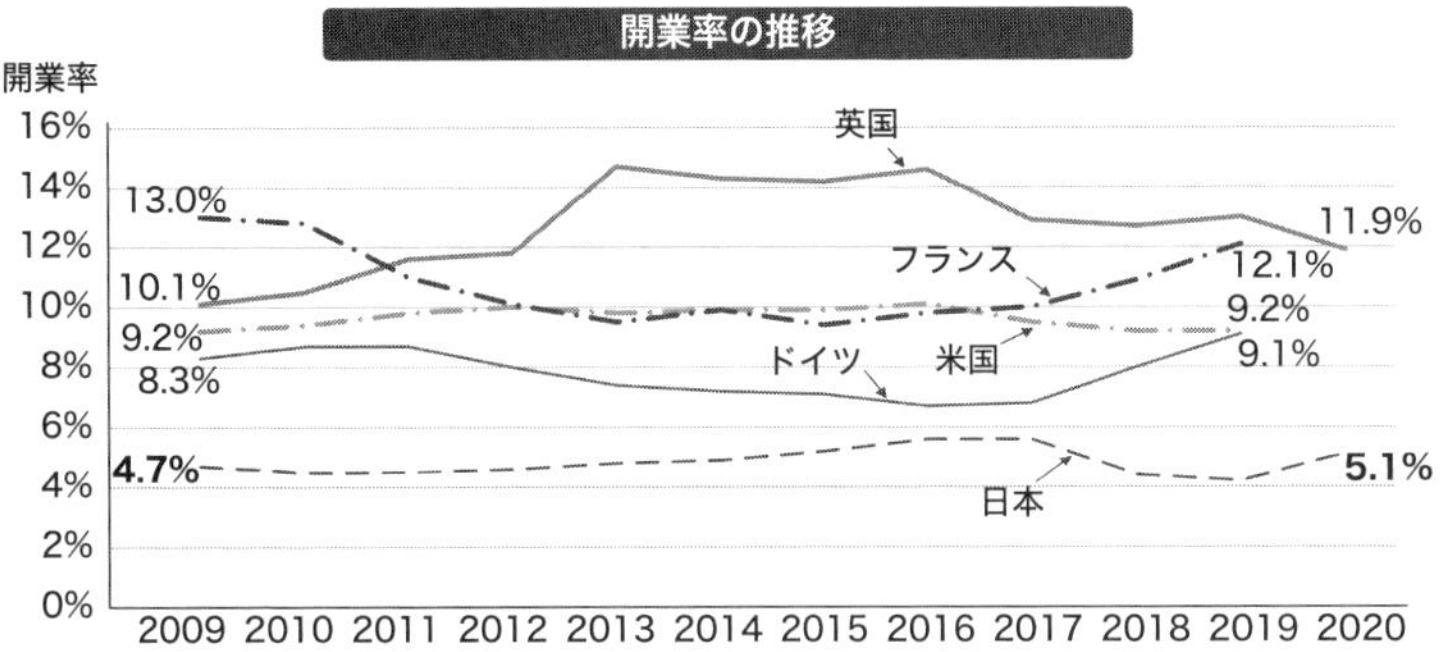

（注）開業率＝当該年度に雇用関係が新規に成立した事業所数／前年度末の雇用保険適用事業所数
（出所）中小企業庁2022年度版「中小企業白書」

図表85　廃業率の推移

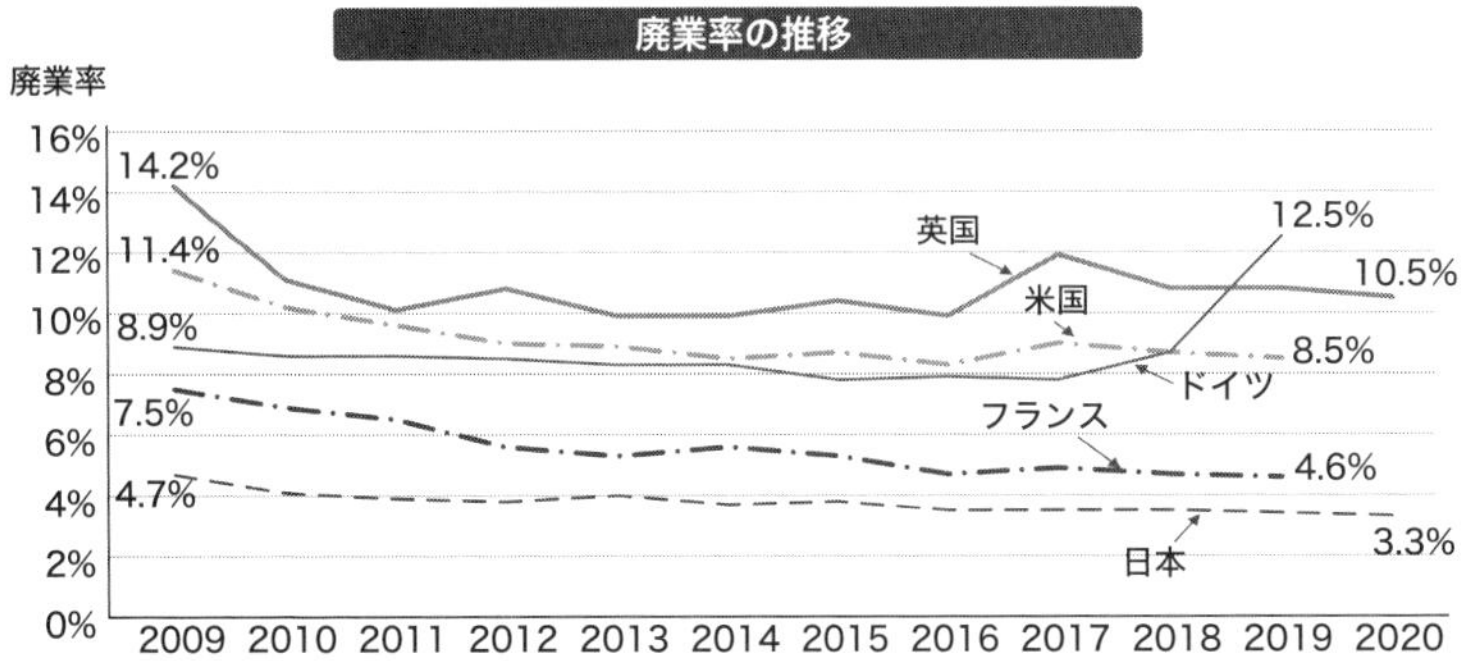

（注）廃業率＝当該年度に雇用関係が消滅した事業所数／前年度末の雇用保険適用事業所数
（出所）中小企業庁2022年度版「中小企業白書」

ようにと慎重になり、開業率も廃業率も低くなるのだろう。
私は、このような現状を良いとは考えていない。失敗は成功の母ともいうが、新しい道を切り開こうとする人を育てるには、失敗を経験したとしても、何度でも再チャレンジできる国にしていかなければならないと考えている。

（6）やはり人材

少子化が加速する我が国において、経済を活性化させていくためには、人材の育成と活用が何より欠かせない要素である。ここでいう人材とは、前述したような、新たに事業を興そうという起業家だけではなく、企業に入社して活躍する方々のことも指している。それだけではなく、日本社会全体を支えていく人たちすべてが大切であることは言うまでもない。

企業で働きたいと思っている方々にとって不幸なことは、希望した企業に入社できないこと、また、入社できたにもかかわらず、何らかの不満や不都合があり辞めてしまうことである。辞める理由は様々あるだろうが、企業が求める人材像と、働く方々が求める職場の環境や仕事内容のミスマッチがその一つだろう。このようなミスマッチが生ま

図表86　新卒採用選考で企業が重視すること

(%)

項目＼入社年月	2019年4月	2015年4月	2010年4月
コミュニケーション能力	82.4	85.6	81.6
主体性	64.3	60.1	60.6
チャレンジ精神	48.9	54.0	48.4
協調性	47.0	46.3	50.3
誠実性	43.4	44.4	38.9
ストレス耐性	35.2		
論理性	23.6	27.2	21.2
責任感	22.1	27.4	32.9
課題解決能力	19.8		
リーダーシップ	17.1	20.5	16.3
柔軟性	15.0	16.8	15.8
潜在可能性(ポテンシャル)	13.5	20.8	25.6
専門性	12.0	10.7	19.2
創造性	11.1	14.2	14.5
信頼性	10.9	12.5	13.7
一般常識	6.5	8.0	13.5
語学力	6.2	5.4	2.6
履修履歴・学業成績	4.4	4.8	5.4
留学経験	0.5	0.4	

(出所)日本経済団体連合会「新卒採用に関するアンケート調査(各年)」
(注) 1.調査対象は経団連会員企業
2.2018年度調査(2019年4月入社対象)の「その他」を除く選択肢19項目について表示した。過年度の空欄は調査項目自体がない

れる原因を、採用段階にまで遡って考えてみたい。

第三章にも掲載したものだが、図表86は、企業が採用段階で重視する要素を示している。コミュニケーション能力が最も重視される一方、大学での成績の善し悪しはほとんど評価の対象にはなっていない。多くの学生さんは真面目に勉強や研究に励んでいると思うが、就職活動において、そうした取り組みはさほど重んじられないのである。企業は、学業の成績よりも、現代社会を生き抜く力を求めているのである。

なぜ、企業は学業の成績を重視しないのだろうか。それは、日本の教育が基本的に就職を前提としていないことと無縁ではない。大学における学びの内容と、仕事で必要となる知識が異なっているために、企業側からすれば、大学でどのような成績を収めていようと大して関係ないのである。実際に、企業の経営者の方々から、「仕事に必要な知識は入社後の研修で教えるので、それで十分である」と伺ったことがある。確かに、私自身の経験と照らし合わせても、医学部時代に学んだことよりも、社会に出て、実践の中で学んだことのほうがはるかに役に立っていると感じる場面は多い。

また、とある医学部の教授からは、「学生の卒業時の成績は、入学試験の成績とはほとんど関係がない。面接試験の点数のほうが相関している」という話を伺ったことがある。入学時に成績が良くても卒業時に振るわない学生もいれば、その逆もいる。最も相関がありそうなのは、筆記試験ではなく、面接試験だそうで、面接試験で高い点数を取っていた学生は、優秀成績で卒業していく傾向にあるのだそうだ。そうしてみるとやはり、コミュニケーション能力が高い学生のほうが、最終的に良い成績を取っているようである。ある意味納得できる話ではあるが、そうなると受験の選抜自体に問題があるようにも考えられてくる。

企業もこのような傾向を理解したうえで、コミュニケーション能力の高い人材を求めているのかもしれない。また、大学において、就職を見据えた職能教育が乏しい

図表87　採用にあたってとくに重視する人材要素２つ選択

性格面で重視する要素

(%)

重視要素＼企業規模・産業	規模・産業計 100.0 (291社)	1,000人以上 100.0 (102社)	300〜999人 100.0 (122社)	299人以下 100.0 (67社)	製造業 100.0 (103社)	非製造業 100.0 (188社)
協調性	45.0	44.1	44.3	47.8	48.5	43.1
積極性	43.3	41.2	45.9	41.8	46.6	41.5
行動力	26.8	30.4	31.1	13.4	33.0	23.4
明るい	24.1	20.6	26.2	25.4	21.4	25.5
責任感	18.6	15.7	17.2	25.4	14.6	20.7
柔軟性	11.3	13.7	9.0	11.9	10.7	11.7
忍耐力	9.6	7.8	8.2	14.9	8.7	10.1
粘り強い	8.2	8.8	6.6	10.4	7.8	8.5
外交的	5.8	7.8	5.7	3.0	2.9	7.4
計画性	2.4	2.9	3.3	—	1.0	3.2
その他	3.8	5.9	1.6	4.5	4.9	3.2

(出所)日本経済団体連合会「新卒採用に関するアンケート調査(各年)」

(注) 1.調査対象は経団連会員企業

2.2018年度調査(2019年4月入社対象)の「その他」を除く選択肢19項目について表示した。過年度の空欄は調査項目自体がない

ことも課題である。

企業が求める人材像をもう少し詳細に見ていくと、性格面で重要視されているのは二つであり、一つは協調性、もう一つは積極性である（図表87）。大きな企業に限らず、私の事務所のような小さい組織であっても、協調性は重要であり、企業が協調性を求めるのは当然だと思われる。また、誰かに言われてから行動するのではなく、自ら考え行動する力である積極性を求めることも当然である。

能力面に関しては、やはり圧倒的にコミュニケーション能力である（図表88）。コミュニケーション力が能力に分類されるのかという点に関しては、やや違和感

図表88　採用にあたってとくに重視する人材要素２つ選択
能力面で重視する要素

(%)

企業規模・産業 ＼ 重視要素	規模・産業計 100.0 (290社)	1,000人以上 100.0 (102社)	300〜999人 100.0 (121社)	299人以下 100.0 (67社)	製造業 100.0 (103社)	非製造業 100.0 (187社)
コミュニケーション力	79.3	80.4	81.0	74.6	76.7	80.7
問題解決力	30.3	30.4	31.4	28.4	30.1	30.5
チャレンジ力	28.3	30.4	28.9	23.9	36.9	23.5
基礎学力	25.5	21.6	24.8	32.8	26.2	25.1
持続力	10.3	9.8	9.9	11.9	4.9	13.4
創造力	9.0	7.8	5.0	17.9	12.6	7.0
リーダーシップ	6.9	6.9	9.1	3.0	1.9	9.6
専門能力（資格など）	2.8	3.9	2.5	1.5	1.0	3.7
企画力	1.4	—	1.7	3.0	1.9	1.1
洞察力	1.4	2.0	0.8	1.5	1.9	1.1
語学力	0.7	1.0	0.8	—	1.0	0.5
国際感覚	0.7	—	0.8	1.5	1.9	—
その他	0.3	1.0	—	—	—	0.5

（出所）日本経済団体連合会「新卒採用に関するアンケート調査（各年）」
（注）1.調査対象は経団連会員企業
2.2018年度調査（2019年4月入社対象）の「その他」を除く選択肢19項目について表示した。過年度の空欄は調査項目自体がない

があるが、大多数の企業がこの力を重視している。

本書の巻末にはベンチャー企業の紹介ページを設けているが、そこに掲載している「株式会社ＡＢＡＢＡ」という企業は、大企業の最終面接で落ちた人たちを対象に再就職支援を行っている。人材の有効活用という観点からも、面白い点に着目したビジネスである。

最終面接まで進めるくらいだから、優秀な人材なのだろうが、そこで落ちてしまうということは、何らかのミスマッチがあるということである。職種が向いていないと判断されたからという理由も考えられるが、コミュニケーション能力の不足が理由である場合もありうると考えている。私は社長さんに、「面接に落ちてしまった方々の性格を分析したうえで、コミュニケーション能力のような、企業側が求めるスキルを身につけさせるための教育を提供するべきではないか」と伝えている。

一方就職活動をしている学生さんたちは、企業ほどにはコミュニケーション能力が重要であるとは思っていない（図表89）。この認識の違いは非常に大きく、アピールするべきと考えているポイントが異なっているために、入社試験に落ちている方も少なくないのではないかと思う。さらに学生側は、アルバイトの経験やサークル活動をアピール

図表89 _ 企業の選考重視点と学生のアピールポイント比較

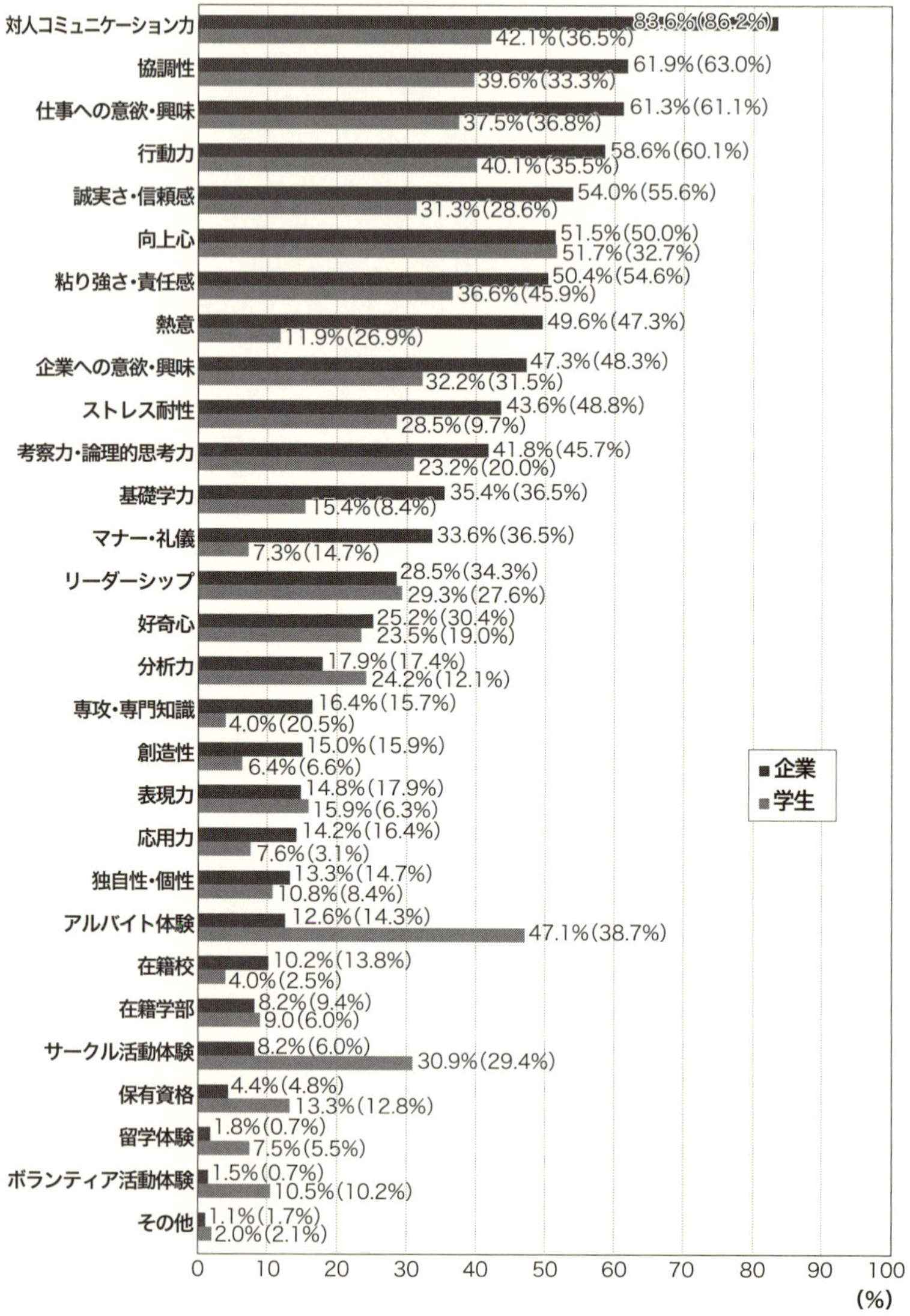

（出典）株式会社ダイヤモンド・ヒューマンリソース「2024卒 採用・就職活動の総括」

ポイントだと考えているが、企業からの評価は高くない。企業は、バイトやサークル活動そのものではなく、それらの活動を通じて培われたコミュニケーション能力や協調性を重視しているのである。

繰り返しになるが、若い世代が減っていく中で、人を育て、社会で活躍してもらうことは非常に重要なことである。企業と働き手の間にあるミスマッチをなくしていくために、教育の現場とも連携して取り組んでいかなければならないと思っている。

終わりに

失われた30年間という停滞の期間や新型コロナのパンデミックを経て、我が国の経済の構造は大きく変わった。貿易収支が赤字に転落し、ものづくり国家としてのあり方が揺らいでいる今、これから何で稼いでいくのかを考え、日本はどのような国を目指すのかということを、もう一度明確にしていかなければならない。

貿易赤字の原因は第一に円安だが、その他にも大きく二つの理由が考えられる。一つは、石油のように日本では産出できない資源等の輸入が続いていること。石油だけでなく、海外で栽培される、あるいは養殖される食品や、海外メーカーが製造している医薬品などもこちらに分類される。基本的には輸入に頼らざるを得ないものである。

もう一つは、日本企業の製品であるにもかかわらず、海外の工場で製造されているために輸入されている製品である。こちらに関しては、製造拠点の国内回帰によって解決することが可能である。また、前者に関しても、例えば新型コロナウイルスのワクチンのように、日本企業が技術を持っていれば開発できたかもしれない製品もある。つまり、日本の研究開発力をきちんと高め、諸外国に劣らないスピードで世の中に必要とされている製品を開発できるようになれば、輸入の拡大を防げるだけでなく、輸出によって稼ぐこともできる。

かつて、日本の家電製品が世界を席巻した時代には、アメリカは対日赤字の拡大を背景に、輸入規制に関する交渉や日本製品の不買運動を展開した。こうした措置は一時的な効果はあったものの、根本的な解決策とはならず、日本製品の輸入はさらに拡大した。そこでアメリカはどうしたのかというと、自国の産業を成長させていくための別の道を模索するようになった。つまり、家電製品以外のものづくりを考え始めたのである。

アメリカは軍事産業に多額の予算を計上しており、その分野で基礎研究を展開している。そこでの研究成果を活用して、ＧＰＳやインターネットなどの革新的な技術を生み出していった。新しい技術を開発したことで、アメリカは今でも世界をリードする経済大国でいられるのである。

日本もこうした事例に学び、貿易赤字だからとものづくりを諦めるのではなく、研究開発に力を入れて、付加価値の高い新たな製品を作っていくことが必要なのである。

日本は今、円安に苦しんでいる。円安を解消するため、日銀はようやくマイナス金利を止めることにした。金融が正常化し、アメリカとの金利差が縮小すれば、円高に押し戻す動きも広がっていくだろうと思われる。しかし、現下の円安トレンドは、金利差の縮小だけでは終わらない。過剰な円安を是正するには、金利の引き上げ以上に日本経済を活性化させることが重要である。

政府は貯蓄から投資への動きを推進し、実際に積み立てＮＩＳＡのような制度を利用して投資を始める人は増えている。物価上昇局面に差し掛かり、ただお金を寝かせているだけでは意味が無いどころか、資産が目減りしていく状況にあるのだから、資産を守るためにも投資が有効な手段となる。しかし、投資の対象として多くの方が選んでいるのは外国の株や債券である。私も積み立てＮＩＳＡを始めたが、運用しているのは外国への分散投資である。

海外の商品を買うときには、必然的に円を売ってドルを買うことになる。つまり、投資の矛先が外国に向かうほど、円安が加速するのである。一方、このような投資行動の結果、第一次所得収支の黒字幅が大きくなり、経常収支はいまだに黒字を保てている。

このように、日本経済は、大きなジレンマを抱えているのである。

このジレンマを解消するためにも、やはり研究開発等を通じて日本企業の力をつけていくことが重要である。日本企業が強くなり、経済が成長していけば、日本への投資を行う環境が整っていくからである。

また、研究開発と同時に、人材育成も行っていかなければならない。その中で、私は、若い経営者を育てていくことが重要だと思い、月に一度ベンチャー企業を対象とした勉強会を開催している。開催実績は50回以上となり、延べ600社程度の企業に参加頂いている。ありがたいことに、複数回参加してくださっている方も多い。事業内容も多種多様だが、どの企業もビジネスモデルが面白く、よくこのようなことを考えるものだと感心させられているし、発想力と行動力がある彼らのような経営者が頑張っているのであれば、日本の未来は明るいのではないかと感じている。また、私自身、若手経営者の力になっていきたいと思い、私のできる範囲で協力させて頂いている。

その取り組みの一つとして、本書の最後に、ベンチャー企業の紹介コーナーを設けさせていただいた。紙面の都合もあり、関わりのある全ての企業を紹介することはできなかったが、いずれも面白い取り組みをしている企業なので、ぜひお目通しいただき、応援していただければ幸いである。

企業紹介

※企業名五十音順に掲載

01

株式会社　アートフレンドGROUP

代表取締役　近藤正人

アートフレンドGROUPは、魅力的な運送会社を支援するため、独自のカスタムトラックを制作する専門企業です。トラックを単なる輸送手段としてだけでなく、企業のブランド力を強化するシンボルとして捉え、デザインと技術を駆使して、他にはないかっこいい車を提供しています。

見た目のインパクトはもちろん、機能性や安全性を重視したカスタマイズにより、運送業務の効率向上も実現。特に、荷物の種類、積載

会社概要

【所在地】愛知県一宮市明地井ノ内37番地
【電話番号】0586-659-8364
【E-MAIL】af@artfriend.co.jp
【ＵＲＬ】https://artfriend.co.jp/

量に合わせた改良を施すことで、運転手や会社にとって理想的なパートナーとなるトラックを生み出しています。また、トラック業界の活性化を目指し、運送会社の競争力を高めることにも貢献しています。さらに、かっこいいトラックは若手社員の採用にも役立っており、企業の魅力を引き出す一つの重要な要素となっています。

顧客の声を反映させた一台一台の車両が、企業の個性を際立たせる重要な役割を果たしています。

著者推薦コメント

アートフレンドＧＲＯＵＰは、物流業界の人手不足という社会問題に対し、「企業の魅力を引き出すカスタムトラックの制作」という他にはない視点から解決を試みています。意欲的に課題に取り組み実績を挙げているご活躍は、賞賛に値します。

02

株式会社　アーリークロス

代表取締役　花城正也

株式会社アーリークロスは、中小零細企業向けに企業型確定拠出年金の導入支援をワンストップで提供しています。この制度は、毎月の掛け金を積み立て、社長や従業員が自ら年金資産を運用する仕組みです。これにより、従業員が自分の老後資産を形成できるだけでなく、社長の退職金準備や企業全体の経営安定にも大きく貢献します。

中小企業の企業型確定拠出年金導入率はわずか1％に過ぎません。

会社概要

【所在地】福岡県福岡市中央区天神４丁目２番31号 第２サンビル５階

【電話番号】092-980-7498

【E-MAIL】info@early-cross.com

【ＵＲＬ】https://www.early-cross.com/company/

この状況を改善し、企業が従業員の老後資産をしっかりとサポートすることは、従業員の生活の安定に直結します。そして、その結果として、企業の生産性向上や社員のモチベーションの向上が期待できます。さらに、この制度の普及は、日本全体が抱える年金問題の解決にもつながり、経済の安定と成長を促進する重要な要素と考えています。

私たちアーリークロスは、企業型確定拠出年金の導入を通じて、企業とその従業員の未来をより明るいものにし、日本社会全体にポジティブな影響をもたらすことを目指しています。この制度が当たり前に導入される社会を実現するために、リーディングカンパニーとして引き続きその役割を果たしてまいります。

著者推薦コメント

自分たちの資産の価値を守り、将来に備えるために、運用はとても有効です。日本ではまだまだ資産運用への抵抗感が根強いですが、それは知識やノウハウ不足から生まれるもの。アーリークロスさんのサポートを受ければ、不安も解消するはずです。

03

株式会社　アウナラ

代表取締役社長　佐伯孝通

株式会社アウナラは、調剤薬局M&A仲介事業を展開しておる、スタートアップ企業です。夢は大きく特化型M&A仲介としての初のIPO、時価総額1000億円企業になることです。昨今、全国6万件の調剤薬局は、調剤報酬の改定や医薬品納入価の値上げにより、経営の選択と集中を迫られております。そんな中、当社アウナラは、元薬歴メーカー販売会社社長の私を中心に、複数の薬局専門営業メンバーにて、全国、規模問わず〝本質的な調剤薬局M&A〟をご提案、成約

会社概要

【所在地】東京都渋谷区道玄坂 1-18-8
道玄坂プラザ仁科屋ビル 6 階
【電話番号】03-4400-4310
【E-MAIL】info@aunara.jp
【ＵＲＬ】https://www.aunara.jp

できることが可能です。

実績として、２０２４年５月に３期目を終えた当社は、業界としては異例の、累計80件もの調剤薬局M＆Aをご支援しました。調剤薬局M＆Aの成功は、患者様の医療導線を守り、医療機関様の、サービスの質の担保と向上の一助になるものと、強く信じております。

最後に、調剤薬局関係者の皆様で、経営にお困りの方がいらっしゃったらお気軽にご連絡ください。

何卒、宜しくお願い致します。

著者推薦コメント

株式会社アウナラは、高い専門性に基づいて、調剤薬局の売り手、買い手双方に真摯に寄り添ったサービスを提供しています。売り手の仲介手数料が無料というのも嬉しいポイント。薬局経営にお悩みの方はぜひご相談ください。

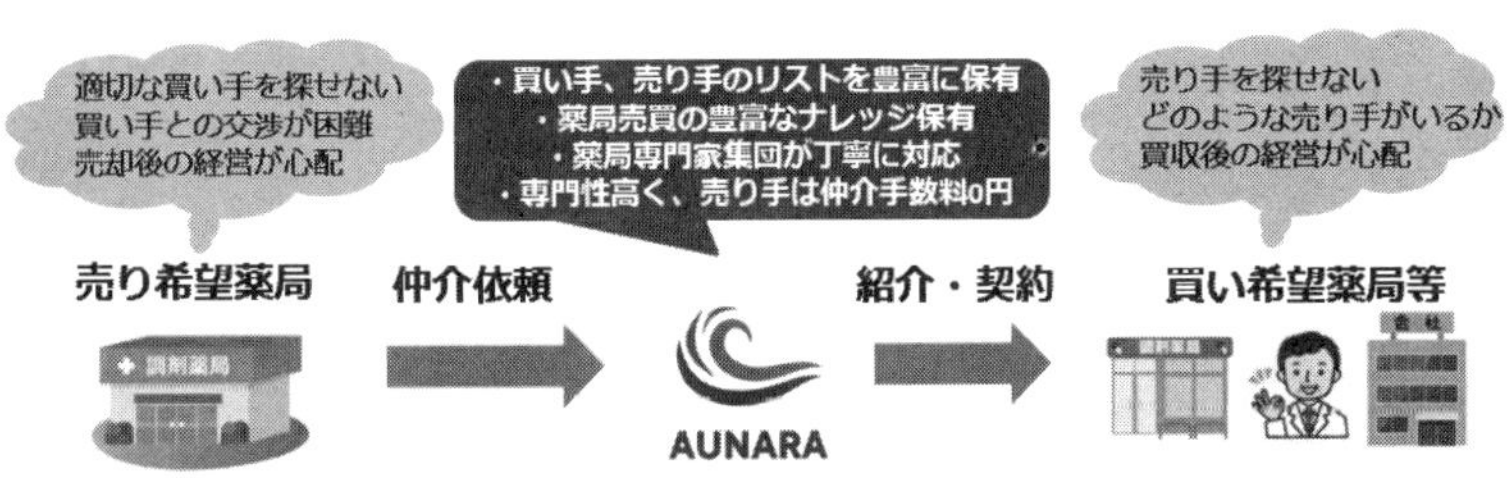

04

株式会社　ＡＢＡＢＡ

代表取締役　久保駿貴

株式会社ＡＢＡＢＡは「就活の過程が評価されたスカウトが届く」サービスを提供しています。

従来の就職活動のシステムでは、不採用になった瞬間そこまでの努力が水の泡になってしまい、一からやり直す必要がありました。

我々の提供する『ＡＢＡＢＡ』は、就活生が最終選考まで進んだ証拠や、その先で受け取った不採用通知を提出することで利用できるサービスです。

会社概要

【所在地】大阪府吹田市古江台 3-1-3-306

【電話番号】03-4570-0067

【E-MAIL】info@hr-ababa.com

【ＵＲＬ】https://hr.ababa.co.jp/company

企業は「最終選考に進んだ企業名」で学生を検索できるため、競合他社などで高い評価を受けた学生を効率的に探してスカウトを送ることができます。

自分を否定されたようにも感じる不採用通知を何通も受け取る体験は、就活生のメンタルヘルスにも悪影響を与えています。警察庁の統計によると20代の自殺者のうち、毎年約80人が「就職失敗」を理由に自殺しているということです。

不採用通知を次の希望につなげることで就活生を助け、企業間での新卒人材の流動性を高める挑戦をABABAは進めています。

著者推薦コメント

株式会社ABABAは、「就活の過程を評価する」という新しい発想のサービスを提供する企業です。人材の有効活用と、社会課題である「若年層のメンタルヘルスの悪化」を解決するため、新しいシステムを作っています。私自身、心療内科医として注目しているサービスです。

05 株式会社 ensoleillé.（アンソレイユ）

代表取締役　昆芳孝

パティスリー・エ・カフェ　アンソレイユは、仙台市郊外の住宅地に店舗を構えた、菓子類の製造販売とカフェ営業を行う会社です。

材料にこだわった商品が特徴で、国産小麦粉、発酵バター、地元産鶏卵等を使用した菓子類に、天然酵母の自家製パン、地産ブランドのもち豚を使ったランチが人気を博し、県内外から多くのお客様にご来店いただいております（過去グルメサイトにおいて全国2位の実績あり）。

会社概要

【所在地】宮城県仙台市泉区館４丁目22−8

【電話番号】022-376-5189

【E-MAIL】ensolesendai@gmail.com

【ＵＲＬ】ensoleille-sendai.com

【ECサイト】ec.ensoleille-sendai.com

カフェでお出ししている台湾茶や紅茶の品質も厳選しており、特に紅茶はドイツ２００年の歴史があるロンネフェルト社の茶葉を使用しています。生洋菓子は、アニバーサリーケーキに乗せるアイシングクッキーのセミオーダーサービスが特に好評をいただいております。お客様のご希望に応じ、パティシエがハンドメイドで丁寧に仕上げており、同スタイルのＸｍａｓケーキは百貨店様のカタログの表紙を飾らせていただいたこともございます。

令和２年に法人成りをし、自社ＨＰとＥＣサイトを開設しました。オンラインストアでは焼菓子ギフト等、全国各地からご注文をいただいております。

ホームページ

ECサイト

著者推薦コメント

材料にこだわり、ハイクオリティなものづくりを通して美味しさを追求されているアンソレイユさんの商品は、お祝いやお礼の品としても重宝します。親しい人への贈り物や、日々頑張っている自分へのご褒美に、ぜひホームページを覗いてみてください。

06

杏美株式会社

代表取締役　永杉彩

杏美株式会社は、2015年より個人専門の看護サービスを始め、1対1のサービスにこだわっています。接遇マナー研修を受けた看護師による質の高い介護および看護サービスは、お客様から高く評価されています。

近年、外国人看護師や医師が増え、外国の患者様にも日本の医療や看護を安心して受けていただきたい想いから、2020年より医師や看護師による高品質な医療通訳サービス『Medilator』も始めました。

会社概要

【所在地】東京都中央区銀座 7-13-6 2F
【電話番号】03-4400-2866
【E-MAIL】ambico2015@gmail.com
【ＵＲＬ】https://www.medilator.com/

私たちの得意分野である「日本の医療」を海外の方々に紹介し、医療通訳によるインバウンドサービスで日本の経済を活性化することをミッションとしております。

経営理念は、「高品質な看護サービスを提供すること」であり、ＢｔｏＢサービスとして看護師マネジメントサービス（医療接遇マナー研修やスケジュール管理、マニュアル管理等）を提供しております。

著者推薦コメント

代表の永杉さんは客室乗務員の経験をお持ちの看護師であり、彼女自らが行う出張研修は医師を含む医療従事者から高く評価されています。口コミが経営を左右する現代において重要性を増す患者への接遇を学ぶことができるサービスは極めて有用です。

07

株式会社 E-MAN

会長 三木雅史

株式会社E-MANは、外国人向け日本語学習ソフトウェアを開発する企業です。eラーニングを活用し、動画講座や演習問題を通じて、通常の半分の時間で日本語をマスターできる新しい学習システムを提供しています。特に、日本語を教える方法に悩む事業者様から高く評価されており、14年の英会話指導ノウハウを結集したカリキュラムと、一流講師の授業をいつでもどこでも学習できる高機能LMSシステムが特徴です。毎月のライブレッスンも実施され、メリハリのあ

会社概要

【所在地】東京都港区芝5丁目27番3号
3階 MBC-A16
【電話番号】050-5539-2470
【E-MAIL】mail@nihongocafe.net
【URL】https://nihongocafe.jp

る学習が可能です。

この独自のカリキュラムにより、従来20％だった合格率を93％に向上させ、12ヶ月かけても解ききれないほどの豊富な問題を提供しています。また、講師を呼ぶ手間や費用を9割削減し、テストの採点や学習状況のリアルタイム管理、個別のコーチングも可能です。

Ｅ－ＭＡＮの経営理念は、「オンライン教育を通じた社会貢献」であり、教育の未来を創造し、教育機会を広く提供することで社会の発展に貢献し、ともに成長し続けています。

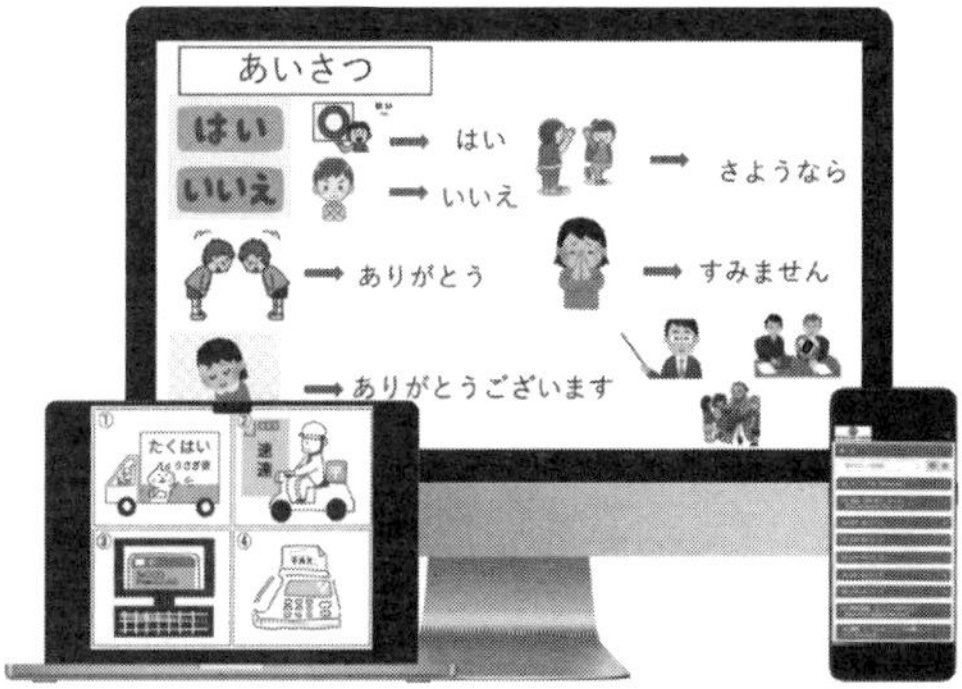

著者推薦コメント

人手不足が深刻化する中、外国人労働者を受け入れたいと思っている事業者様はたくさんいらっしゃいますが、言語の壁が大きな困難となっています。そんなときに大きな力になってくれる企業です。

08

株式会社 Vstudio

取締役 大場卓也

株式会社 Vstudio は、VSEO(Video Search Engine Optimization)を専門に扱う企業です。通常のSEOとは異なり、動画を活用して検索エンジンの最適化を行い、YouTube コンテンツの上位表示を目指します。動画作成からチャンネル運用管理までをワンストップで提供し、認知拡大や想起率を向上させるサービスを展開しています。また、CMやプロモーション映像を中心とした、映像全般の企画・制作にも取り組んでおり、企業のブランディングやマーケティング戦略を

会社概要

【所在地】宮城県仙台市青葉区国分町1丁目4-9 enspace
【電話番号】050-3184-1414
【E-MAIL】t-oba@vstudio.co.jp
【URL】https://vstudio.co.jp/

強力にサポートします。

さらに、各種ＳＮＳの運用において成果を欠かせないショート動画の制作にも力を入れており、TikTokやInstagramリールなど、短時間で視聴者の興味を引くコンテンツ作成をサポートします。これにより、ＳＮＳプラットフォーム上でのエンゲージメント向上やフォロワーの増加を狙い、クライアントのブランド価値を高めます。

動画マーケティングに関する総合的なソリューションを提供し、クライアントのニーズに合わせた柔軟な対応が可能です。

VSTUDIO

著者推薦コメント

株式会社Ｖｓｔｕｄｉｏには、２０２２年の参議院選挙で、私の政見放送を作っていただきました。「桜井充　政見放送」で検索し、映像を観ていただければ、Ｖｓｔｕｄｉｏさんの仕事のクオリティがよくお分かりいただけると思います。素晴らしい仕事ぶりをぜひご覧ください。

09

株式会社　うごきのクリニック

代表取締役　後藤淳一

株式会社うごきのクリニックは、医療関係者が協力し、多角的な研究を行う企業です。日本の健康課題を解決するためには、医師や運動専門家などの医療関係者が連携し、対策を講じる必要があります。しかし、まだ医療関係者が協力しながら共同研究を行えるインフラが整備されていません。そのため、私たちの組織は、意欲のある医療関係者が集まり、日本が抱える健康課題を解決する場を提供したいという思いで設立されました。

会社概要

【所在地】東京都中央区日本橋蛎殻町 2-5-4-902

【電話番号】03-6427-7154

【E-MAIL】goto@ugoki-clinic.com

【ＵＲＬ】https://ugoki-clinic.com/

文明の進化が急速に進む一方で、人々の心と体は徐々に退化しています。身体機能の低下、生活習慣病の危険性、脳疲労の蓄積、精神的な不調など、人々の心と体の健康に関する懸念が各地や各世代で叫ばれています。私たちは、次世代にも続く笑顔あふれる社会を創りたいと考えており、健康増進を通じて人々の笑顔の創造に貢献します。

著者推薦コメント

パソコンやスマホに囲まれた暮らしの中では、知らず知らずのうちに「体のゆがみ」が生じています。そんなゆがみを見える化し、足裏の感覚を刺激することで健康状態や運動能力の向上をサポートしようとする取り組みは、まさに時代に求められているプロダクトです。

姿勢の計測・見える化

足圧の偏りによる姿勢の見える化
認知機能・運動機能の計測

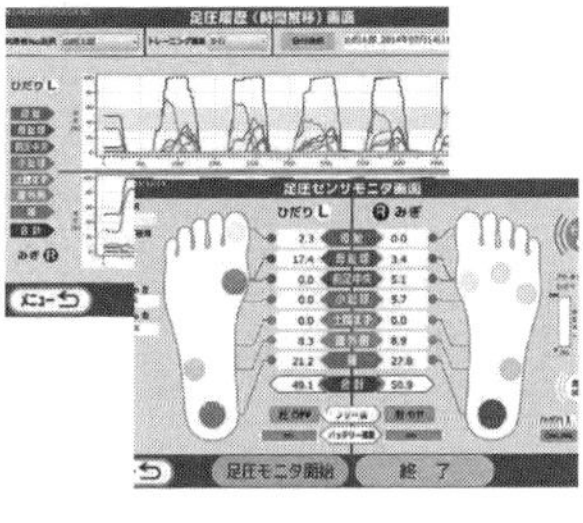

姿勢改善

足裏感覚を刺激するマットによる
姿勢改善エクササイズの実行

10

株式会社　エスティーム

代表取締役　和田真由子

当社は、「胸を張って生きていく、運命の一枚を」をミッションとして、既製服の課題を解決するアパレル事業を展開しています。主力ブランドは、胸が大きな女性のためのアパレルブランド「overE（オーバーイー）」。代表者自身がワイシャツの胸元のボタンが外れることや、服を着ると太って見えることに悩んでいたことから2016年に創業しました。現在はブラウス、ワンピースを中心に毎週新作を発売しています。一見ニッチと思われますが、食の欧米化等の影響に

会社概要

【所在地】東京都新宿区高田馬場 2-17-3-813　東京三協信用金庫本店ビル
【電話番号】03-6747-3683
【E-MAIL】info@overe-shop.com
【ＵＲＬ】https://www.esteem-inc.com/

より日本女性の4人に1人はEカップ以上と言われており、実はブルーオーシャン市場です。DNVB（Digitally Native Vertical Brand）と呼ばれるモデルで、SNSを通じて顧客様と一緒にブランドを醸成・育成していることが特徴です。早9年目を迎え、さらなる事業成長はもちろん、新ブランドへの展開も視野に励んでおります。

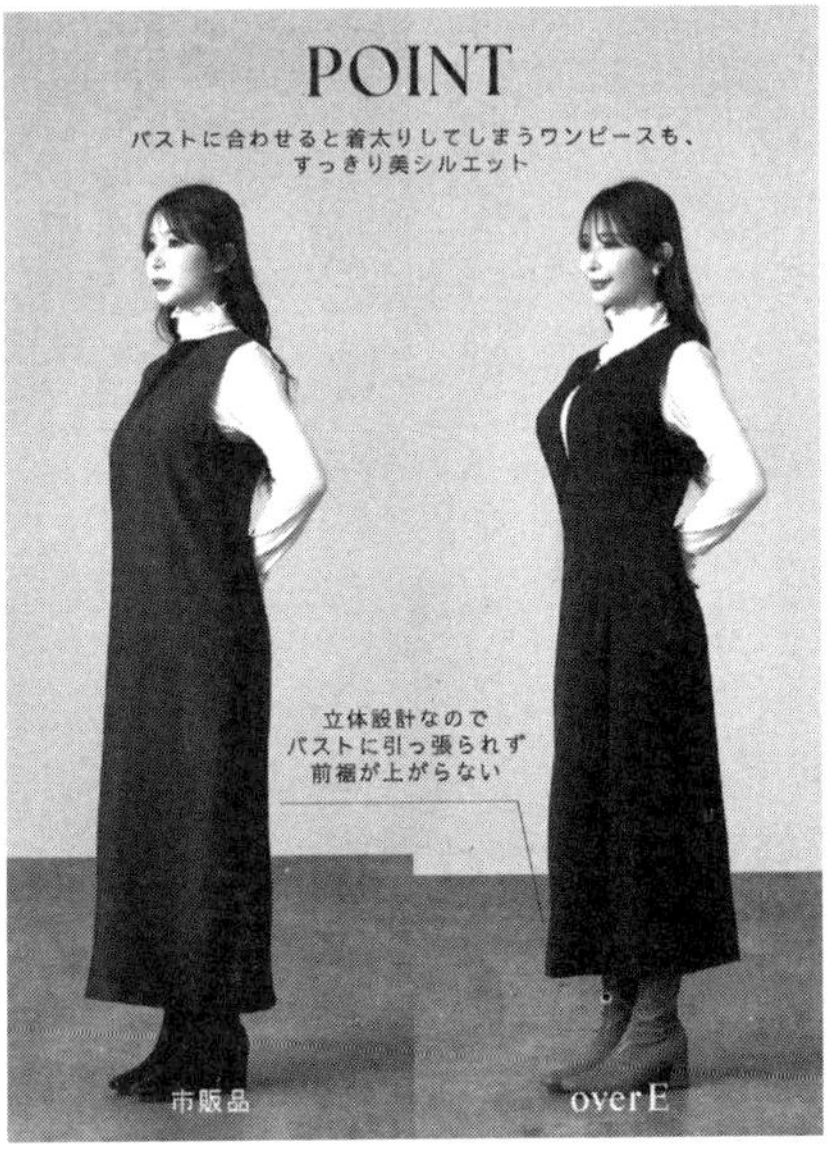

著者推薦コメント

overEの商品は、体型によって着たい服が着られない女性の悩みを見事に解決しています。しかし、体型がファッションの妨げになるのは女性に限ったことではなく、私からは、お腹周りが窮屈になりがちな男性の体型に合わせたブランドの展開を提案させていただいています。

11

株式会社　エルク（エルクトラベル）

代表取締役　川﨑俊介

企業向け出張手配サービス「出張手配プラス」を運営しています。
当社のサービスは左記のような企業様におすすめのサービスです。

①月額費用がかかる出張手配サービスを利用している。
②社員が立替え精算、または仮払い精算をしている。
③社員がどんな手配をしているかわからない。
④国内出張、海外出張を別々の旅行会社へ依頼している。

会社概要

【所在地】東京都千代田区神田神保町 2-2
神田神保町二丁目ビル
【電話番号】03-6261-2309
【E-MAIL】btm@elc.co.jp
【ＵＲＬ】https://www.tehaiplus.com/

⑤出張コストを下げたい。
⑥誰がいつ、どこへ、何で手配をしてるか管理したい。
⑦入社前の社員の手配をしたい。
⑧団体の手配もやってほしい。
⑨コンプライアンスを強化したい。

当社のサービスによって、このような企業様のお悩みをすべて解決できます。現在、２０００社に導入されています
安心、快適、コスト削減が可能な出張手配を実現できます。
ご興味がある企業様は、「出張手配プラス」で検索ください。

著者推薦コメント

ＤＸ化が進む中、「出張手配プラス」は企業の業務改善に適している、「あったらいいな」と思えるサービスです。システム改修のスピードも速く企業のニーズにも対応している今後の楽しみな企業の1つです。

12 クロスイノビア　株式会社

代表取締役　清水葉太

クロスイノビア株式会社は、環境変化、世代交代に対して強く生き抜く組織力の高い「自律型チーム経営の実現」を支援する会社です。他社にはない特長が3つあります。

1つ目は「全社員面談による丁寧な現状把握」です。一人60分、独自のメソッドに基づいて全社員面談することで、組織の現状を第三者評価として報告書にまとめます。

2つ目は「社員参加型のプロジェクトで実行」です。課題解決に向

会社概要

【所在地】東京都千代田区内神田 1-5-6
　　小山第二ビル 5F　クリエイティブ内
【E-MAIL】support@crossinnovia.com
【ＵＲＬ】https://crossinnovia.com/

けてどのような施策を行うにしても社員の実行力が鍵になります。課題解決には社員参加型のプロジェクト（委員会）を発足し、テーマに対して具現化と実行までを社員自らが考え行動する環境をつくります。

3つ目は「全てのプロジェクトにはコンサルタントが事務局として伴走」です。コンサルタントが事務局として全てのプロジェクトに参加し、プロジェクトの進行管理、会議の議題設定から資料の準備、司会進行、議事録作成、欠席者へのフォローなど、プロジェクトが掲げた目標が達成して社員が成功体験を積めるよう、丁寧にフォローアップしていきます。

人事評価制度改革が管理職を育成し、企業の収益性、組織の生産性を高めることから、最近では人事評価制度プロジェクトを導入される企業様が増えています。

著者推薦コメント

クロスイノビアさんのサービスを地元の企業に紹介させていただいたところ、とても好評で、会社の活性化にも繋がっています。組織を改革したい、事業継承を円滑に進めたいという企業にはとてもおすすめです。

13

株式会社　クロスリンク

代表取締役　矢野敦子

株式会社クロスリンクは、「元気な人が人を元気にする」というビジョンのもと、活力ある社会の実現を目指し、整骨院や鍼灸院、マッサージ院向けに予防医学を身近にするさまざまなプラットフォームを提供しています。

予約システム「ワンモアハンド」は、多様なニーズに対応し、店舗経営をスマートに行うとともに、施術者の負担を軽減する経営サポートツールです。現在、累計4000店以上の店舗に導入されています。

会社概要

【所在地】東京都港区新橋2-16-1　ニュー新橋ビル603-2
【電話番号】03-6263-0920
【E-MAIL】info@crossrink.co.jp
【ＵＲＬ】https://crossrink.co.jp/

問診・電子カルテ「カルッテ」は、施術者がカルテを簡単に記入・管理できるだけでなく、カルテを患者さんにシェアすることで、患者さんの満足度とリピート率の向上を実現します。さらに、予約システム「ワンモアハンド」と連携しているため、院内の業務効率化と顧客の取りこぼしを防ぐことができます。

これらのプラットフォームを通じて、整骨院・鍼灸院・マッサージ院のＤＸ化を推進し、予防医学の発展に貢献してまいります。

著者推薦コメント

社会の持続的な成長には「健康」が欠かせない、そんな思いで事業に取り組む矢野さんは、2022年に「東京女性経営者アワード（持続経営部門）」を受賞されたやり手の経営者。クロスリンクのサービスを通じ、予防医学が広まっていくことを私も期待しています。

14

株式会社　三恵社

代表取締役　木全俊輔

当社は、編集・印刷・販売流通を一貫して行い、短納期かつ低コストでの出版ができる、全国的にも珍しい出版社です。印刷会社として創業し、60年を超える歴史があります。

約30年前、少子化や学問の細分化により受講者数が少なくなったことで、出版が難しくなった大学テキストに目を付けた先代社長が、小ロットに特化した出版事業をスタートさせました。受講者数に応じて発行部数を調整し、著者負担ゼロでの出版が実現したことで好評をい

会社概要

【所在地】愛知県名古屋市北区中丸町 2-24-1
【電話番号】052-915-5211
【E-MAIL】info@sankeisha.com
【ＵＲＬ】https://www.sankeisha.com

ただきました。折しも出版不況が始まり、テキスト以外の依頼も増えていきました。

また最近では絵本の出版にも力を入れ、地元の才能ある作家を育成し、夢を叶えるサポートをしたり、親子に企業や商品を紹介するツールとして絵本を提案したりしています。

さらに、当社の経営理念「創造する精神・ＣＲＥＡＴＩＶＥ ＳＰＩＲＩＴＳ」に基づき、絵本作家の育成スクールや、研修用のボードゲームの開発など、お客様のニーズに応じた新しい取り組みにも積極的に挑戦しています。

常に創意工夫をして、お客様に貢献できるよう日々精進しております。

著者推薦コメント

三恵社さんには、この本の出版にあたっての作業を一手に引き受けていただきました。細かな要望にも迅速かつ丁寧に対応してくださるサポート体制は、私も自信をもってお勧めできるものです。出版をお考えの際にはぜひ三恵社さんにお声がけください。

15

株式会社 Genics

代表取締役　栄田源

株式会社Genicsは、早稲田大学ロボット研究室発ベンチャーとして、人と共存するロボット技術を目標に、世界初となる全自動歯ブラシ「g. eN（ジェン）」の開発および販売を行っています。

全自動歯ブラシ「g. eN」は、くわえるだけで楽に確実な口腔ケアを提供し、口腔から全身の健康維持をサポートします。まずは介護現場の口腔ケアの課題解決を目指しています。自らの力で手を動かして口腔ケアが行えず介助を必要とする障がい者や高齢者がブラシをくわ

会社概要

【所在地】東京都新宿区西早稲田 1-22-3
【E-MAIL】info@genics.jp
【ＵＲＬ】https://genics.jp/

えるだけで楽に口腔ケアでき、介助者の負担低減にもつながります。

現在は10代～90代の幅広い世代の方が日常の口腔ケアで活用しています。介護者の負担低減や利用者の口腔環境・口腔機能の改善などの効果実感に関する感想が多く寄せられています。

今後は一般向けの市場や海外展開も視野に入れた事業展開を進め、口腔データの活用による新たな市場創出も目指しています。

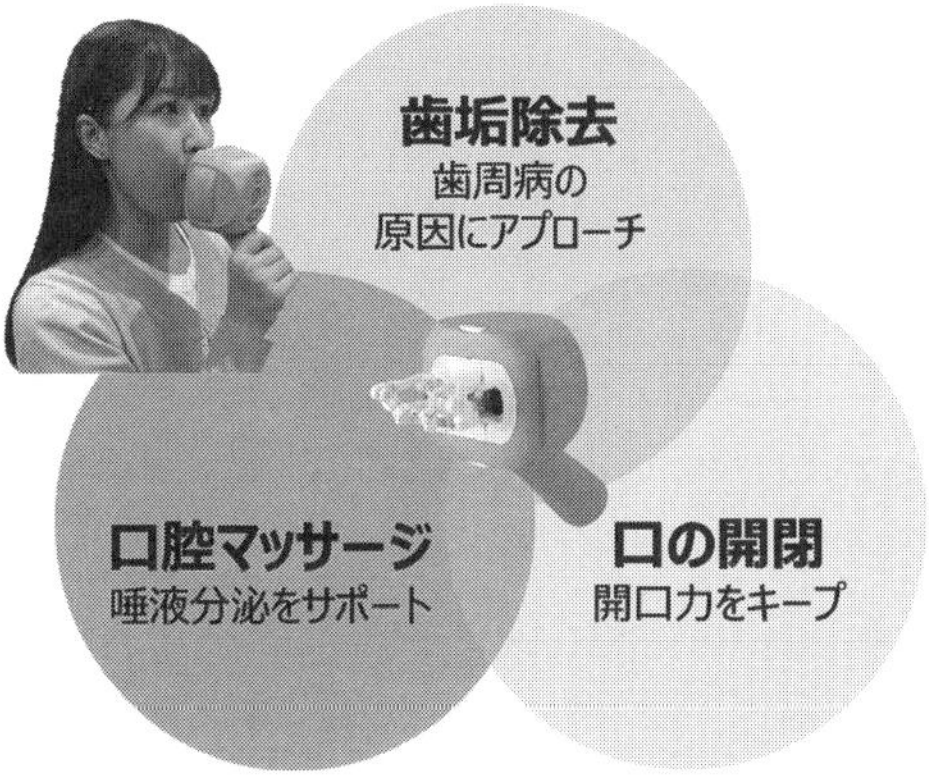

著者推薦コメント

あるようでなかった全自動歯磨き機。歯磨きに介助が必要な方々には大きな効果が上げられると思っています。

社会課題の解決に向けても、大変期待できる企業です。

16

株式会社 Ｊｅｌｐｅｒ Ｃｌｕｂ

代表取締役社長 光澤大智

株式会社Ｊｅｌｐｅｒ Ｃｌｕｂは、ハーバード大学などの世界トップ大学の日本人／外国人学生と日本の企業を対象としたオンライン採用プラットフォーム「Ｊｅｌｐｅｒ Ｃｌｕｂ（ジェルパークラブ）」を運営しております。２０２４年2月の本リリース以降、日本での就労に関心のある世界トップ大学の学生約１５００名が登録しており（２０２４年7月現在）、既に多くの登録企業が採用に成功しております。登録企業は、ジェルパークラブ上でマイページを作成し、企業概要

会社概要

【所在地】東京都世田谷区

【E-MAIL】info@jelper.co

【ＵＲＬ】https://corporate.jelper.co/

やフィード、企業紹介動画の投稿等を通じて学生に事業内容を訴求できる他、求人広告の投稿やスカウトメッセージを通じて、ニーズにマッチした学生を手間なく簡単に採用できます。また日本関連の学生団体等も登録しており、当団体とのやり取りを通じてより大規模な採用母集団形成を図ることも可能です。

なおジェルパークラブ登録学生のほとんどが世界最高峰の専門性と実務経験を保有している他、多言語話者も多いため、日本国内の優秀な若手中途社員に匹敵するような新卒学生の採用を実現できる点が、他の新卒採用媒体には見られない、ジェルパークラブの大きな特徴の一つです。

著者推薦コメント

少子高齢化に喘ぐ日本経済の立て直しにおいて、世界の優秀な若手人材を集めることはもはや必要不可欠です。ジェルパークラブは、従来非常にアプローチが難しかった世界トップの若手人材へのアクセスを容易にするという点で、稀代のサービスといえます。

17 株式会社　シンカ

代表取締役社長　江尻高宏

株式会社シンカは、クラウドサービス「カイクラ」を提供するＩＴ企業です。経営理念は「ＩＴで 世界をもっと おもしろく」。ＩＴを使って世の中をおもしろくしたいという思いで事業を行っています。

カイクラは、電話を中心とした会話をクラウドで整理することで、〝会話を財産〟にすることを目的としています。顧客との会話には「顧客の顔が見えない」、「誰が何を話したのか分からない」という二つの課題があり、その課題によって、言った言わない問題や、新人の

会社概要

【所在地】東京都千代田区神田錦町 3-17
廣瀬ビル 10F

【電話番号】03-6721-0415

【E-MAIL】info@thinca.co.jp

【ＵＲＬ】https://www.thinca.co.jp/

電話恐怖症問題などが発生しています。

カイクラは、この二つの課題を解決します。固定電話や携帯電話の会話を自動で記録し、AIによりテキスト化、そしてそれを要約し、感情ラベリングまで行います。電話だけでなく、メールやWeb会議、SMS、LINEなどの会話も自動で記録するため、誰がどんな会話をしたのかもすぐ分かります。また、電話着信時にはこの情報を瞬時にパソコンにポップアップさせるため、顧客とのトラブルをなくし、おもてなし対応ができます。

設立10周年という大きな節目である2024年3月に東京証券取引所グロース市場へ新規上場を果たしました。これからも、「カイクラ」を進化させ、あらゆる会話をおもしろくしてまいります。

著者推薦コメント

「カイクラ」は私の事務所でも活用しています。お電話をいただいた際、どちらにお住まいの方なのか、勉強会に参加いただいているかなど、支援者様の〝顔〟が分かり、スムーズで気持ちの良い対応ができます。顧客対話を重視する企業やお店には必須のサービスです。

18

株式会社　3G

代表取締役　林田大到

当社は、外国人材matchとして主に自動車整備士や、電気・機械エンジニア領域の即戦力となる資格者経験者限定の人材紹介サービスを提供している企業です。

その中でもメインの業種は自動車整備士の紹介で、外国人整備士の経験者採用において国内最大級の実績があり、現在では日本国内で働く外国人整備士のほとんどの方に認知されており、彼らにとってなくてはならないサービスになっています。

会社概要

【所在地】東京都新宿区西新宿1-26-2　新宿野村ビル32F

【電話番号】03-5322-2845

【E-MAIL】info@3g-f.jp

【ＵＲＬ】https://www.3g-f.com

数値的にみてわかりやすい外国人材matchのストロングポイントは、紹介人材の定着率です。1年後定着率がおおよそ93％以上と、ずば抜けた実績を毎年維持しております。また万一の離職時には、紹介手数料をいただかずに代わりの人材をスピーディに紹介する「再紹介サポート特約」というサービスで企業様に代わって長期にエンジニアの雇用体制を守っています。

著者推薦コメント

日本で働きたい外国人と外国人材を雇用したい企業のミスマッチをなくすサービスは、これからの社会でますます重要になってきます。特に自動車整備士の紹介において、3Gほど頼りになる企業はありません。

19

株式会社　豊岡

代表取締役　豊岡舞子

株式会社豊岡は、小売サービス業に向けたイベント企画や、研修を行う会社です。

ファッションのお悩み解決のための本も出しており、『失敗しない服選び理論「骨格」を知れば誰でも簡単おしゃれ』はAmazon部門別でベストセラー1位にもなりました。

私は起業するまでの20年間、フォーマル商材を扱う小売りの会社におりました。販売員からはじまり、店長・エリア店長・ブランド責任

会社概要

【所在地】東京都千代田区富士見1丁目
3-11　富士見デュープレックスB's 4階
【電話番号】050-7109-6289
【E-MAIL】maiko@toyooka-inc.com
【ＵＲＬ】https://www.toyooka-inc.jp/

者を経験し、スタッフの育成やブランド運営などの業務を行っておりました。

他の業界でも共通する所があるかもしれませんが、社歴を重ねた社員は経験は増えても情報が更新されずに新しいことにチャレンジしづらい、営業成績が求められる業界では立地や環境の問題などから売り上げ以外の評価体制が必要といった問題があります。それらの解決策として問題解決として人事評価と連動できる社内スクールを提案し、実務に活かせるトレンドや時事問題について学べる仕組み作りに挑みました。

こういった経験を活かし、株式会社豊岡はアパレル業界だけでなく様々な業界で働く人たちが常に新しい気持ちでモチベーションを上げ続けられるよう、ご相談に応じて研修を作り、ご提供しています。まずはお気軽にご相談ください。

著者推薦コメント

社員の離職やマネジメントは企業経営をしていくうえで頭の痛い課題です。そんな悩みをお持ちの経営者や、多人数をまとめきれないマネジメントが苦手な管理職は、ぜひ株式会社豊岡にご相談ください。

20

株式会社　NIXE

代表取締役　土井康裕

株式会社NIXEでは、システム開発にはじまり、ゲーム開発やスマートフォンアプリ開発、ホームページ制作、キャラクターデザインやアニメーション制作のほか、ユーザーサポートサービスまで幅広く事業を展開しています。

創業以来、システム（業務・Web・アプリ）構築を作業工程の上流から下流に至るまでワンストップで提供・運用し続けており、蓄積された豊富なノウハウを活用しつつ、システム面から多くの企業の成

会社概要

【所在地】宮城県仙台市青葉区本町2丁目15-1　ルナール仙台7階

【電話番号】022-796-0537

【E-MAIL】info@nixe-inc.com

【ＵＲＬ】https://nixe-inc.com/

長を支えています。

ゲームにおいては、開発に加えて、ソーシャルゲームの運用代行も手掛け、さらにキャラクターデザインやアニメーションの制作も請け負っているため、デザイン制作からゲームの運用までを一気通貫で受けられる体制となっています。

株式会社ＮＩＸＥでは、「クリエイターファースト」が基本方針となっています。技術者たちがやりたいことを追求しつつ働ける会社づくりを使命としており、日々ストレスフリーな作業環境を追求し続けています。

著者推薦コメント

コンテンツ産業は日本の強みですが、クリエイターを取り巻く環境には課題が山積しています。そんな中、ＮＩＸＥでは個々の能力に応じたタスク調整によって残業等をなくし、ワークライフバランスの充実を実現。働く人を大切できる企業ですから、将来性も抜群です。

21

株式会社　日本資産運用基盤グループ

代表取締役社長　大原啓一

株式会社日本資産運用基盤グループ（ＪＡＭＰ）は、明治時代から金融の街として栄える「日本橋兜町」で２０１８年に創業した、金融機関の資産運用関連事業を裏側からサポートする会社です。

当社は、金融・資産運用ビジネスに携わる金融機関が、各々の強みを活かし、より創造性豊かな金融・資産運用ビジネスに挑戦し、多彩な金融・資産運用サービスで競い合う世界が実現すれば、私たちの暮らしはもっと豊かに、創造的なものになると考えています。

会社概要

【所在地】東京都中央区日本橋兜町５番１号
兜町第１平和ビル地下１階 FinGATE BASE A
【電話番号】03-3527-3810
【E-MAIL】info@jamplatform.com
【ＵＲＬ】https://www.jamplatform.com

そのような世界の実現を目指し、当社は、「金融ビジネスを最適化する」をミッションとし、我が国の金融・資産運用ビジネスの効率性・生産性を向上させる「基盤」ソリューションを、資産運用会社や証券会社・地域銀行等の金融機関向けに設計・提供しています。

具体的な事業としては、「ゴールベース（ＧＢＡ）型資産運用支援事業」、「投信ビジネス支援事業」、「有価証券運用支援事業」の大きく3つからなり、いずれも現在政府が進める「資産運用立国実現プラン」に沿うものとなっています。

著者推薦コメント

ＪＡＭＰは、「高度な金融専門性」に基づいて新たな金融ビジネスの基盤作りをサポートするコーディネーターです。今ある事業リソースの価値を最大限引き出した提案をしてくれるサービスには、金融業界や政府・与党からも大きな期待が寄せられています。

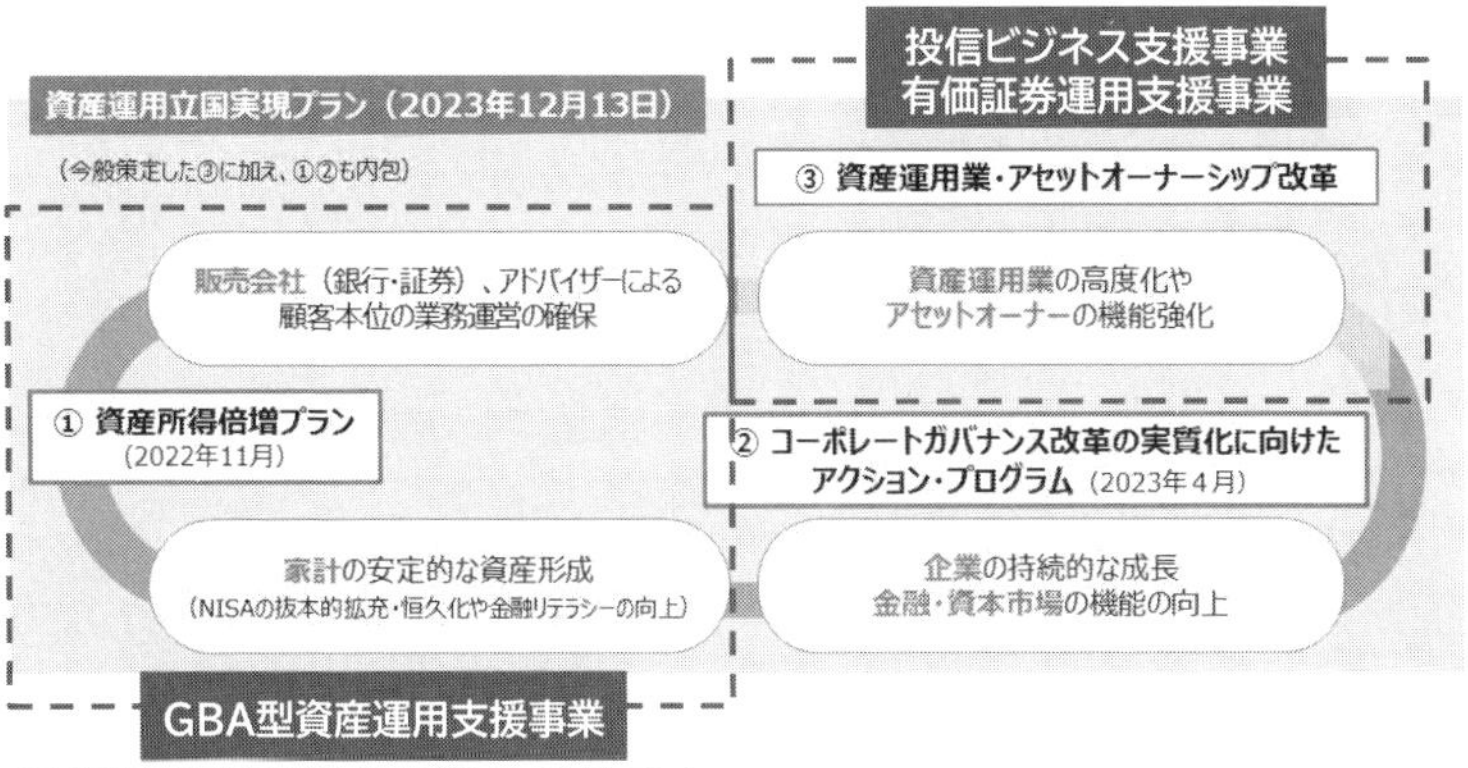

出典：資産運用立国分科会（第3回）配布資料を基にJAMPにて作成

22

株式会社　Haguruma

代表取締役社長　長山良夢

株式会社Hagurumaは、国立大学の技術移転機関として、大学で研究された特許技術を社会に実装するための橋渡し役を担っています。「次世代のスタンダードを共創する」というビジョンのもと、大学と企業を繋ぎ、革新的な技術を実用化します。大学教授が研究した隠れた技術を掘り起こし、信頼される技術として企業に提案し、社会に貢献する商品やサービスの開発を特許技術の発掘・可視化から企業とのマッチング、ライセンス交渉の支援、知財管理と業務支援、さ

会社概要

【所在地】千葉県四街道市大日 460-7
【電話番号】080-1317-4755
【E-MAIL】r.nagayama@haguruma-inc.com

らに補助金の提案やイベントの企画・運営まで、幅広いサービスを支援します。

また、地域の大学や企業との連携を強化し、特許技術を活用した新たな産業の創出を目指しています。50年後、100年後のスタンダードとなる技術を共に創り上げ、新たな産業が地域に根ざすことを目標としています。

Ｈａｇｕｒｕｍａは持続可能な研究活動を支え、イノベーションを促進することで、社会に新しい価値を提供し、研究者の情熱と企業の実行力を結びつけ、特許技術の社会実装を実現することで、日本の技術力を世界に示し、持続可能な未来を創造するための先駆者となれるよう邁進してまいります。

著者推薦コメント

我が国の研究開発能力の低下は深刻ですが、一方、せっかく研究されたのに埋もれてしまっている技術も多々あります。それらの技術を社会に送り出して役立てようというＨａｇｕｒｕｍａの活動は、研究者と企業双方にとってほかでは得難いもの。今後の広がりを期待しています。

23

一般社団法人　薬酒・薬膳酒協会
株式会社　HAREMUNE

代表理事／代表取締役　桑江夢孝

薬酒・薬膳酒協会は、有史以前から人類の発展に不可欠であった「酒」の健康における優位性に着目し、その伝統・文化の継承と革新、及び現代人のライフスタイルにおけるセルフメデュケーションの普及を目指しております。

薬酒とは、薬草の生命力と古人の知恵をスピリッツに浸漬し、心と身体のバランスを整えることができる食養生のお酒です。

世界中のあらゆる伝統医療・民間療法の中で、大きな役割を果たし

会社概要

【所在地】東京都港区台場 1-3-4-905
【電話番号】03-6380-7023
【E-MAIL】info@yakusyu.com
【ＵＲＬ】https://www.yakusyu.com

てきた薬酒。

社会課題でもある健康寿命（ＱＯＬ）の延伸、生活習慣病、現代病の克服などに、歴史の中で育まれた知恵は活路を見出してくれます。事業内容は地域創生、薬酒（講座、研修、ライセンス）事業、飲食店プロデュース、企業プロダクト監修など多岐にわたります。

特筆すべき普及活動として、20年近く続いている薬酒ＢＡＲのボランタリーチェーン展開です。1号店から日本初の薬膳酒専門店としてスタートし、薬酒ＢＡＲグループは現在全国に35店舗程になりました。

薬酒ＢＡＲでは、この「薬酒」「薬膳酒」に世界的な自然療法の体系や東洋医学（漢方、薬膳、養生方など）の考えを取り入れることで、薬酒本来の効能を活かした提供を目指しています。薬酒協会は、薬酒を通じ、故郷の伝統と文化に貢献し、社会の健康に寄与したいと考えています。

著者推薦コメント

代表の桑江さんは、西洋医学では治療の手立てがないと言われた奥様のご病気がきっかけで薬酒と出会い、健康的な暮らしを支えるための事業を展開されています。私も多くの方々に紹介させていただいています。

24

株式会社 ファーストインフィニティ

代表取締役　山田一乃

株式会社ファーストインフィニティは、訪日外国人をメインターゲットに、日本食の魅力を発信するべく飲食事業を展開している企業です。日本の伝統・文化を守りながらも、時代のニーズにマッチした新しい食のスタイルを探求することを通じ、日本食の魅力を伝え、その価値を広めることを目指しています。

提供している商品には、日本人にも外国人にも人気の高い「和牛」を用いており、目を惹くビジュアルと斬新かつ本格的な味わいによっ

会社概要

【所在地】東京都台東区浅草 1-34-6
　大阪屋ビル 1 階

【電話番号】03-5246-3667

て幅広い世代の方々に好評をいただいています。「黒毛和牛壱乃屋浅草」では、和牛をひつまぶし風に楽しめるレアステーキ重を、2号店としてオープンした浅草伝法院通りのテイクアウト専門店では和牛おにぎりをご堪能いただけます。SNS映えする質のよい商品を安定したクオリティで提供し、着実に評判を広げています。

こうした実績からコンサル依頼を頂くようになり、2024年には飲食専門コンサル会社を設立。壱乃屋でも使用している質の良い和牛&和豚の卸業も開始するなど、日本食の魅力を伝えるという目標に向かって歩み続けています。

著者推薦コメント

壱乃屋が提供する和牛おにぎりは1個1300円。最初は驚きましたが、浅草という伝統ある地で、和の雰囲気を感じながら手軽に和牛を堪能できるのは、唯一無二の魅力です。天才的な経営センスをお持ちの山田さんがこれからどんなふうに事業を広げていくのか、目が離せません。

25

ベストミライクル 株式会社

代表取締役 矢野寿

ベストミライクル株式会社は、全国のガス事業者（同事業者による電力販売含む）・不動産管理会社・ハウスメーカー（工務店含む）に対する住宅設備機器の販売及び工事（住宅・店舗内装含む）請負後のメーカー保証の延長保証サービスまで手厚くサポートする企業です。

メーカー保証の延長保証サービス「アメイジング住宅設備保証（賃貸物件用・持ち家用）」の販売部門は、業務提携関係にある国内4大損保会社の1社と共同し、ガス事業者・不動産管理会社・ハウスメー

会社概要

【所在地】東京都渋谷区千駄ヶ谷3丁目39-1　北参道サンイーストテラス8階
【電話番号】03-6384-1733
【E-MAIL】info@bestmiraicle.co.jp
【ＵＲＬ】https://bestmiraicle.co.jp

カー（工務店含む）を介して全国の家主へ販売提供しています。サービスの特長は、家主所有のガス器具やエアコン等を始めとする保証対象設備機器に突発的な故障が生じた際に、ベストミライクルが家主に代わってメーカー修理に係るいっさいの手配から対応費用をカバーすることで、家主の手間を省くとともに突発的な支出負担を軽減できることです。

最近では、既存客に対する付加価値サービスとして、携帯電話のＳＭＳ（ショートメッセージサービス）機能を活用して、確実に目的の顧客にメッセージを届け、公共料金（ガス・電気等）の使用料等の案内・請求・通知書・ＤＭなどの重要な情報に誘導し、さらに決済までの連携を可能にした新時代のクラウドサービス「Be-Smarts（ビースマーツ）」も提供しています。

俳優の竹中直人さんがホストを務めるｗｅｂ経済番組「発見！課題解決カンパニー」（２０２３年８月１日：一般公開日）でも紹介されており、現在好評配信中です。

著者推薦コメント

数ある保証サービスの中でも、ベストミライクル株式会社のサービスはとても手厚く、良心的です。住居や家電に思わぬトラブル起きたとき、修理等の手続きの煩雑さを大きく軽減してくれるので、多忙な社会人にとって心強い味方です。

26

株式会社　馬渕工業所

代表取締役　小野寿光

株式会社馬渕工業所は、1966年（昭和41年）の創業以来、建物の給排水・空調換気設備の設計施工という仕事を通し、宮城県を中心に皆様の住まいや学校・病院といった施設の建築設備、埋設水道管の整備など、まちづくりに貢献してまいりました。

私たちが取り扱う「熱・水・空気」はヒトが生きるために必要なものであり、そのコントロールは快適な暮らしの追求とともに、省エネルギーを実現させ、ライフラインの確保と環境創りに高い技術対応を

会社概要

【所在地】宮城県仙台市太白区郡山 4-10-2
【電話番号】022-247-0181
【E-MAIL】info@mabuchi-engineering.com
【ＵＲＬ】https://mabuchi-engineering.com/

求められています。その一環として、地球温暖化を踏まえ産業界における排出熱対策に取り組み、廃熱を電気や冷熱に変換する装置を開発しました。これは、産学官各方面から多くのご支援を頂くとともに、国立研究開発法人NEDOの助成を受けて完成させたものです。

地域にあっては、世界的に注目されている次世代放射光施設「ナノテラス」におけるビームラインでの計測に不可欠な計測装置への給電・冷却等のユーティリティを設置するなど、高い技術が認められた業務にも従事しています。

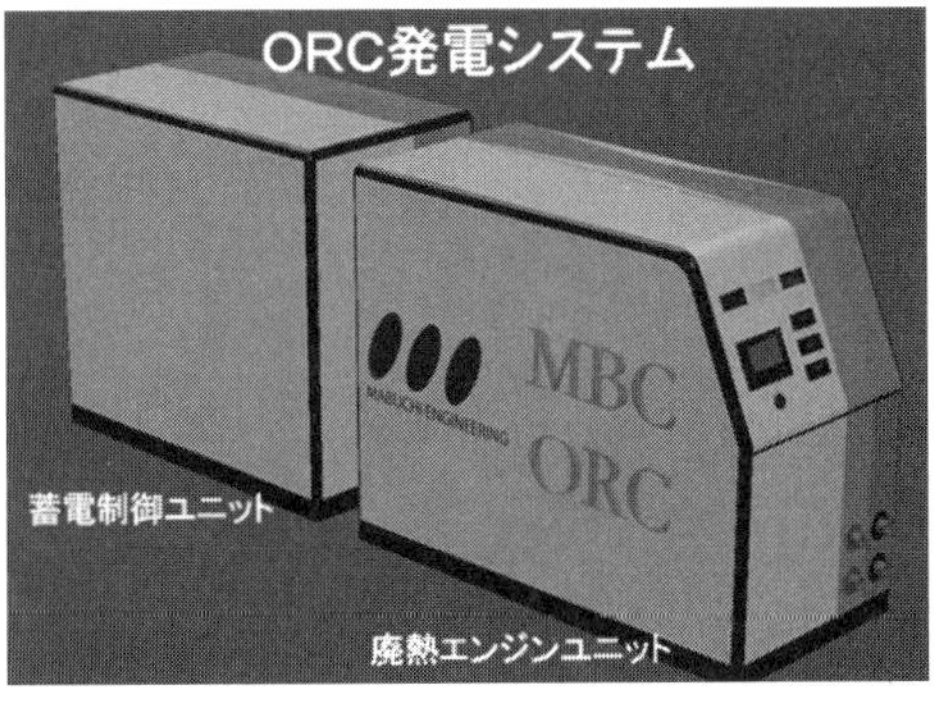

著者推薦コメント

馬渕工業所は、住まいや公共施設の給排水工事、水道インフラ工事のエキスパート。最近では環境面に配慮した再エネ製品を取り扱い、脱炭素社会実現に向けた研究開発も実施しており、未来志向の技術力を誇る企業です。

27

株式会社　みちのく仙台FC

代表取締役社長　岡準一郎

株式会社みちのく仙台FCは、宮城県を中心にスポーツ分野で幅広い活動を展開する企業です。Jリーグ参入を目指すサッカークラブ「みちのく仙台FC」の運営の他、スポーツ施設運営事業やスクール事業を行っております。

仙台市から車で40分ほどの場所に位置する宮城県大郷町では、株主であるスポーツX株式会社（スポーツ関連事業を世界展開するベンチャー企業・本社京都）、みちのく仙台FCと大郷町役場が中心と

会社概要

【所在地】宮城県仙台市青葉区中央 2-7-30
角川ビル

【電話番号】022-797-3551

【E-MAIL】oka@msfc.co.jp

【ＵＲＬ】https://msfc.co.jp/

なって、地域の皆さまと協力しながら、「農業×スポーツ」一体型教育施設の開発プロジェクトを進めております。約55万㎡の農地を活用して、①スポーツグラウンド12面、②1000人以上が宿泊できる合宿施設、③観光農園やスマート農業が展開可能な農業団地を整備しながら、みちのく仙台FCの下部組織となる「アカデミー事業」、スポーツ合宿大会や企業研修・修学旅行を誘致する「キャンプ事業」を主要事業とし、所属するアスリートたちが農業にも携わっていく計画です。

スポーツを通じた交流人口拡大を実現しながら、スポーツ界の課題であるセカンドキャリア問題、農業界の課題である人材不足・後継者不足にも向き合ってまいります。

著者推薦コメント

サッカークラブの運営だけでなく、スポーツ界の構造的な問題や地域の課題にも真摯に向き合っている、人と地域に寄り添った企業です。大郷町で展開される事業では「兼業農家アスリート」がたくさん輩出されていくことを心から期待しています。

28

南青山リアルエステート株式会社

代表取締役　田畑亮

当社は、「不動産の価値創造で、人や街に豊かさを」を経営理念とする総合不動産企業です。主力事業は二つあります。

一つ目は、再生活用で不動産の流動性を最大化させる「不動産リバイバル事業」、二つ目は、日本の地方を元気にする「ジャパンPR・リバイバル事業」です。一つ目の「不動産リバイバル事業」は、空き家・難あり・訳あり（ゴミ屋敷、事故物件、違反建築、老朽化建物、崖地、遊休不動産等）といった問題を抱え、通常では売却するのが困

会社概要

【所在地】東京都港区南青山 6-7-7
　ファーロ南青山３階
【電話番号】03-6427-3156
【E-MAIL】info@ma-r.co.jp
【ＵＲＬ】https://www.ma-r.co.jp/

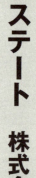

難な負（腐）動産を直接買い取り、それを当社で培ってきたスキル・ノウハウで再生させ、さらには付加価値をつけ商品化し販売する事業です。これによって不動産の問題解決のみならず地域周辺一帯の価値向上を図っていきます。二つ目の「ジャパンＰＲ・リバイバル事業」は、不動産や伝統的工芸品・民芸品の海外販売、観光業を行うことで日本の魅力である歴史・文化・風土を世界に発信し日本の地方に再び活力を与えていく事業です。これによって地方の不動産価値の向上を図っていき、地域の魅力を高めていきます。

さらに当社では、この二つの事業を促進するために自社で直接「建築設計業」「旅館業」「飲食業」「日本のアンテナショップ」「通訳・翻訳業」を行っております。

南青山リアルエステートは、これからも従来の不動産業の域を越えた新しい価値創造で日本を元気にする企業として成長していきます。

著者推薦コメント

南青山リアルエステート株式会社は、従来の不動産業の域を越えた新しい取り組みをしている企業です。価値が失われたものに付加価値をつけて再生活用し、さらには歴史や人や街を大切にして新たな物語を紡いでいます。これからの成長が楽しみな企業です。

29

リンク&パートナーズ　社会保険労務士法人

代表社員　中弥希

〈ヒトと企業のミライを共に創る〉

私たちリンク&パートナーズ社会保険労務士法人は、その言葉をミッションに掲げ、企業と従業員の皆様に寄り添うパートナーでありたいと考えています。

急速に変化する社会の中で、働き方も大きな転換期を迎え、これまでの常識が通用しない時代になりつつあります。しかしながら、法律の複雑さ・人的リソースの最適化・労働者のニーズへの対応などと

会社概要

【所在地】東京都千代田区神田司町2-10
神田司町国土ビル6階

【電話番号】03-6869-2264

【ＵＲＬ】https://lap-sr.com/

いった観点で労務管理には高い壁があり、丁寧な労務管理を実現することは難しい現実があるのではないでしょうか。

私たちは創業以来「企業のベストアンサーを共に考える」をモットーに、お客様に寄り添った労務管理のサポートを行っています。

画一的なマニュアル対応ではなく、お客様の立場に立って、共に悩み、共に考える。それが私たちのスタイルです。

また昨今のＩＰＯ、Ｍ＆Ａなどのワンランク上の労務面のサポートを強みとし、その他従業員の老後の資産形成を担う企業型確定拠出年金制度の導入・運用支援も提供しています。当社は、信頼性と実績に基づく高品質なサービスを通じて、クライアントのビジネス成功を共に目指す、新時代の社会保険労務士法人です。

著者推薦コメント

日本の中小企業を支えているのは間違いなく士業（弁護士、税理士、社会保険労務士等）であり、その一端を担う社会保険労務士の中さんは、若手でありながら実力派。そして、その経営手腕は働く女性のお手本でもあります。

30

Local Local株式会社

代表取締役　江本侑太
石橋孝太郎

Ｌｏｃａｌ Ｌｏｃａｌ株式会社は、日本国内の一次産業・二次産業の事業者を承継し、次世代へ紡いでいくことを目的とした会社です。一社目の承継案件として、２０１９年に宮崎県日南市にある焼酎専門の酒販店を事業承継し、現在は焼酎事業を展開しております。

焼酎蔵の方々は、品質の向上を目指し、甕や樽等で熟成をした商品も展開しようと試みています。

会社概要

【所在地】宮崎県宮崎市橘通東三丁目５番33号

【電話番号】050-8890-2741

【E-MAIL】info@locallocal.jp

【ＵＲＬ】https://locallocal.jp

しかしながら、焼酎はこれまで「安く飲めるお酒」という認識が定着していたため、数十年熟成をした焼酎をウィスキー等と同様に一本数万円等で売ろうとすると、酒販店から「こんなに高い焼酎は売れない」と言われ、取引を断られてしまうことが多々あります。

そのため、販売先のなくなった熟成酒が市場に大量に在庫として存在しております。

そういった熟成酒の中から最上品質のもののみをソムリエ等と厳選し、これまで焼酎の置かれていなかった高級レストラン・バー・ホテル等に販売をし、焼酎全体の価値を高めるような事業をしております。

著者推薦コメント

「不要な焼酎を廃棄したいけれど、酒税法違反になるので捨てられない」、そんな勘違いから仕舞い込まれていた焼酎に光を当てるために、焼酎業界全体の構造改革や、ウイスキーと混同しないために作られた規制の緩和等に取り組んでいる、意欲的な企業です。

あとがき

早いもので、国会議員になってから27年になる。最初は右も左も分からなかったが、様々なご要望を頂き、それを解決するために勉強を続けてきた。自分の朝食勉強会を開催したり、様々な団体にお招きいただいて講演をするときには、そのための勉強も行った。そうして学び続けてきた内容を、一冊の本にしてみようと思ったのが、本書刊行のきっかけである。いわば私の活動集のようなものだが、活動内容をまとめたものではなく、これまで私が学んできたことを通じ、どのような政策を実行すれば我が国を再生することができるのか、その考えをまとめているので、その点からいえば政策集に近いのかもしれない。

戦後の復興期において、日本の再生は奇跡といわれた。しかし、高度成長期が終わってから、日本経済は低迷期に入り、残念ながらいまだに脱却できずにいる。様々な理由はあると思うが、その中の一つは政治の停滞なのだと思う。それは、吉田茂元総理や田中角栄元総理のように、強いリーダーシップを持って、我が国を牽引する政治家がいないことである。

本書の「日本列島再生論」という表題は、田中角栄元総理が書かれた「日本列島改造論」を意識したものだ。日本の政治は、良い意味でも悪い意味でもあの時代から脱却できていないように感じている。現代社会の変化は激しく、それにいまだに対応しきれていないのが政治の現状であると思い、その危機意識のもとこの本をまとめさせていただいた。ご一読いただければ幸いである。

最後に、これまで私の政治活動を支えてくださった多くの支援者の皆さん、資料をまとめてくださった秘書の庄子真央さん、そして何よりも今回の出版にあたってご協力いただいた、株式会社三恵社の木全俊輔社長に感謝申し上げます。

〔著者略歴〕

桜井 充（さくらい みつる）

1956年宮城県生まれ。宮城県仙台第一高等学校卒業。東京医科歯科大学卒業。東北大学大学院医学研究科博士課程修了。医学博士。

1998年、「病んだ日本を治したい」という強い志から参議院選挙に出馬し、宮城県でトップ当選。以後、5期連続当選。財務副大臣、厚生労働副大臣、参議院東日本大震災復興及び原子力問題特別委員長、参議院予算委員長等を歴任。

医療政策、経済政策を中心とした幅広い政策に通じ、日本経済再生のため精力的に活動。現役の心療内科医として診療の現場に立ち続け、「不登校」「引きこもり」「摂食障害」の治療にあたっている。

日本列島再生論

2024年12月 7日　初版発行

著　者	桜井 充
定　価	本体価格 2,000円＋税
発行所	株式会社　三恵社 〒462-0056 愛知県名古屋市北区中丸町 2-24-1 TEL 052-915-5211　FAX 052-915-5019 URL http://www.sankeisha.com

ISBN978-4-8244-0030-7 C1030 ¥2000E